当代翻译学文库

黄忠廉　傅敬民　李瑞林　主编

# 译者术语能力研究：理论建构与实证探索

王少爽　著

科学出版社

北　京

## 内 容 简 介

术语是特定学科或领域话语体系的核心要素，用于表征相应的专业知识体系，被视为知识的基本单元。术语翻译是现代翻译工作的常态对象，关乎专业知识的跨语迁移和国际传播。译者术语能力指译者为解决翻译实践中出现的术语问题所需具备的知识与技能系统，已成为现代译者能力体系的重要组成部分。本书将译者术语能力置于翻译能力研究框架之下，基于翻译学、术语学的相关研究成果，运用翻译过程实证研究方法，考察不同级别译者在翻译过程中的术语能力表现特征，构建译者术语能力模型及术语翻译的工作模型，并就翻译专业学生的术语能力培养提出教学建议。

本书主要面向高校外语及翻译专业的学生、教师及研究人员，亦可供对术语翻译感兴趣的翻译行业从业者及翻译爱好者阅读和参考。

**图书在版编目（CIP）数据**

译者术语能力研究：理论建构与实证探索 / 王少爽著. —北京：科学出版社，2023.11

（当代翻译学文库/黄忠廉，傅敬民，李瑞林主编）

ISBN 978-7-03-073254-5

Ⅰ. ①译…　Ⅱ. ①王…　Ⅲ. ①术语-翻译-研究　Ⅳ. ①H059

中国版本图书馆 CIP 数据核字（2022）第 177347 号

责任编辑：杨　英　宋　丽 / 责任校对：贾伟娟

责任印制：徐晓晨 / 封面设计：蓝正设计

科学出版社 出版

北京东黄城根北街 16 号

邮政编码：100717

http://www.sciencep.com

北京中科印刷有限公司 印刷

科学出版社发行　各地新华书店经销

*

2023 年 11 月第　一　版　开本：720×1000 1/16

2023 年 11 月第一次印刷　印张：16

字数：300 000

**定价：98.00 元**

（如有印装质量问题，我社负责调换）

本书系国家社会科学基金一般项目“技术赋能时代译者信息素养的发展机制研究”（19BYY127）的阶段性成果，并得到2021年度大连外国语大学学科建设专项经费资助项目的支持。

# 总 序

## 当代翻译学文库

中国是翻译大国，正日益成为翻译强国。当下，翻译事业繁荣，译入译出并举，译学日渐昌盛。“当代翻译学文库”将集聚各方智慧，追踪国际译学前沿，着力推进知识创新，培养卓越翻译人才，以适应中国译事发展现实与长远需要。

本文库含“理论译学”和“应用译学”两个分库。理论译学分库突出理论性、权威性和前沿性，重点考察翻译一般规律与内在机制，探究翻译本体论、认识论和方法论问题，推进译学知识体系、方法体系和话语体系建构，强化译学的独特性与自洽性。具体包括：①翻译思想类，聚焦翻译家与翻译学者的思想研究；②翻译理论类，聚焦翻译理论及其范畴研究；③翻译学科类，聚焦翻译学科系统建构研究；④翻译历史类，涵盖通史、史料史、断代史、专门史、国别史、口述史等。

应用译学分库则面向广泛的翻译生活世界，重点研究实践层面的核心认知与操作问题。具体包括：①理论研究类，加强本体研究，聚焦目标对象、核心特征、基本原则、翻译策略等主要维度，探索应用译学理论体系化路径；②领域研究类，研究文化、商务、科技、新闻、法律等领域的特殊性及其翻译方法；③交叉研究类，聚焦翻译学与其他学科的交叉研究，丰富应用译学内涵，拓展应用译学空间；④翻译工具类，重点研究翻译技术、翻译资源研发与应用、翻译工具书及其编纂等问题；⑤翻译教学类，着重研究翻译教师、教材、教法等问题。

本文库著作来源以国内为主，兼及国外；以汉语为主，辅以外语；以国家社会科学基金项目和教育部人文社会科学研究项目的结项成果为主，兼收基于博士学位论文的高水平著作。整个文库服务于广大译者、翻译研究者、高校外语专业师生，以及对翻译和翻译研究感兴趣的读者。

中国译学协同研究中心（广东外语外贸大学）
应用翻译研究中心（上海大学）

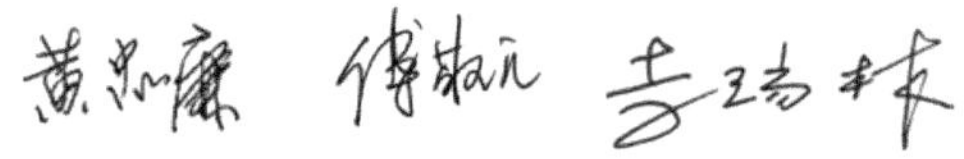

2021 年金秋

# 前　言

在信息技术飞速发展的推动下，翻译实践活动发生了深刻变化，翻译行业对翻译人才的职业能力要求也随之更新。术语是知识的基本单元和核心载体，代表了一个学科领域的概念体系，在知识交流和技术传播中发挥着关键作用。翻译行业非常重视术语的翻译，翻译项目工作流程的每个环节几乎都会涉及术语问题。术语能力已成为应用型翻译人才所必备的一项职业素质。译者术语能力指译者为解决翻译实践中出现的术语问题而具备的知识与技能系统。本书旨在将译者术语能力置于翻译能力研究框架之下，对其展开理论探索和实证研究。

翻译过程的实证研究是当前翻译能力研究的重要途径。自 20 世纪 80 年代以来，翻译过程的实证研究经历了萌芽期、形成期、发展期、繁荣期四个阶段，其研究模式日益完善，为译者术语能力的实证研究提供了方法论支持。近年来，翻译研究的认知视角即认知翻译研究逐渐兴起，主要涉及翻译专业技能、翻译信息加工、翻译策略三个方面的研究。本书将译者术语能力视为一种专业技能，通过实证研究考察具有不同翻译经验的译者的翻译过程，通过对比分析，归纳不同级别译者术语能力的表现特征。本书将术语翻译看作一种信息处理过程，通过分析实证研究中的术语翻译过程，构建术语翻译的工作模型。借鉴翻译策略的研究成果，本书将关注译者术语翻译所选用的认知支持类型，探究术语的界定，梳理术语学的发展历程，总结面向翻译的术语研究相关成果，为译者术语能力研究提供术语学理论支持。在此基础上，本书还将对译者术语能力研究进行定位，剖析译者术语能力的概念内涵，初步构建译者术语能力的构成模型，为译者术语能力的实证研究提供理论参照。

本书中，译者术语能力实证研究选取了具有不同翻译经验的三组被试

（本科组、硕士组、职业组）实施翻译过程的实证研究，使用多种方法引发和收集实验数据，并通过多元数据验证法，汇总实验所得各种来源的数据。研究者采用定量和定性相结合的方法，从术语翻译效率、术语翻译决策、工具资源使用、术语翻译认知四个维度考察各组被试的术语能力特征差异。三组被试的术语能力特征的主要差异表现为以下方面。

1）术语翻译效率：本科组被试的术语翻译用时最少，术语翻译质量最低；硕士组被试的术语翻译用时最多，术语翻译质量居中；职业组被试的术语翻译用时较多，术语翻译质量最高。从总体上来看，术语翻译用时会随着翻译经验的增加而先大幅增加而后略减，术语翻译质量会随着翻译经验的增加而逐渐提升。在译者对所涉领域不熟悉的情况下，术语翻译需要花费一定的时间用于信息检索。

2）术语翻译决策：本科组所采取的主要认知支持类型为简单型，即 SES 和 SIS。职业组和硕士组对 IS-ES 型认知支持的选用次数远多于本科组，说明职业组和硕士组在进行术语翻译时更擅长将内部知识和文献检索提供的外部知识相结合，职业组在这方面表现最好。硕士组对 DES 类型的选用最多，职业组次之，本科组最少。硕士组对 DES 类型的选用次数最多，复杂度最高，说明硕士组对外部主导型支持的依赖程度要高于另外两组。简单型认知支持是术语翻译错误的主要原因。

3）工具资源使用：本科组所用工具资源较为单一，以词典为主，较少使用网络资源；本科组倾向于简单地接受词典查询所提供的译名结果，且不擅长使用网络资源进行文献检索。硕士组所用工具资源较为丰富，涉及词典和多种网络资源；硕士组能够使用词典软件提供的多种资源，但不注重专业词典的使用；硕士组所用网络资源检索词的有效性低于职业组，他们不擅长使用策略从搜索结果中快速定位相关信息。职业组所用工具资源较为丰富，涉及词典和多种网络资源；职业组较为注重专业词典的使用，将专业词典提供的译名作为术语翻译决策的重要依据；职业组对网络资源检索的使用次数多于硕士组，所用检索词的有效性较高，擅长从搜索结果中快速定位相关信息，且对文献检索结果的权威性具有较高的辨别能力。

4）术语翻译认知：各组被试皆指出，术语翻译为翻译任务的主要难点，但职业组对术语翻译的认识最为深入，硕士组次之，本科组最为不足。本科组没有术语管理习惯，对术语翻译的认知较为简单和笼统，且存在实际表现和其术语翻译知识不相符的现象；硕士组基本没有术语管理习惯，但其术语翻译知识比本科组更为丰富、具体；职业组大都具有术语管理习惯，其术语翻译知识最为丰富、具体。

根据实证研究的结果，本书对译者术语能力的初步模型进行了修订和完善，并构建了术语翻译的工作模型。基于此，本书对翻译专业的术语能力培养提出教学建议：翻译专业术语教学应实现理论能力、语言能力、专题知识、信息素养、心理素质、应用能力六个具体教学目标；翻译专业实施阶段式模块化术语课程设置，逐步培养译者术语能力修订模型中的六种素质，侧重信息素养和应用能力的培养；翻译专业的术语教学实施多样化的教学方法，包括课堂讲授、翻译工作坊、翻译案例教学、翻译项目教学、企业实习、论文写作等形式；翻译专业建立信息化术语教学资源体系，其中包括各种教学资源库和信息化教学平台的建设，促进学生的信息素养发展。

本书是针对译者术语能力的一次探索性研究尝试，虽然所得研究结果与理论发现尚需通过进一步的研究予以检验，但对于深化我们对翻译能力的认识、推动翻译能力研究向纵深发展具有重大意义；由此所提出的教学建议，有助于促进我国翻译教育更好地回应翻译行业的实际能力需求，培养国家经济社会发展急需的应用型翻译人才。

# 目　　录

# 绪　论

在全球化信息技术发展的今天，国际交流的顺利实现有赖于翻译，翻译活动涉及经济、社会、文化、科技、政治、文学等诸多领域的方方面面，需要翻译的材料数量空前巨大，从而推动了翻译活动的产业化进程。根据中国翻译协会 2022 年 4 月发布的《2022 中国翻译及语言服务行业发展报告》，2021 年，中国含有语言服务业务的企业共 423 547 家，以语言服务为主营业务的企业达 9656 家；以语言服务为主营业务的企业全年总产值为 554.48 亿元，相较 2019 年增长 11.1%。翻译是我国语言服务行业的一项主体业务，翻译的产业化需要大量能够胜任翻译工作的优秀人才提供支持。社会越来越认可翻译院系的正规培养是为市场输送可靠的职业翻译人才的最切合实际的途径（Gile，2009：1）。于是，高校成为培养职业翻译人才的主要阵地。受这一社会需求的影响，当初的“译员培训”已升级为今天的“翻译教育”。2006 年，我国三所高校获得教育部的批准，开始试办翻译本科专业。自此，翻译在我国高校中成为一门独立的专业。2007 年，15 所高校获得国务院学位委员会批准，开始设置翻译硕士专业，旨在应对由社会发展带来的巨大翻译需求，培养高层次、应用型、职业化的翻译人才。截至 2022 年 8 月，经过十余年的发展，我国翻译本科专业培养院校已达 301 所，翻译硕士专业学位点开设院校已达 316 所，我国高校翻译专业教育实现了规模式发展。

翻译专业在我国高校的建立，是社会翻译活动发展到一定阶段的必然结果，同时也为我国翻译学科开拓了更为宽广的发展空间。作为应用翻译研究的一个重要分支，翻译教学研究受到了学界的广泛关注。一方面，翻译专业的建立更加凸显了翻译教学研究的必要性和重要性，为我国翻译学科提供了新的发展契机；另一方面，翻译教学研究的理论成果应用于翻译专业的教学实践，有益于提升翻译人才的培养质量。高校翻译专业应该采取什么样的教学模式，才能培养出社会真正需要的翻译人才，这是亟待翻译教学研究有效解决的问题。可见，翻译专业的设立对于我国翻译学科而言，既是机遇，又是挑战。翻译专业的人才培养目标，是使学生成为能够胜任各种形式的翻译工作的应用型、实践型、职业化的翻译行业工作者。在这一目标的指引下，翻译专业应紧密联系社会实际需求和翻译行业的发展现状，通过翻译教学使学生具备翻译行业所需的各项职业能力。翻译教学研究应重在发现职业译者所具备的职业能力与素质要求，探求翻译专业技能培养的有效途径，为高校翻译专业的教学实践提供智力支持和理论导向。

通过回顾人类社会的发展史，我们可以发现科学与语言并行发展的历史轨迹（郑述谱，2003a）。现代科学技术惊人的更新速度，使得语言也随之同步发展，尤其是专业词汇，即术语激增，于是产生了“信息爆炸”“知识爆炸”“术语爆炸”等现象。在翻译工作的社会实践中，译者需要处理的各种领域的术语数量可谓恒河沙数。术语承载着一门学科的关键信息，在翻译过程中术语信息的正确传达，对于科技知识的传播具有重要意义。术语翻译的质量不仅可以影响知识跨界迁移和国际共享，而且还关乎中国特色话语体系的国际构建和中国文化“走出去”的实现。一名合格的译者需要具有良好的术语应用能力，能够成功解决不同语言间术语转换的问题，确保知识传播的正确无误。

进入 21 世纪以来，社会的发展变化和翻译活动的变迁，对译者的素质能力提出了新的挑战和要求。苗菊（2007）将翻译能力分为认知能力、语言能力和交际能力三个范畴。由于社会翻译活动的深刻变化对译者提出了新要求，译者的认知能力、语言能力和交际能力都需要进行相应的升级，才能适应社会翻译活动的变化。在信息化社会中，术语是知识的重要载体，也是现代职业翻译活动的常态工作对象。术语翻译对译者的认知系统提出了挑战，要求译者能够认识术语的性质和特征，掌握术语翻译的原则与方法。术语翻译要求译者熟谙源语和目标语各自的术语语言特征，准确把握源语术语的含义，并在目标语中找到合适的对应表达。交际能力主要包括陈述性知识和程序性知识，术语翻译不仅要求译者掌握术语相关学科领域的陈述性知识，充分理解术语的概念，还要具备使用信息技术进行文献检索的程序性知识，以便弥补自己在所涉学科领域知识上的不足。

因此，本书旨在研究21世纪社会发展变化和翻译活动变迁对译者的职业能力提出的新挑战，重点针对译者胜任翻译工作所需的术语能力进行理论和实证探索，剖析译者术语能力的构成要素，发现不同经验译者的术语能力特征，构建有关理论模型，探讨翻译专业学生的术语能力培养问题，以期为我国高校翻译专业的建设献策建言。

本书将所涉译者限定为笔译译者，将所涉翻译过程限定为笔译过程。在现代的翻译行业中，需要翻译的材料牵涉众多领域，从总体上可以划分为文学翻译和非文学翻译。术语大量存在于非文学翻译中，科技翻译尤其如此。文学翻译中也有可能涉及术语，但是鉴于文学翻译的艺术成分较多，翻译的灵活性要大于非文学翻译（李长栓，2009），所以本书将所涉翻译文本类型限定为非文学翻译，尤其是其中的科技翻译，将翻译所涉语言限定为英语和汉语。通过对研究范围的限定，本书的重点研究对象可以进一步具体表述为：在翻译过程中，译者为解决术语翻译问题所需具备的知识与技能系统，即译者术语能力。

术语知识和技能被认为是翻译工作中译者所必需的一项职业素质。“术语学是一个重要研究领域，大多数从事技术翻译的职业译者都深知术语在他们工作中所起的关键作用。”（Quah，2006：105）[①]阿尔布雷希特·纽伯特（Albrecht Neubert）认为，关于专门用途语言的知识是译者语言能力的精髓，其中包括术语知识、句法和形态学的规范（Neubert，2000：8）。珍妮特·弗雷泽（Janet Fraser）归纳出了职业译者应具备的六类技能，即语言技能、语篇技能、跨文化技能、非语言技能、态度技能、理论构建技能（Fraser，2000：117）。其中，同调查研究、信息技术、项目管理技能一起，术语技能被认为归属于非语言技能的范畴。杰弗里·萨缪尔森-布朗（Geoffrey Samuelsson-Brown）将现代译者应具备的翻译技能划分为六类，即语言读写、文化理解、交际、决策、信息技术、项目管理，术语检索被视为项目管理技能大类的一部分（Samuelsson-Brown，2010：2）。术语能力已成为语言服务行业从业者的一项必备能力（穆雷、沈慧芝、邹兵，2017；王华树，2018），更是专业领

① 本书中的外文引文，如无特别说明，均为笔者遵照原文进行的自译。

域译者翻译能力的重要组成部分，如法律翻译能力（王海萍，2019）。本书认为译者术语能力属于翻译能力的纵深发展，但不能简单地将其归为翻译能力下属的某种子能力或要素。译者术语能力研究是社会和时代变迁影响下翻译能力研究的拓展和深化。

本书主体部分由六章组成。

第一章梳理术语与翻译研究的进展与成果，为译者术语能力研究提供术语学方面的理论支持；论述术语的性质、功能、重要性，以及术语与普通词汇的区别与联系。术语学属于一门新兴学科，本章将对术语学研究的主要内容、流派和理论进行扼要介绍。鉴于术语在翻译工作中的重要地位，面向翻译的术语研究已成为当前的一个研究热点，主要包括术语翻译原则与方法、面向翻译的术语管理、面向翻译的术语教育三个方面的研究内容。

第二章为译者术语能力研究提供方法论和翻译学理论方面的支持；概括描述翻译研究在翻译研究学科构架中的地位和具体研究内容；剖析实证翻译研究的内涵；回顾翻译过程实证研究的发展历程，将其分为萌芽期、形成期、发展期、繁荣期四个阶段，总结每个阶段的特点，并详细论述所用到的各种研究方法，包括四种形态的内省法，以及其他几种辅助方法；阐述认知翻译研究的理论成果，重点涉及翻译专业技能、翻译信息加工、翻译策略研究等三个方面。

第三章分析译者术语能力的概念内涵，对译者术语能力研究进行定位；将译者术语能力研究置于翻译能力研究的框架之下，梳理国内外翻译能力研究领域的学术成果，论证译者术语能力概念的内涵，参考有关学者的相关理论论述，初步构建译者术语能力的模型，为下一步的翻译过程实证研究提供理论参照。

第四章陈述译者术语能力的实证研究的研究设计，包括研究问题、研究方法、维度设计、被试选取、实验材料、数据收集与分析、实验程序等。首先，主要应用有声思维、问卷调查、访谈、键盘记录、屏幕录制等方法从被试的翻译过程中收集实验数据，采用文本分析法获取有关原文和译文的相关数据。然后，根据多元数据验证法，汇总各种来源的数据，对译者术语能力加以交互验证。在正式实验之前，首先需要实施先导实验，对拟采用的方法、材料、程序等进行测试，发现实验中潜在的问题，从而进行研究方法和设计上的改良，避免类似问题在正式实验中再次出现，以保证所得最终实验结果的正确性和有效性。最后，根据修正后的实验设计，实施译者术语能力的正式实验，收集译者术语能力的相关数据。

第五章处理和汇总译者术语能力的实证研究所收集到的不同来源的各种数据，从术语翻译效率、术语翻译决策、工具资源使用、术语翻译认知四个维度对实验数据进行定量和定性分析，考察三组被试的术语能力表现的共性与个性，进而总结归纳出三组被试的术语能力的基本特征。按照具体情况的需要，定量分析的结果将以被试个人、小组、总体三个不同层面进行展示报告，定量分析的内容包括合计、平均数、百分比等，展示形式包括表格、直方图、散点图等；定性分析主要用于被试的术语翻译决策、工具资源使用、术语翻译认知三个维度中难以量化的数据的处理分析。

第六章在对实证研究的结果分析的基础上，对理论构建部分所提出的译者术语能力的构成模型进行再思考，探查其中的缺陷与不足之处，进而对其加以完善与修订，并试图构建出译者术语翻译过程的工作模型，并基于此进一步探讨实证研究的结论与相关模型的应用与启示意义，从教学目标、教学内容、教学方法、教学资源建设四个方面，讨论翻译专业学生的术语能力培养的实现方法与途径。

# 第一章

# 术语与翻译研究

本章将首先介绍术语与术语学的基本情况，包括“术语”的定义、术语与普通词汇的区别与联系、术语学的发展历史、术语学的主要流派、术语学的研究内容。然后，从术语翻译原则与方法、面向翻译的术语管理、面向翻译的术语教育三个方面综述面向翻译的术语研究的相关成果。

## 第一节　术 语 概 说

### 一、“术语”的定义

人类社会进步的一个重要表现就是思想和知识的不断丰富。在古代，我国有老子、孔子、孟子等诸子百家的学术争鸣，西方有柏拉图、亚里士多德、苏格拉底等哲学思想家，他们对生活中各种现象的探讨形成了各具特色的学说思想，对后世具有深远的影响，并得到了继承和发扬。这些思想在现代社会生活中仍发挥着潜移默化的影响。随着人类社会的不断发展，开始出现社会分工，每种分工领域都会有一套自己的知识体系，以便于该领域知识的传播和人们之间的交流。在现代社会中，随着科学技术的飞速发展，社会分工的精细度越来越高，于是形成了不同的专业领域，而语言是思想和知识的外壳，于是有了针对不同领域的专业语言（special language）。不管是哲学思想还是现代社会中各种专业领域的知识体系，都需要用专业语言进行表达和记录。在每一种专业语言中，都会有一些核心词汇被用以表达该领域的关键思想或知识，如哲学语言中的“道”“中庸”“仁义”“逻各斯”“理念”“形而上学”等；

现代物理学中的“原子”“电子”“能量”“引力”等；现代生物学中的“细胞”“种”“属”“生物链”“染色体”“进化”等。这些用于表达专业概念的词汇就是“术语”。可见，术语是一个学科领域中知识的核心体现，术语的形成和发展是人类思想和科学发展的必然结果。

“术语”一词的英语对应词有两个，即 term 和 terminology，其词源皆为拉丁语中的 terminus，意为“界限、终点、边界”，term 为单数名词，terminology 则指某个学科领域中专业词汇的集合，为集体名词。在欧洲的多种语言中，“术语”的对应词多为 term 和 terminology 的同源词，如法语中的 terme 和 terminologie；西班牙语中的 término 和 terminología；意大利语中的 termine 和 terminologia；荷兰语中的 termijn 和 terminologie；葡萄牙语中的 termo 和 terminologia；波兰语中的 termin 和 terminologia；俄语中的 термин 和 терминология。

根据黄河清（2016）的考据，1822 年英国传教士罗伯特·马礼逊（Robert Morrison）编著的《华英字典》（*A Dictionary of the Chinese Language*）中就出现了词条 term，并将其译为“名字眼”；中国人自己编纂的较早的一部英汉词典《字典集成》中只是将 term 笼统地翻译为“字”；1898 年的《清议报》中出现了“学术语”一词，源自日语的“学術語”；1899 年，《清议报》又出现了“定语”一词，其意义与“术语”相似。《清议报》的主编为梁启超，可见“学术语”“定语”的使用与梁启超有关。此后，“术语”一词的使用在汉语中逐渐多了起来。黄河清（2016）指出，日语中的“術語”是“学術用語”的简称，在日语中完成了这一缩略过程，而后作为一个可以独立使用的词语进入汉语。

不管是汉语中的“术语”，还是英语中的 term 及其他语言中的对应词，其出现都与人类社会的发展密不可分。14—17 世纪，欧洲的文艺复兴运动影响深远，带来了人性的解放，促使知识增长速度加快。此后，人类知识以较快的速度实现增量，学科领域不断精细化，从而出现了大量的专业概念，为 term 一词的出现和使用奠定了现实基础。明末清初，我国开始从西方大量译介科学技术方面的著作，后来的洋务运动和新文化运动使各个学科领域得到了创生和发展，形成了知识繁荣的局面，这就为“术语”一词在汉语中的出现和使用创造了条件。

以下为不同来源和学者有关“术语”的十条定义。

1）所谓“术语”在本质上就是索绪尔所定义的语言符号——由能指和所指组成的语言统一体；术语与其他语言符号的区别在于，术语的语义外延是根据所指的关系而不是根据能指的关系而定义的（隆多，1985：19）。

2）术语是一个科学系统中定义明确的技术词语的集合（Bussmann，1996：1186）。

3）术语，即在专业语言中用于表示概念的字词，这主要见于专业领域或相关的文本中（Wright，1997：13）。

4）术语指技术领域相关话语中的专业词汇的集合（Shuttleworth & Cowie，1997：166）。

5）通过语音或文字来表达或限定专业概念的约定性符号，叫作术语（冯志伟，1997：1）。

6）术语指各门学科中的专门用语，或指用于某一学科或专题的特定词项（林煌天，1997：617）。

7）术语是分配给概念的语言称谓。术语学涉及知识的专业领域，因此术语指构成某特殊领域中知识的独立概念实体、特征或关系（Bowker，2009：286）。

8）术语是在特定学科领域用来表示概念的称谓的集合，是通过语音或文字来表达或限定科学概念的约定性语言符号（龚益，2009：47）。

9）术语指各门学科的专门用语，用来正确标记生产技术、科学、艺术、社会生活等各个专门领域中的事物、现象、特性、关系和过程（方梦之，2011a：193）。

从上述九条定义中，可以总结出“术语”定义的几个要点，即专业领域、概念、语言符号、约定性、定义明确。术语即用于指称专业领域中所涉概念且具有明确定义的约定性语言符号。

## 二、术语与普通词汇的区别与联系

本质上，术语是一种用于特殊功能的词（郑述谱，2005a：180），具有不同于普通词汇的一些特征，如单义性、准确性、系统性、简明性、理据性、稳定性、能产性等（冯志伟，1997：1-3）。

单义性是术语有别于普通词语的最典型特征。单义性特征要求在一个专业领域或学科领域内，一个术语只能用来表述一个概念，同一概念只能用同一术语来表述，不允许歧义现象的出现。为了防止产生歧义，在术语工作中，应尽量避免术语的同义、同音、同形、多义等现象。

准确性要求术语能够确切地反映所对应概念的本质特征。因为术语是专业知识的核心体现，只有其语言表述须能准确再现专业领域中的知识概念，这样才能保证知识的正确传递。例如，“移动硬盘”这个术语表示一种可以移动的、便携式的、用于存储数据的硬盘，准确地表达了该概念的特征。但也会出现不尽如人意的术语，如“黑板”这一术语，其字面含义为“黑色的板子”，但在实际生活中黑板可以是多种颜色的，所以该术语的字面含义不够准确，但因已形成习惯，具有了约定俗成的含义，所以也不便苛求。

系统性指在一个特定的学科领域中，术语好比是构成机体的细胞，彼此之间存在一定的联系，并处于一种层次明确的结构之中，共同构成了该学科的知识系统。在对术语进行命名时，应尽量遵循系统性原则，即通过术语的表达方式就能够知晓彼此之间的层次关系。术语的系统性不仅存在于同一学科内部，而且还存在于不同学科之间。在进行术语协调和统一时，既应考虑学科内部术语之间的层次问题，也应考虑不同学科之间相同或相近术语的命名问题。

简明性要求术语的语言简明扼要，容易记忆，不宜过于冗繁。简明的术语容易得到广泛传播，而冗繁的术语则不利于推广。在术语应用实践中，简明性经常与准确性发生冲突，因为“术语所反映的特征越多，则概念表达得越完善，术语也就越准确。但是，特征的增多又会使术语过长，造成使用上的不便”（冯志伟，1997：2）。因此，在术语工作中，应处理好术语的简明性和准确性之间的矛盾。

理据性指“术语的形式对术语所表示概念具有的解释力的大小，可以划分出形象理据性、范畴理据性和有序性三个理据层级”（吴丽坤，2005：27）。形象理据性指术语的形式能够使人联想到对应的表象或概念；范畴理据性指通过术语的形式特征可以显示该概念所属范畴，以及与其他概念的联系；有序性则指术语的形式对所命名概念的本质特征的反映，并由此可推知该概念在知识系统中所占的位置。在对术语进行命名时，应尽量保证术语的语言形式具有较高的理据性。但应注意的是，“有时，某些术语在形成时是合乎理据的，但随着科学技术的发展，可能会失去其原来的理据”（冯志伟，1997：2）。

稳定性指术语的语言名称一旦确定，除非特别有必要，否则不宜轻易改动。术语是一个学科领域中知识系统的基本单位，其相对稳定性有利于知识的继承和传播。例如，英文术语 atom（原子），其原初含义为“不可再分的最小的物质单元”，但随着物理学的发展，科学家证明原子还可以进一步分割为中子、质子、电子，但为了维持术语的稳定性，atom 一词仍在使用。

能产性指用于表示某学科领域中基础概念的术语形式须具有较强的构词能力，有关联的新术语由基础术语通过派生或合成而形成。新旧术语之间的层次关系以及在术语系统中的位置，可以通过词源上的关系予以体现。

“术语词汇与一般常用词汇之间是不可能划分出界限的，因为它们之间的界限是模糊的，而且是互相叠加在一起的。”（库切罗娃，1986，转引自郑述谱，2005a：182）“通用词汇和术语词汇之间没有不可逾越的鸿沟，随着科学水平和人们认知能力、素质的提高，许多术语，尤其是一些在某一阶段极为‘热门’、结构简单的高频使用术语，很容易进入人们的日常生活中，通过非术语化，获得某些非术语性意义。”（吴丽坤，2007：141）频繁使用的术语可能进入普通词汇，这一过程被称为术语的“俗化”或“非术语化”，如英语单词 clone 为生物学术语，原义为“生命体的无性繁殖”，后因该技术被广泛讨论和传播，该术语通过隐喻化进入人们的日常生活用语中，意为“复制、翻版”。该术语的汉语对等词“克隆”也经历了同样的术语俗化过程。有些普通词汇因某个义素的突出，而被用于表示某个新出现的概念，于是跻身于专业术语的行列，这一过程被称为“术语化”。例如，英语单词 sleeve（袖子），由于其义素“筒状”较为凸显，该词进入了机械领域，用于表示“套管”“套筒”等概念。可见，虽然术语具有一些自身独有的特征，但术语与普通词汇之间并不存在泾渭分明的界限，它们之间是一种相互渗透的关系。

## 第二节　术语学研究概述

### 一、术语学的发展历史

术语学（terminology）的前身为命名学（nomenclature）。英文词

nomenclature 产生于 17 世纪初，命名学主要研究对某个学科的专属概念进行命名的原则、方法、程序，如生物学、天文学、化学、冶金学等领域。19 世纪初，terminology 一词进入英语词汇，并在使用上与 nomenclature 展开竞争，后者的部分意义逐渐被前者所取代。这一取代体现了研究重点由 name（nomen）向 term（terminus = end, limit）的转变。命名学侧重对某个领域中的事物或概念进行分类和命名，而术语学不仅对所涉领域中的概念进行定名，还对各个名称进行明确的系统性定义，以反映该学科领域的知识体系。

20 世纪初，由于日益迅速发展的现代科学技术，大批的术语涌现，国际科技知识交流也愈加频繁，这就使得术语的统一和规范显得尤为重要，于是出现了一些致力于术语规范工作的国际性组织。1906 年，首个国际性标准化协会——国际电工委员会（International Electrotechnical Commission，IEC）正式成立，负责电气工程和电子工程领域中有关国际标准化的工作。1936 年，国际标准化协会[①]（International Standardization Association，ISA）组建了第 37 技术委员会，亦称术语学委员会。第二次世界大战期间，该委员会停止工作。1951 年，国际标准化组织（International Organization for Standardization，ISO）的第 37 技术委员会（术语和其他语言及内容资源标准化技术委员会）继承了 ISA 第 37 技术委员会的工作，下设四个分委会，分别负责术语学的原则与方法、术语编纂与词典编纂的工作方法、术语/知识/内容管理系统、语言资源管理等四个方面的工作。这些组织有力地推动了现代术语学的形成与发展。

在西方，现代术语学的发展可以大致划分出四个基本时期（Auger，1988，转引自 Cabré，1999：5）。

1）萌芽期（1930—1960 年）。奥地利术语学家欧根·维斯特（Eugen Wüster）在其博士论文《工程技术中的国际语言规范：尤其是在电工学中》（*Internationale Sprachnormung in der Technik: Besonders in der Elektrotechnik*）中

① 国际标准化协会，又称国家标准化协会国际联合会（International Federation of the National Standardizing Associations），成立于 1926 年，在第二次世界大战期间停止运行。第二次世界大战结束后，基于国际标准化协会的前期工作，成立了国际标准化组织，继续推进世界范围内的标准化工作。因此，国际标准化协会是国际标准化组织的前身。

讨论并分析了现代术语学工作的基本原则与方法，提出了术语学系统化的指导思想，标志着现代术语学的开端。同时期的俄国术语学家迪米特里·赛门诺维奇·洛特（Dmitrij Semënovič Lotte）发表了一系列有关术语学的论著，为俄国术语学的发展奠定了理论基础，因此被视为现代术语学的奠基人物之一。该时期的术语学研究特点为针对系统性的术语形成而进行方法设计（Cabré，1999：5）。

2）形成期（1960—1975年）。该时期术语学研究的重要创新得益于大型计算机和文献管理技术的发展。由于首批术语数据库的出现，术语学原则的国际协调工作得以开启。单语中的术语标准化工作得到实施。

3）繁荣期（1975—1985年）。该时期的显著特点就是语言规划和术语学项目的大量增加，术语学在语言现代化进程中的重要角色得以显现，个人电脑的普及为术语数据的处理带来了很大便利。

4）扩张期（1985年至今）。在该时期，计算机科学的快速发展为术语学的发展提供了主要动力，术语学工作者可以利用各种计算机辅助术语工具提高工作效率。语言服务产业的发展突出了术语学的位置。国际网络的建立使各国的术语组织得以互相交流，促进并巩固了术语工作的国际合作。在发展中国家，语言规划相关术语工作得到了发展和巩固。国际学术界出现了一些新型的术语学理论，如交际术语学、社会认知术语学、基于框架的术语学等。

## 二、术语学的主要流派

自从20世纪30年代现代术语学发端以来，西方已经相继形成了四个主要的术语学流派——德国-奥地利学派、俄罗斯学派、捷克-斯洛伐克学派、加拿大-魁北克学派。

1）德国-奥地利学派（亦称维也纳学派）。该学派为形成时间最长的术语学流派，其代表人物有维斯特、英格特劳特·达赫伯格（Ingetraut Dahlberg）、赫尔诺特·韦希格（Gernot Wersig）和赫尔穆特·费尔伯（Helmut Felber）。该学派的理论基础为维斯特的术语学著述，并采用了其在普通术语学理论中所制定的原则。该学派的重要性在于系统发展了现代术语工作的原则与方法，其主要观点有：①将概念视为术语学研究的起点，重视概念系统的研究；②就语言学而言，术语学研究局限于词汇的范畴，术语的形态和句法层面与日常语言一致；③采用共时的术语学研究方法，将注意力集中于当前概念体系的状况，不关心概念体系的发展历史；④指出术语学不同于语言学，后者仅对语言进行描写，而前者不仅对语言进行描写，还对语言进行规定；⑤主张定义在术语学研究中具有特殊意义，创立了一套完整严格的定义方法，以保证术语定义的一致；⑥强调术语学所涉各个专业领域及其分支中概念体系的原始基础（冯志伟，2001：34）。

2）俄罗斯学派（亦称莫斯科学派）。该学派建立在以洛特为代表的术语研究者的著述所提供的理论基础之上，将维斯特的术语学著作译为俄语，并非常重视其术语学思想。因此，该学派曾主要关注苏联时期的多语语境下概念和术语的标准化问题。主要代表人物有洛特、欧内斯塔·K. 德雷森（Ernest K. Dresen）、鲍里斯·戈龙文（Boris Golovin）、维拉·P. 丹尼连科（Vera P. Danilenko）等。该学派的主要观点有：①主张术语学的研究对象隶属于语言范畴，应借鉴语言学方法解决术语学问题；②将术语学视作一门应用学科，研究解决各种实际术语问题的原则与方法；③将术语问题视作一种社会文化现象，认为术语学研究与社会文化之间存在着密切关系（冯志伟，2001：34-35）。

3）捷克-斯洛伐克学派（亦称布拉格学派）。该学派的术语学理论思想的形成与发展得益于捷克和斯洛伐克两种语言文化的保护运动。该学派的主要代表人物有扬·霍雷茨基（Ján Horecký）、罗斯蒂斯拉夫·克库莱克（Rostislav Kocourek）、米罗斯拉夫·鲁登尼（Miroslav Roudny）等。该学派的主要观点有：①受布拉格语言学学派思想的影响，主要从语言学的视角来探讨术语问题；②注重术语的社会交际功能；③强调对术语特性的研究，认为术语特性研究是正确创造、翻译术语的基础（冯志伟，2001：35）。

4）加拿大-魁北克学派。该学派形成于 20 世纪 70 年代，是一个较为年轻的术语学派，其英法双语的语言政策为术语学的发展提供了得天独厚的发展环境。该学派批判继承了其他三个学派的理论观点，注重理论在术语工作实践中的应用，在术语库建设方面取得的成果十分显著。主要代表人物有盖伊·隆多（Guy Rondeau）和罗伯特·迪毕克（Robert Dubuc）。该学派的主要观点有：①将概念视作术语学的基础，概念单位是术语分类与定义的对象，是术语命名的起点，术语工作应建立在概念层级体系的基础之上；②术语的本质是由概念和名称组成的语言符号，概念在概念体系中的位置决定了术语之间的联系；③术语标准化工作应多借鉴社会语言学的研究成果，注重术语标准和推荐术语标准之间的差别；④将术语工作与语言规划紧密结合起来；⑤术语并非一成不变，因此应该尤其注重新词的研究工作（冯志伟，2001：35-36）。

我国古代学者就对术语产生了极大的兴趣，主要体现为名学思想。“名，就是术语；名学，就是以逻辑思维和逻辑方法研究的术语学。”（龚益，2009：156）。在20世纪80年代，我国学者就开始对西方术语学理论进行译介。90年代末，术语学研究愈加受到重视。国内学界通过借鉴国外术语学的研究成果，针对汉语术语的特点，提出了一些独特的术语学理论，如术语形成的经济律、潜在歧义论（冯志伟，1997）。尤其在进入21世纪后，我国的术语学研究得到了长足发展，《中国科技术语》《术语标准化与信息技术》《中国科技翻译》三家期刊已成为我国学者发表术语学研究成果的主要载体。另外，全国科学技术名词审定委员会和商务印书馆联手推出了“中国术语学建设书系”，促进了我国的术语学建设。我国术语学研究正在沿着“引进—结合—创新”的步骤逐步展开（郑述谱，2005b：11），有望成为继上述四个学派之后的第五个术语学派。冯志伟（2019）指出，中国术语学派事实上已经形成，具有鲜明的特点，他将其命名为“结构功能学派”。鉴于术语翻译实践在中国翻译史中的显著地位，跨语性被认为是中国术语学派的典型实践特征（殷健、刘润泽、冯志伟，2018）。译者术语能力的核心是术语翻译实践能力，因此，对译者术语能力展开研究，也是中国术语学派的一项重要任务。

## 三、术语学的研究内容

现代术语学始于20世纪30年代，时至今日，已经历了90余年的研究历史，学科体系日趋成熟完善，所关注的主要研究内容有：术语的特性、概念与概念系统、术语的定义、术语标准化、术语编纂、术语库建设、术语管理、术语翻译、新词研究、术语与语言规划、历史术语学研究、术语教学研究等。

### （一）术语的特性

本质上，术语是一类具有特殊功能的词汇，具有不同于一般词汇的一些特点，即术语的特性。在术语的众多特性中，单义性最为突出，要求概念与名称之间一一对应，否则就会出现歧义，妨碍学科交流的有效进行。其他特性还有准确性、系统性、稳定性、理据性、能产性等。对术语特性的研究有助于更好地对已有术语进行识别和收集，以及新术语创造。

### （二）概念与概念系统

ISO 将“概念”定义为“通过或多或少具有任意性的抽象过程，用以外部或内部世界中事物分类的心理构建”，一个概念由一系列的特征组成，因特征不同而彼此相区别（Cabré，1999：95-96）。概念“是反映事物的特有属性的思维单元”（冯志伟，1997：19）。术语学主要研究概念的内涵、概念的外延、概念的组合、概念的属性、概念的逻辑关系和本体论关系等问题。概念关系是概念系统研究的重要内容。概念之间的逻辑关系是基于概念之间的相似性，概念之间的本体论关系则是基于事物之间的邻近性。

### （三）术语的定义

给术语下定义的目的是在思想上为概念提供一个确切的形象，一个好的术语定义应该是一目了然的，在意思及结构上不应该模棱两可；常见的定义类型有属加种差定义、情景定义、描述定义、同义词定义、动作定义等（迪毕克，1990：70）。为保证术语的定义能够使术语使用者对概念有一个明确的认识，在编制定义时，术语工作者须遵守定义的规则，选用适当的定义类型，并可选择使用一些其他辅助手段，如图片、实例、公式等。

### （四）术语标准化

在一个学科领域内部，难免会出现违背单义性的术语现象，如同一个概念由多个名称表示，或同一个名称用于指称不同的概念。这样就会带来术语使用的混乱，妨碍知识交流的有序及有效进行。术语标准化则旨在消除术语混乱现象，促进学科交流和知识传播。术语标准化工作往往由权威机构或组织来完成，包含两层含义：①专业术语的标准；②术语学理论与实践中原则与方法的标准化。从某种意义上说，术语标准化工作的水平直接反映了一个国家社会知识积累和科学进步的程度（龚益，2009：117）。

### （五）术语编纂

术语编纂指对某个专业领域中所涉术语的收集、系统化以及展示，即把术语数据按照一定的要求安排到数据载体上的工作，可分为三种类型：①描写性的术语编纂；②规范型的术语编纂；③推荐型的术语编纂（冯志伟，1997：38）。术语词典不同于一般词典，主要区别有以下几点：①前者的收词对象为某个专业领域中的术语，而后者则将普通词汇作为收词对象；②前者的编纂方法是名称学的，即以概念为起点，研究与之相关的语言形式，后者的编纂方法则是语义学的，即以语言形式为起点，研究其语义特性；③前者的释义模式选择较后者明确得多，即采用内涵式定义，以便更清晰地展现概念的本质特征（叶其松，2009：128-129）。

### （六）术语库建设

传统的术语编纂方式多采用术语卡片，但这种方法较为笨重、费时。现代信息技术的应用使得术语数据库的建立成为可能，从根本上变革了传统手工编纂方式，实现了术语编纂技术的现代化。术语数据库具备输入、存储、输出三种功能。术语数据库的建立一般需要经过规划验证阶段、需求分析阶段、系统设计阶段、系统实施阶段、审查验收阶段等五个阶段（冯志伟，1997：82）。

### （七）术语管理

术语管理指对术语相关文献材料所做的整理、存储、加工、展示等工作。在全球化时代，有效的术语管理可以保证术语使用的一致性，有助于降低企业经营成本，保证企业文档的质量，对于国际化企业具有重要意义。术语管理的步骤通常包括：术语管理需求分析；整理现有术语、词汇表、风格手册，以便理解客户需求；术语提取与翻译；建立词汇表或更新现有词汇表；定期维护术语数据库；风格手册的编制、整理及更新；查询管理；翻译记忆库维护；术语数据库的访问[①]。

---

① 参见 http://www.ptb-localization.com/terminology.html [2021-08-30]

### （八）术语翻译

在全球化时代，科技知识飞速发展，国家间的知识交流日益频繁，翻译是实现跨文化知识传播的必要手段。作为科技知识的基础单元，术语的正确翻译是跨文化知识传播的关键和有力保障。术语翻译须应用术语学的理论知识予以指导，制定适当且有效的翻译原则与方法。术语管理则有利于译文中术语使用的规范和统一。

### （九）新词研究

随着社会发展和科技进步，新概念不断产生，新词（即新术语）不断进入语言。新词的出现是语言生命力的一种体现，新词也是术语学的一项重要研究内容。新词可分为本源新术语和译入新术语，前者指直接产生于一种语言内部的新术语，后者指通过翻译途径由其他语言引进的新术语。新词研究涉及两种活动：收集科技交流中的新术语和创造新术语。新词研究和术语标准化之间具有密切联系。

### （十）术语与语言规划

术语是语言规划的重要内容和对象，术语的统一和规范有益于语言的健康发展。语言规划的重点在于对一种语言实体的发展进行有意控制，以促进和改善社会或语言社区的交流。术语规划是针对某种语言的，或者具有跨语言的性质，旨在改善某个具体领域中的知识传播及应用。例如，由于加拿大实施英法双语的语言政策，法语省份实施语言规划，以维护民族语言的独立地位和纯粹性，语言规划关心语言词汇的发展，而专业领域的交流依赖术语，所以术语规划是其语言规划工作的主要内容，同时也为加拿大术语学研究的发展提供了契机。

### （十一）历史术语学研究

历史术语学研究是术语学下属的一个分支学科，其研究对象是某个学科或专业领域的专业词汇在历史上的产生和发展过程，其中包括某一历史时期专业词汇的次元、语义结构、称名方法、使用功能等特征，关注术语以及术语系统的产生、发展及变迁（郑述谱，2005a：186-187）。上文提及的“术语化”和“非术语化”就是历史术语研究的一项主要内容。

### （十二）术语教学研究

术语习得是学科知识教学的重要组成部分。术语教学研究包括教学理论、教学原则、教学目标、教学内容设计、教学方法、教学技术、教学组织、教学管理、教学评价、师资培训等多方面的研究内容，旨在培养学生的术语能力。

## 第三节　面向翻译的术语研究

翻译实践与术语研究之间存在着密切联系。譬如，2011 年国际翻译家联盟（International Federation of Translators，简称“国际译联”）发布的国际翻译日主题文章中提到，“国际译联会员组织所代表的专业口笔译工作者和术语学家在不同文化之间架设桥梁，促进沟通，从而创造了繁荣的经济和丰富的文化……正是由于有口笔译工作者和术语学家，世界各国人民才得以在维护自身文化遗产的同时积极参与创建‘地球村’……”[①]，口笔译工作者与术语学家相提并论。可见，翻译事业所取得的喜人成就不仅归因于口笔译工作者，亦来源于术语学家的辛勤劳动。之所以如此强调术语学家在跨文化沟通中的作用，是因为术语在现代翻译工作中的重要地位和作用。术语是思想的浓缩，是知识的基础单位。“没有术语就没有知识”，已是术语学界公认的格言。术语在现代科学知识中占有重要地位，尤其是工业革命后，随着高科技的发展与应用，“信息爆炸”“知识爆炸”带来了“术语爆炸”。正是由于这一社会发展的需要，在 20 世纪 30 年代，术语学应运而生。经过几代人的努力，世界范围内已形成了四个具有影响力的主要术语学派，即德国-奥地利学派、俄罗斯学派、捷克-斯洛伐克学派、加拿大-魁北克学派（冯志伟，2001）。术语学的主要研究内容包括术语工作方法、术语理论、术语定义、术语标准化、

① 参见 https://www.translators.com.cn/archives/2011/09/1939[2023-09-20]。

术语新词、术语翻译、术语管理、术语库、术语编纂、术语培训等（隆多，1985；Cabré，1999）。翻译无疑是跨文化知识传播的主导手段。鉴于术语在现代科学知识中的基础地位和关键作用，知识的成功跨语传播有赖于术语的正确跨语传达，术语翻译已成为当下研究的热点之一。显然，术语学与翻译学之间存在着一种天然的密切联系。以下将从术语翻译原则与方法、面向翻译的术语管理、面向翻译的术语教育三个方面，探究术语学研究对于翻译实践与翻译研究的重要意义，揭示术语学与翻译学之间的密切关联。

## 一、术语翻译原则与方法

现代科学技术的进步及社会经济的发展，使得新的事物不断被发现，新的理论被提出，新的概念被创造，这些概念需要借助术语的外壳，才能被广泛用于知识交流。“术语对于知识的描述，直接表现为关于概念的指称。”（龚益，2009：91）在通常情况下，一个新的概念首先在一种语言中生成，并获得该语言的术语外壳，而后通过翻译手段，转换为其他语言的词汇外壳，由此，其所承载的概念被推而广之，传播到其他语言当中。因此，术语翻译研究已成为当前学术界所关注的重要课题，在我国尤是如此。祖国的强大、民族的复兴，需要大量引进国外的科学技术知识，为我国社会发展所用。其中，术语翻译是不可规避的现实需求，必须保证术语的精准译名，才能使“他山之石”为我国现代化建设服务。同时，中华民族具有悠久的历史文化传统，我们需要向国外传播我国的知识和文化，使其发扬光大，让世界更加了解我们的文化，为世界发展做出贡献。因此，会有许多具有中国特色的术语需要译成外文，而如何使其外语译名能够准确、顺畅地传递其文化内涵，则是当前翻译研究中一个甚为棘手的课题。就翻译的语言方向而论，术语翻译研究可分为外来术语的汉译研究和我国术语的外译研究。

### （一）外来术语的汉译原则与方法

历史上，我国经历了四次翻译高潮，即东汉至唐宋时期的古代佛经翻译、明末清初的科技翻译、鸦片战争到“五四运动”时期的西学翻译、改革开放以来的翻译活动。外译汉是这四次翻译高潮的主体，将国外诸多领域的知识引入了中国，为我所用。术语的翻译是外译汉活动中需要解决的首要问题。由于中外语言的较大差异，在术语翻译工作中，我们首先需要了解术语的特点，对其进行形态和语义层面的深入研究。赵华（1983）认为术语是表达专门知识领域的概念，与普通词汇相比，术语具有稳定性、准确性、单义性、无同义性、系统性、简明性、中立性等特性。冯志伟（1997：1-3）指出，术语的选择应遵循八个原则，即准确性、单义性、系统性、语言的正确性、简明性、理据性、稳定性和能产性。黄忠廉和李亚舒（2004：102-103）指出，术语是语言符号，是在特定领域、主题、科学或艺术中所使用的词汇，与普通词汇相比，其主要特点有严密性、简明性、单义性、系统性、名词性和灵活性。温雪梅和邱飞燕（2010）指出，科技英语词汇大致可分为三类，即专业术语词汇、半专业技术词汇和普通词汇，其中专业术语词汇反映客观现实，不具有感情色彩，一般只用于科学领域的文章，有着严格的定义且往往是单义词，语义界限非常明确。司显柱和曾剑平（2006：210-211）认为术语词汇是科技语言的核心，具有单义性、单参照性、标准化、稳定性等特点。通过以上相关论文，我们可以发现，单义性、准确性、简明性、稳定性、系统性、感情色彩中立性是术语的核心特征。要想做好术语的翻译，就必须牢牢遵循这些特征。

在词汇层面对外来术语的研究主要体现为对其构词方式的探讨。按照构词方式，外来术语可以分为单纯词、派生词、复合词、缩略词、词组型术语等。众多外来术语的词根来自希腊语和拉丁语，因为希腊语和拉丁语是西方现代科技语言的基础，英语尤是如此。张彦（2008：14-16）对印欧术语的结构特点进行了研究，归纳出转义法、合成法、转性法、加缀法、缩合法、外来语借用法等六种结构方法。吴丽坤（2009：158-220）则通过研究俄语术语，将术语的构成方式类型分为五种，即语义构成方式、形态构成方式、句法构成方式、形态-句法构成方式，以及术语借用。

术语翻译的目的在于用目标语词汇将源语术语所代表的概念精准地传递给目标语读者，因此，外来术语的语义分析也是其翻译过程中的一个必要环节。任何术语都有字面含义和学术含义，在研究术语时，语言学家应该着重研究术语的字面含义，而专业科学家应该着重研究术语的学术含义（龚益，2009：57-58）。术语的字面含义是其学术含义的基础，而学术含义不可能脱离其字面含义而单独存在。术语的学术含义的内容应该比其字面含义更丰富，学术含义不能与字面含义发生矛盾，只能在术语的字面含义的基础上进一步加以科学的界说而形成（冯志伟，2005）。因此，在翻译外来术语时，兼顾其字面含义和学术含义。虽然单义性和单参照性是术语有别于普通词汇的典型特征之一，但这只是理想中术语的状态。在现实语言中，由于各种原因，术语存在多义、同义、同音异义、变异等现象。黄昭厚（1993）就通过举例对科技术语翻译中的同词异义、异词同义、异词异义现象进行了说明。做好这些语义现象的分析，对于外来术语的汉译工作具有重要意义。

外来术语的汉译原则与方法一直是我国学者所关注的研究对象。吴仲贤（1981）认为科技术语的译名应遵循“科学性与实用性相结合”的准则，科学性指译名要准确无误地表达原词含义，实用性则是要求译名简明易懂，便于使用。术语翻译应弄清词义，译名应表义确切、简明实用、兼顾习惯，遵从“副服从主”的原则，灵活应用直译和意译方法。马清海（1997）则根据科技翻译的标准，相应地提出三条科技术语翻译原则，即“概念准确、一词一译的单义性原则”，“简明易懂、见词明义的简洁性原则”和“符合汉语科技语言及其术语的规范和国家、国际有关标准的规范化原则”。王宏印（2007：254）指出，“关于专有名称和专门术语的翻译，一般应尽可能查阅有关工具书和参考书，其中大多数均有标准译法”，并提出了约定俗成、名从主人、专语专译三项原则。姜望琪（2005）认为术语翻译应遵循四个标准，即准确性、可读性、透明性、约定俗成。侯国金（2009）指出了姜望琪所提术语翻译标准的合理和欠缺之处，并进而提出将“系统-可辨性原则”作为术语翻译的原则，认为术语翻译方法论的根本在于系统性和可辨性。可见，术语翻译应考虑术语本身的特性，主要遵循准确性、专业性、可读性、系统性四项基本原则。准确性是第一位的原则，如果词不能达意，缺乏准确性，其他三项原则也就无从谈起；在准确性原则的基础上，专业性确保术语译名的学术话语特征，防止其过于俗化；可读性使术语译名通俗易懂，易于被读者接受和使用；系统性则可消除同行学者之间学术交流的阻碍，促进学科术语体系内部的统一和规范。

外来术语的翻译技巧与方法是术语翻译原则在实践层面的具体做法和实现。吴仲贤（1981）探讨了抽象名词具体化，形容词扩大为具体名词，汉字省略，汉译补充，词序倒换，避免应用使人反感、厌恶的字译名，译名的发音应清晰、易辨，以及音译等八种英语术语汉译技巧。田飞龙（1984）总结出了意译（或直译）法、音译法、音意兼译法、象译法、形译法等五种外来术语翻译方法。梁际翔和黄昭厚（1988）则针对外来科技术语的翻译，归纳出了十种方法，即意译、音译、半音半意译、音译兼意译、形译（象译）、借用日语、按外文字母译、造新字、简称、采用外文缩写词。可见，音译、形译、意译、音译兼意译、借用是外来术语翻译的传统方法（黄忠廉、李亚舒，2004：103-108）。王宏印（2007：251-253）指出，专有名称的英译汉一般有五种处理方法：音译、意译、音意译、形象译、指类译。除此之外，张彦（2008：52-69）还总结出了十种常用的科学术语翻译法：约定俗成法、正序翻译法、既成事实法、创造发明法、模仿再造法、间断缩略法、概念转换法、同类比喻法、图形描绘法、反面着笔法。

### （二）我国术语的外译原则与方法

我国术语的外译研究主要涉及传统领域中的术语，其中中医术语的外译所受关注最为广泛。我国术语的外译，除了需要遵循术语翻译的一般规律，还需对我国传统术语进行细致分析，制定具体可行的翻译原则与方法。

中医术语具有浓厚的民族特色，在外国语言中一般很少能够找到对等词，因此，术语翻译是中医术语外译工作中的关键问题。李照国（1996）将中医名词术语翻译的现状概括为三个方面，即目标语混乱、目标语冗长、释义不明，并提出了中医名词术语翻译的五项基本原则，即自然性原则、简洁性原则、民族性原则、回译性原则、规定性原则，还指出直译、意译和音译为中医名词术语的常用翻译方法，并介绍了比照西医法、词素翻译法、简洁法三种辅助方法。汤思敏（2010）在此基础上又增加了准确性原则、统一性原则、习惯性原则和学术性原则。张晶晶和戴琪（2006）认为中医名词术语的翻译应当坚持“五性”原则，即科学性原则、信息性原则、规范性原则、接受性原则、文化性原则。李永安（2005）探讨了词素层译法在中医名词术语翻译中的应用，认为该方法是实现中医名词术语标准化的一种科学翻译方法，其最大优点在于能够使译名更加符合科技名词术语的形式要求。赵护林和刘月华（2011）则从目的论角度探究了中医术语翻译，并根据中医术语的翻译目的，分析了直译法、意译法、音译法或音意结合法、术语替代法的运用。

武术术语的翻译也是学者们研究的热点之一。李长林（1993）认为中国武术术语翻译的原则为“以我为主”“寻源、剖析、准确表达”“既要尊重传统译法，又要反映时代特征”，翻译方法主要有汉语拼音译法（音译）、形象传神译法（意译）、音意复合译法，以及特殊译法。李特夫（2006）分析了国内武术术语英译的研究现状，即整体乏力且重视不够，武术术语英译混乱，以及误译、硬译、胡译较为普遍，并对武术术语的问题特征进行了分析，提出“外尽其形、内显其理”的翻译准则。张森和季蕊（2016）分析了中国传统武术术语的特点，认为武术术语外译应遵循准确性、简洁性、单义性、专业性、民族性等原则，运用“异化为主，归化为辅”的翻译策略，同时指出了武术术语标准管理的重要性，建议加强术语库、翻译记忆库和语言知识库的建设。此外，还有学者对国学、书法、绘画、烹饪、民间艺术等传统领域中术语的外译原则、策略及方法进行了研究和讨论。

从上述相关研究可以看出，我国传统术语的外译须考虑两个方面：一方面是术语所代表的文化底蕴，保证译名能够准确再现我国的文化传统；另一方面是译名的接受问题，译名须尽可能符合译入语的语言规范，保证目标语读者能够正确理解术语的准确含义。

### （三）术语学指导下的术语翻译

术语翻译研究是术语学和翻译学两门学科的交集点。以术语学的理论知识为指导，能够让译者更好地把握术语的本质与特性，以便高质量地完成术语翻译工作。术语的特性、构成和语义分析是术语学研究的基本内容，已有学者运用这些理论知识指导术语翻译。信娜（2011）指出，术语翻译隶属于科学翻译，即“译者用译语表达原语[①]科学信息以求信息量相似的思维活动和语际活动”，并分析了术语意义和术语称名的特殊性，提出了以“极似”为核心，以术语形式、术语内容、术语风格为实现维度的术语翻译标准体系。“极似”指译语术语极其接近或非常相像于源语术语，译者通过对原语术语的操作，转移内容，更换形式，可实现双语术语的“极似”（信娜，2011）。信

① 本书中为“源语”，此处引文尊重原作。

娜（2021：318）进而对术语翻译方法论做了全面梳理，指出术语翻译的本质在于“译者秉持术语翻译全译观，为实现术语翻译的‘极似’目的，通过一定的翻译行为将原语术语转化为译语术语”。孟令霞（2011）从术语学的角度，根据术语的双重性和变异性，探讨了同义术语、同音异义术语、多义术语的翻译，指出“从术语学角度看待术语翻译的问题，为术语的统一与规范提供了充实的依据”。随着术语学研究在国内学术界的逐渐显现，更多的术语学知识被应用于术语翻译的探讨。李健民（2011）从术语学建设的角度，探讨了如何促进术语的标准化翻译问题，并指出译者必须掌握和运用术语学知识，才能实现术语翻译的标准化和规范化，从而对术语的标准化工作产生积极影响，并认为术语翻译与术语标准化二者之间的关系极为密切，理应相互促进。尽管如此，术语学理论知识在术语翻译中的运用研究还有待进一步深入，如交际术语学、认知术语学、社会术语学、框架术语学等理论，都可以为术语翻译研究提供新的视角。

## 二、面向翻译的术语管理

术语是知识的细胞，是知识的基础单元，因此，术语管理是知识管理的关键，能够为术语数据的创造、维护和使用提供有效的方法和工具，对于术语标准化和术语翻译具有重要意义。

### （一）术语管理的内涵

在《术语管理手册》（*Handbook of Terminology Management*）一书中，苏·埃伦·赖特（Sue Ellen Wright）和杰哈德·布丁（Gerhard Budin）将“术语管理”扼要定义为“对术语信息所做的任何有意操纵”，并涵盖下列活动：

1）几个世纪以来，由于需要准确且无歧义的语言，无数工程师、生物学家、化学家以及社会科学家所从事的实用术语工作，表现为他们创立并用以思考的概念，亦表现为彼此交流所用到的术语；

2）对上述信息的（往往涉及多种语言）系统记录，以及用于记录的种种具体形式，如词典、术语汇编、术语数据库等；

3）针对具体目的对上述信息所进行的检索，如口笔译、技术写作、信息管理等。

术语管理有助于专业人员处理下列领域日常工作中的术语问题：

1）技术翻译；

2）技术传播；

3）标准化；

4）信息经纪与信息管理；

5）单语、多语和多文化环境中的专业与科学话语管理；

6）语言规划；

7）语言学（包括语料库语言学和认知语言学）、信息科学、翻译研究、信息系统、术语管理软件，以及术语学研究等领域中的研究工作（Wright & Budin，1997：1-2）。

根据性质和内容的不同，术语管理可分为描述性术语管理（descriptive terminology management）和规范性术语管理（prescriptive terminology management）。描述性术语管理主要涉及非规范性的术语活动，往往是译者、技术写作者、社会科学家出于翻译和写作目的而对术语进行的整理工作，他们一般不对术语的用法予以规定。该方法有助于译者和作者做出明智的选择，但绝对不会强制性支配其进行选择。即使是标准化工作者，在为准备标准化定义而收集用法信息和各种定义时，也可能进行描述性术语管理。规范性术语管理则由标准化工作者、政府管理人员、命名专家、语言规划人员实施，其目的在于对某一领域中的术语进行统一和协调，促进学科的知识交流和发展。这些人员或者是领域专家，或者与领域专家紧密协作。在科学技术和法律领域，对语言精确性的要求是一项基本要素。用标准化术语的形式事先拟定术语的含义，可以确保标准化人员在讨论技术规格时能够相互理解，以及保证标准的顺利实施（Wright & Budin，1997：329）。

在翻译所涉术语活动中，术语管理根据工作所面向对象的不同可分为面向翻译实践的术语管理和面向翻译研究的术语管理。前者侧重描述性，后者则兼顾描述性和规范性。

### （二）面向翻译实践的术语管理

面向翻译实践的术语管理是指对翻译工作所需术语进行收集和整理，如提取原文中的术语，建立双语术语表或术语库，从而为译员提供便利，保证翻译项目中术语使用的准确性和一致性。例如工程、化工、医学、机械、法律等专业领域，其文本会涉及大量的专业词汇，而为这些专业词汇（即术语）确定对等词就成为众多应用翻译项目的一个主要任务。有时，译者为翻译任务所涉术语确定译名时，需要查询大量的资料，非常费时费力，在以后的工作中，他们可能还会反复遇到这些术语。虽然也有一些可供查询的专业词典和术语库，但其针对性不强，加之许多客户和公司具有自己独特的术语偏好，而这种偏好不会反映在专业词典和术语库中，因此，译者们强烈意识到为自己的翻译工作进行术语管理的必要性和有益性。另外，由于翻译任务所涉文本量之巨大，翻译项目不可能由一位译者完成，往往会由一组译者协作完成。这时，如果每位译者都对翻译过程中出现的术语进行查询，确定译名，不仅会造成大量不必要的重复劳动，而且很难保证各译者对同一术语所用译名的一致性，并会降低译文的可读性。大部分译者并非精通所涉专业领域的专家，如果让其确定待译材料中出现的每个术语的译名，不仅会使得翻译工作费时费力，而且也很难保证术语译名的准确性。这时，项目经理会安排译者从待译材料中提取所出现的术语，根据专业领域和客户偏好，确定每个术语的译名，创建术语表或术语库，共享给翻译项目所涉译者，作为其翻译过程的参照。这样一来，既可以减少不必要的劳动，节时省力，而且能够更好地保证译文中术语的正确性和一致性。在由思迪公司（Software and Documentation Localization，SDL）2010 年所做的术语调查中，当被问及术语管理过程在多大程度上影响其翻译效率时，35%的译者认为其翻译效率提高了 25%—50%，13%的译者认为其翻译效率提高了 75%—100%（SDL，2010）。可见，有效的术语管理有助于降低翻译成本，改善语言质量，减少翻译用时，从而提高翻译的工作效率，这在当今市场竞争激烈的时代非常重要（Bowker，2003：49）。“术语管理也许是技术翻译中最关键的环节之一，并往往成为良好翻译者与优秀翻译者的差别所在。术语管理得越好，新的术语资源就越广泛，您就越有机会成为某一领域真正值得信赖的翻译者。”（索夫，2009：82）

译者可以通过传统卡片、文字处理软件、电子表格、数据库，以及术语管理系统（terminology management system）进行术语管理。与其他几种工具相比，术语管理系统能够更好地帮助译者处理翻译工作中出现的术语问题。

术语管理系统是一种计算机程序，用户可以通过该程序建立个人术语库，其最基本的功能就在于充当术语信息的储存器,以备在将来的翻译项目中复用。随着技术的发展，术语管理系统得到逐步完善，目前其主要的特色功能有：①基于概念的方式灵活存储各种术语信息；②模糊和精确术语匹配；③自动化术语查询和预翻译。术语管理系统的优势在于高质量保证翻译结果、快速且灵活、信息分享率高（Bowker，2003：53-59）。目前常见的术语管理系统有 MultiTerm、AnyLexic、TermWiki、QTerm、语帆术语宝等，具有如下主要作用：①收集、保存、加工和维护翻译数据；②确保术语的一致，提升协作翻译的质量；③配合计算机辅助翻译工具和质量检查工具等，提升翻译速度；④促进项目各利益方之间术语信息和知识的共享；⑤方便翻译项目甲乙双方之间高效地进行术语数据交换和管理，存储翻译项目资产，方便后续使用（王华树、王少爽，2019：30-31）。翻译项目中的术语管理具有全程性特点，在项目的计划阶段、启动阶段、实施阶段和收尾阶段，主要包括术语规划、术语提取、术语转换、术语标注、术语应用、术语维护、术语质量保障等操作（王华树、王少爽，2019）。术语管理已成为跨国企业语言资产管理的关键要素，是企业国际化语言战略的重要组成，更关乎国际知识共享和话语体系构建（王华树，2018：67）。

### （三）面向翻译研究的术语管理

自 20 世纪 70 年代西方学界提倡将翻译研究视作一门独立的学科，至今已有 50 余年的发展历史。在此期间涌现出了各种学说理论，形成了不同的翻译学派，翻译学者从许多其他学科中大量借鉴理论概念，应用于翻译现象的探讨。“一种学问要成为一门独立学科，必须有一整套术语来描述其研究对象、目的、方法、规律、定理的基本概念。也就是说，术语是某一特别学科区别于其他学科的重要标志之一。”（方梦之，2002：118）因此，随之而来的是用以表示翻译学概念的专业术语的数量迅速膨胀。在我国，虽然将翻译学视为一门独立学科的做法是近些年的事情，但翻译研究具有相当悠久的历史，出现过许多对后世具有深远影响的翻译家，如鸠摩罗什、玄奘、道安、彦琮、赞宁，以及近现代的严复、梁启超、林纾、傅雷、钱锺书。他们对翻译皆有自己独到的见解，并提出了许多专业概念，如案本、文与质、信达雅、神似、化境等，共同构成了我国丰富的传统译论体系。

近年来，由于对传统译论的继承和发扬、对西方译论的引进和借鉴，以及我国当代翻译学者的理论独创，翻译学研究在我国形成了“百花齐放、百家争鸣”的局面。繁荣的局面让翻译学的术语体系变得庞杂，其中存在不少问题，如术语混乱、西方译学术语汉译不统一、译学术语难以规范化和标准化等（王一多，2010）。方梦之（2002）指出，翻译学术语存在四个方面的问题：①历史遗留，分歧犹存；②外来术语，译法不同；③同一术语，不同概念；④乱设新名，和者寥寥。他还提出了译学术语规范化的课题，认为术语建设和学科建设是互动的，应认真处理好术语与概念、术语与借鉴、术语与创造等关系。杨自俭（2004）亦提出加强译学术语研究势在必行，并应该做以下几项工作：①从理论上搞清楚范畴、概念、术语三者的区别与关系；②按译学发展的不同时期梳理译学术语；③给各个不同历史时期的术语分类；④研究术语的外延和内涵与术语之间的关系；⑤划分术语的层次与等级，寻找并构建术语系统；⑥比较研究中外关键术语发展史；⑦改造并创建新的译学术语。这些工作大多具有术语管理的性质，因为其目的在于为翻译学科的建设与发展服务，我们将其称为“面向翻译研究的术语管理”。

在面向翻译研究的术语管理中，译学术语的规范化是一个关键问题。在翻译研究学术交流中，研究者往往“对同一概念有着不同的理解与阐释，或者有意使用‘与众不同’的术语，因此对话中就出现了各说各话的现象。准确界定翻译研究相关术语的内涵与外延，是实现学者平等对话的基础”（穆雷、朱晓燕，2006：x）。孙艺风（2001）指出，规范翻译学术语具有重大意义，并提出译学术语应具有统一性和明确的理论概念界限，既要考虑到社会文化的差异，又要保持一定的灵活性。栗长江（2003）指出，术语的不规范性表现为译学术语称谓混乱，以及对译学术语内涵和外延的界定不同，这是导致译学界长期纷争的一个重要因素，并提倡对译学术语进行规范化。张旭（2004）依据透明性、一致性、简洁性三个原则分析了西方翻译研究术语的汉译问题，并指出了术语的统一工作对于我国译学顺利发展的意义。王一多（2010）从中国传统译学术语、西方译学术语和新创术语三个方面进行剖析，对当代译学术语研究概况进行了梳理，简述了译学术语词典编纂情况，并指出现有研究方法中的不足，认为目前译学术语研究多遵从传统的术语研究方法，对概念的把握不够深入，难以窥见术语背后的学术传统和文化传统，而且翻译术语和原创术语的定名都应遵循术语学的定名方法。

翻译学属于社会科学研究的范畴，社会科学术语的规范化不同于自然科学和工程科学术语的规范化，后者要求对术语的概念和使用具有严格统一的界定，从而实现理论认识上的一致，而“社会科学术语规范的目的，不是统一思想，而是统一语词表达。社会科学研究的术语规范化，并不意味着‘社会科学学术思想的千篇一律’”（龚益，2009：91-92）。在翻译学中存在不同的理论学说和流派，翻译学术语的规范化的目的并不是让不同流派之间形成一个普遍适用的翻译理论，而在于促进学术话语的使用规范，从而减少翻译学研究者之间的交流障碍和误解，促进翻译学的学科发展。此外，已有学者将最新的术语学理论应用于译学术语的研究，如范敏（2011）指出，译学术语需要与现代术语学理论相结合，通过各种规范措施，如编纂译学词典，使译学术语语言规范、内容明确，促进学生交流与对话。她根据社会认知术语学理论，以认知科学和原型理论为基础，结合翻译学的自身特点，分析了译学术语的多义性、历时性和动态性，更加准确、全面、动态地研究译学术语的概念特征，注重译学术语的社会语用和交际功能，为译学术语研究提供了一个全新的视角。

译学辞典编纂旨在对翻译学术语进行管理，是实现译学术语规范化的有效手段。对译学辞典研编的研究是翻译学与词典学两门学科的跨学科领域的研究。国内外译学辞典的研编基本同步，国内译学辞典的研编甚至还要略早于国外。中外较大型译学辞典的问世，均始于 1997 年，国内有林煌天主编的《中国翻译词典》（1997）、孙迎春主编的《译学大词典》（1999）与《汉英双向翻译学语林》（2001），国外有马克·沙特尔沃思（Mark Shuttleworth）和莫伊拉·考伊（Moira Cowie）1997 年合作编写的《翻译研究词典》（*Dictionary of Translation Studies*）、莫娜·贝克（Mona Baker）1998 年主编的《翻译研究百科全书》（*Routledge Encyclopedia of Translation Studies*）等。

时至今日，译学辞典在数量和类型上都有了较大发展。我国学者对译学辞典编纂进行了深入的理论研究。孙迎春先后发表多部论著对综合性译学辞典的编纂、译学辞典编纂对翻译学学科建设的重要性、译学辞典的描写性、译学辞典的类型，以及译学辞典编者的主体性等多方面的问题进行了深刻的探讨，提出了译学辞典编纂的基本原则为描写性、综合性、理论性、实用性以及开放性，并对接下来的译学辞典研编进行了前瞻性展望，提出了自己对译学辞典研究前景的基本设想（孙迎春，2001b，2002a，2002b，2003，2007）。黄希玲（2005）论述了以系统思想为基础的译学词典理论框架，总结了译学词典的分类，探讨了译学词典编纂三原则——系统原则、就近访问原则、面向对象原则在译学词典编纂过程中的应用，并依据此三原则，对已有的译学词典进行分析，总结经验，提出对我国第一部复合知识译学词典《中国翻译词典》进行修订的设想。赵巍（2006）对国内13本译学词典进行了描述性研究，提出了基于原型理论的译学词典评价系统，以及建立翻译学专科语料库的基本设想。范敏（2008）从篇章语言学视角，探讨了译学词典的话语诠释、系统构架和功能，以及译学词典的话语建构问题。孙吉娟（2019）讨论了译学词典编者的主体性作用，提出将翻译伦理学与编者主体性进行深度融合，从而扩大译学词典的研究领域。

赵巍（2005）通过考察国内译学词典的编纂现状，总结出了译学词典编纂的三大特征：①词典种类趋于综合化、专题化、系列化；②编纂思想从早期的"全面描写"逐渐转变为"描写+规范"；③编纂方法逐步科学化，开始有意借鉴词典学的现有成果。这三大特征在2011年出版的由方梦之主编的《中国译学大辞典》中得到了很好的体现：①综合化，该辞典共收录1900余词条，由译学术语、译学著作、译界人物三大主要部分组成，编者在编写过程中参考了近2000部（套）翻译学著作。②规范化，编者在前言中提到"术语的系统化、规范化水平往往代表一门学科的发展水平。译学术语是构建译学体系的要素"（方梦之，2011a：iv）；该辞典的编纂目的之一就在于整理国内外翻译研究的成果，对其术语进行综合、分类，使之系统化、条理化。③科学化，编者基于"一体三环"的编写理念，"广泛地收集译学的常用术语，并对之做一番去伪存真、去粗取精的梳理工作，根据确定术语的单义性、简明性、科学性、系统性的原则编纂本辞典"（方梦之，2011a：iv）。方梦之（2019）进一步优化了编写体例，并吸纳了翻译新论、口译研究、翻译技术、翻译教学和语言服务等发展较快的领域中的新兴术语，在商务印书馆出版了《翻译学辞典》。

译学词典的相继出版，对于我国翻译学知识体系构建和翻译学学科建设具有重要的促进意义。在今后的译学术语研究和译学词典编纂中，应更多地借鉴术语学的研究成果，从各种术语学理论的视角审视译学术语，这样有利于更好地认识译学术语的概念体系，加强翻译研究话语的规范化、系统化，巩固已有研究成果，推动翻译学领域的学术交流与理论发展。

## 三、面向翻译的术语教育

由于术语的数量和使用频率快速增长，其在现代社会经济中所发挥的作用日益凸显。国家之间的科技文化交流增多，对术语翻译的需求量也在逐日攀升，这就需要大量能够胜任术语翻译工作的人才。随着术语学相关研究的增加及学界对其学科地位的认可，为了应对社会发展对人才的需求，术语教育也相应地受到一些高等院校的关注，这些院校开始设置相关课程，教授学生从事术语工作所需要的知识与技能。在当今时代，术语与翻译的关系甚为密切，术语问题是翻译工作的常规问题。因此，在翻译人才培养中，开展术语教育是现代社会变迁和翻译职业化的必然要求。

### （一）国外术语教育的现状

在国外，大学开设术语学课程的历史已有 50 余年之久。德国-奥地利学派是最早的术语学派，术语教育也首先开始于德语国家。早在 20 世纪 70 年代初期，现代术语学的创始人维斯特就在维也纳大学开设了名为“普通术语学理论与术语词典学入门”的课程，向学生传授术语学的基本工作方法与原则（Martínez & Benítez，2009：90）。80 年代初，国际术语信息中心（The International Information Centre for Terminology，Infoterm）开设术语学培训课程，为有意或已在从事术语工作的人员提供技能培训，以推动术语学理论知识的传播。近年来，国际术语网（International Network for Terminology，TermNet）和奥地利大学翻译研究中心每年都会联合举办一期“国际术语学夏季培训班”，开设为期一周面向实践的术语管理入门培训课程。

李健民（2010）对 20 所开设术语教育课程的德语国家高校（德国 15 所、奥地利 3 所、瑞士 2 所）进行了调研，并对科隆应用科学大学、莱比锡大学、因斯布鲁克大学的术语教学情况进行了案例分析。此次调研结果发现，在德语国家中，术语学课程的开设者多为翻译、语言院系或研究所，其培养目标包括（专业）翻译学士、翻译硕士、翻译博士、术语学硕士、术语师、技术编辑等，其中几乎每所大学的术语教育培养目标都包括翻译硕士。可见，德语国家的术语学课程主要为培养翻译人才的术语工作能力而开设。课程类型可分为初级课程和高级课程，前者为低年级学生开设，教学内容主要包括术语的收集整理方法，术语工作的基本概念、理论与方法，以及术语翻译方法等；后者为高年级学生开设，教学内容主要有术语库建设、术语工作实践、术语管理、术语管理系统和翻译相关软件的使用、面向翻译的计算机辅助术语学等。在教学模式方面，德国术语教育的特点为“在传授少量基础理论知识的基础上，辅之以大量的术语工作项目实践，强化了应用术语学知识解决实际问题的能力”（李健民，2010：28），即侧重术语实践能力的培养；奥地利将术语教育、学术研究与企业内部的信息管理相结合，形成了产学研一体化术语教育模式；瑞士则将翻译和术语两种类型的人才培养紧密结合，术语教育既是翻译专业培养方案中不可缺少的组成部分，又可培养从事术语工作的专门人才，即使在专门的术语人才培养中，也要求学员应具有翻译或外语方面的知识背景（李健民，2010）。

俄罗斯学派的术语学研究历史仅次于德国-奥地利学派，因此苏联的术语教育起步也比较早。早在20世纪60年代末70年代初，就有一些术语研究者在苏联的高校中开设术语课程，例如莫斯科印刷学院开设的“科技术语原理”课程，以及莫斯科大学为本科生和研究生开设的“术语学”课程。70年代中期开始，一些综合大学和专业学院相继开设术语学课程，另外还出现了针对不同对象的术语学研修班、短训班。按照专业知识背景和职业背景，俄国术语教育的对象可分为四类：①术语工作者，包括术语理论工作者和术语实践工作者；②语言学工作者；③科技信息机构和出版机构的工作者；④国民经济专业人员即科学文化工作人员。其中，第三类还可细分为文摘工作者、翻译工作者、语言技术研发者，以及不同专业领域的编辑等。术语课程的教学内容也在不断充实、完善，从一开始简单地偏重术语的语义和结构到术语编纂、术语整理、术语标准化、术语翻译等，其内容变得更为广泛和专业化（郑述谱，2006）。

俄国术语学的全部教学内容可归为包含56个题目的8个板块：①引论；

②类型学及专业词层的相关研究；③术语学的逻辑学方面；④术语的语义学问题；⑤术语学的语言-结构方面；⑥术语工作的不同方面；⑦几个术语机构的术语活动；⑧术语词典学的理论问题（郑述谱，2006）。可见，与德语国家的情况相比，翻译工作只是俄国的术语教育所面向的众多服务对象之一。

在英语国家中，虽然术语学研究的起步较晚，但目前也有不少高校设置了术语教育课程。其中，加拿大的术语研究起步较早，由于其独特的双语环境，加拿大学派已成为第四大术语学派。加拿大学派术语研究的主要目的在于语言规划与翻译工作，术语库是其术语学研究的重点。在 20 世纪 80 年代，两位著名的加拿大术语学家隆多和迪毕克分别撰写的两部术语学著作《术语学概论》（*Introduction à la Terminologie*）和《应用术语学》（*Manuel Pratique de Terminologie*）一直被视为术语学课程的经典教材。多所加拿大高校开设有术语学课程，其课程设置注重应用实践，如渥太华大学、约克大学、蒙特利尔大学、麦吉尔大学。其中，渥太华大学翻译学院所开设的系列术语学课程共有六门，分为本科和硕士研究生两个阶段，此外，还有四门翻译类课程也涉及术语方面的内容；蒙特利尔大学语言与翻译系也为本科和硕士研究生翻译专业学生开设了七门术语学课程。通过调研四所加拿大高校术语学相关课程的设置情况（表 1.1），我们可以发现加拿大术语教育的特点是：①术语教育系统化，学校往往会针对不同阶段的学生设置系列术语课程，有入门课程和高级课程之分，选修后者的前提是必须拿到前者的学分；②注重应用术语课程和术语工作实践，设置有校内外术语工作实习，培养学生的动手能力；③术语学课程具有综合性，与其他主题相结合，如词汇学、词典学、文献管理、语言规划等。

英国和美国的术语学研究起步略晚，其早期的术语学论著多为译著和论文集。英国高校中一般将术语学理论知识的传授与具体的专业领域课程相结合，如医学、法律、信息技术、人工智能等，其翻译院系也同样将术语学融入具体领域文体的教学中，几乎很少有院校单独开设术语学课程。在美国，术语学课程多在高校的翻译院系开设，其目标在于培养具备术语工作能力的翻译人才。通过调研四所美国高校术语学课程的设置情况（表 1.1），可以发现其特点为：①教学内容侧重术语管理，以及计算机辅助术语工具的应用，突出培养学生的术语工具使用能力，如术语管理系统、术语词典、语料库、翻译记忆系统、互联网等；②教学对象多为翻译硕士，以及翻译资格证书考试的参加者。

**表 1.1　加拿大与美国高校术语学课程设置情况**

| 学校 | 课程名称 | 教学对象 | 教学内容 |
|---|---|---|---|
| 加拿大渥太华大学 | 术语学与术语工具入门 | 翻译学士 | 术语研究方法；术语与专题领域研究；术语数据库的创建与使用；术语管理工具和其他计算机辅助翻译工具的使用 |
| | 校外术语实习 | 翻译学士 | 在教师的指导下，学生将所学翻译与术语原则应用于实际翻译工作中，学生需要提交一份书面实习报告 |
| | 校内术语实习 | 翻译学士 | 在术语师的指导下进行术语工作，如专题领域研究、利用多种文献资源制备完整的双语术语文件 |
| | 词汇学、术语学与文献管理 | 翻译硕士 | 词汇与术语单位的性质与描述；文献资源的类型和批评分析；双语术语研究的语言和概念方面 |
| | 面向西班牙语翻译的文献管理与术语学 | 翻译硕士 | 介绍西班牙语种的文献管理与术语研究；文献来源的分析与使用；术语记录和双语文件的制备 |
| | 应用词汇学与术语学 | 翻译硕士 | 词汇学与术语学研究中的方法论问题，如编制语料库、编写定义、建立概念网络 |
| 加拿大蒙特利尔大学 | 文献管理与术语学 1 | 翻译学士 | 文献研究介绍；文献的类型与评价；术语学基本原则与方法介绍；术语学研究介绍 |
| | 文献管理与术语学 2 | 翻译学士 | 文献管理与术语工作方法的深入学习；各种术语工作的实现手段 |
| | 术语学与术语词典学 | 翻译学士 | 术语学的基本理论概念；词典学基础；专业术语学方法与实践；北美语境下的术语学 |
| | 术语学与语言规划 | 翻译学士 | 术语的社会角色；语言规划与术语学；组织与干预措施；组织与企业的术语编纂实务 |
| | 文献与术语学研究 | 翻译学士<br>翻译硕士 | 文献管理的技巧；信息的类型与来源；文献的评价；专业词典；术语学基本知识 |
| | 现代术语学方法 | 翻译硕士 | 术语学的理论基础；术语、专用语与文本语料库；术语索引与词典；术语规划与语言政策 |
| | 应用术语学 | 翻译硕士 | 术语学研究的方法；行业现状；能力体系；职业道德 |
| 加拿大麦吉尔大学 | 文献管理与术语学 | 翻译学士 | 文献管理和术语学研究所需技能；数据库在线和离线使用，因特网资源和其他各种形式的记录和语料库；机器翻译、计算机辅助翻译与本地化介绍 |
| 加拿大约克大学 | 术语学（英语、法语、西班牙语） | 翻译学士<br>翻译硕士 | 介绍术语研究与管理所用工具、原则与方法，学生通过研究分析术语概念，学习标准和典范做法，将术语学知识应用于现代翻译过程中 |

续表

| 学校 | 课程名称 | 教学对象 | 教学内容 |
|---|---|---|---|
| 美国蒙特雷国际研究院 | 术语管理 | 翻译硕士 | 信息时代术语管理与双语词典编纂原则与实务介绍；术语管理的基本理论问题；用户与用户需求分析；为术语和其他信息建立语料库；定义词汇与词汇记录的结构；处理搭配；编写定义；运用硬盘版和在线双语术语词典 |
| 美国肯特州立大学 | 面向译者的术语学与计算机应用 | 翻译硕士 | 术语管理的基本原则与问题介绍；术语数据库管理入门；术语管理实务；术语库的制备；互联网的应用；术语与翻译管理的高级应用（如翻译记忆系统和机器翻译） |
| 美国纽约大学 | 术语学理论与实践 | 翻译硕士 | 介绍现代术语学与文献管理的基本原则与方法；侧重应用术语学；现代术语实践的理论背景，包括语言学、词典学与分类学的相关方面；术语学研究的各种方法，侧重术语学在翻译工作中的应用；记录和存储术语的常用方法；数据库记录的结构；基于计算机的术语管理系统 |
| 美国贝尔维社区大学 | 术语管理与研究 | 翻译证书考试参加者 | 培养学生的术语研究、词典使用和词汇表创建技能；涉及医学、法律、计算机、商务、国际贸易等领域的基本术语 |

除了上述国家外，近年来法国、西班牙、葡萄牙的术语学研究发展势头也十分迅猛，一些高校的术语教学和术语学课程设置在业界得到了广泛赞誉，如法国巴黎高等翻译学院、西班牙庞培法布拉大学、葡萄牙波尔图大学等，教学主要面向翻译专业的本科生和硕士研究生。

### （二）国内术语教育的进展

从我国古代的名学思想到清代大量译介西方科技文献中的术语，可见术语工作在我国已有悠久的历史，但国内真正将术语学作为一门独立学科所进行的研究起步较晚。虽然在 20 世纪 80 年代已有一些国外术语学著作的中译本出版，如由刘钢和刘健翻译的隆多的《术语学概论》、由张一德翻译的迪毕克的《应用术语学》、由邹树明和吴克礼组织编译的《现代术语学与辞书编纂》，但术语学直到 90 年代后期才引起重视，以冯志伟的术语学专著《现代术语学引论》的出版为主要标志。进入 21 世纪后，相继有学者对国外术语学研究进行系统介绍，主要集中于四大术语学派的发展历史、理论主张、代表人物等。在国外术语理论的基础上，加之对我国古代名学思想的继承，已有学者开始着手汉语术语学的研究，旨在建立具有中国特色的术语学研究（潘书祥，2005；

黄忠廉，2009）。

与此同时，已有学者借鉴国外术语教育的经验，探讨我国高校开设术语学课程的可行性和实施方案。郑述谱（2003c）首先提出了在我国高校开设术语学课程的设想。接着，他考察了俄国的术语教育情况，包括开展术语教学的必要性和术语教育在俄国的发展历程，同时对术语教育的对象、教学内容、教学方法做了回答，并探讨了俄国开展术语教育的经验对我国术语教育的启示（郑述谱，2006）。后来，他又剖析了术语教育的定义、术语意识、开展术语教育的原因和方法，认为这些都是在进行术语教育之前必须给予解答的问题（郑述谱，2009）。刘青（2008）也指出，我国的术语学研究和术语教育仍处于起步阶段，应争取在大学开设术语学课程，这不仅可以为我国培养术语工作人才，还对提高大学生的素质具有重要意义。梁爱林和邓愉联（2007）详细介绍了五所国外知名大学的术语学教育情况，包括术语教学的发展史、教学内容、教学对象、教学方法等方面，进而得出了我国开展术语教育的四点启示。黄忠廉（2010）区分了术语教育和术语学教育，认为前者指传播术语知识的行为，重在知识与运用，属于应用教育，而后者则是传播术语学理论的行为，重在知识体系与理论建设、术语理论和学科教育，他还分析了语言学的各个分支如何为术语教育提供理论基础。梁爱林（2010）以术语的属性为出发点，即语言属性、认知属性、社会文化属性和寓教于学属性，探讨了我国的术语学教育，认为术语的寓教于学属性决定了术语学教育的意义，指出提高术语能力是术语学教育的目标，并将术语能力划分为具备术语知识的能力、技术能力、术语的应用能力、专业能力和交际能力五种要素。

亦有学者对我国高校翻译专业中术语学课程的开设进行了呼吁与设想。梁爱林（2006a，2006b）分析了翻译教学中开展术语学培训的重要性和迫切性，通过借鉴国外术语学教学情况，试探性地为我国翻译专业提出了术语学课程教学大纲，建议使用模块化的课程设置，并讨论了翻译教学中的术语学师资要求、术语学教学材料、教学方法等问题。苗菊和高乾（2008）在借鉴加拿大高校翻译专业的术语学课程设置经验的基础上，剖析了术语学对翻译人才培养的意义，提出应将术语学课程纳入翻译专业教学体系，并规划了我国翻译专业术语课程的教学目标和内容。李健民（2010）概述了德国、奥地利、瑞士三个国家的 20 所高校中的术语学课程的设置情况，分析了我国面向翻译的术语教育的现状，指出我国的术语教育应在借鉴国外经验的基础上，结合实际情况准确定位，并建议在我国翻译专业中设置独立的术语教育课程，开展术语学教学。

我国翻译院系尚未明确设置独立的术语学课程，但在我国传统的翻译教学中已有术语教学的相关内容，这主要体现在课堂教学与翻译教材两个方面。传统课堂翻译教学活动可分为教学翻译与翻译教学。前者旨在检验并巩固外语知识，提高语言应用能力，使学习者成为掌握一门外语的工作者；后者则旨在传授翻译职业的理念与规则，使学习者掌握双语转换的能力与技巧，解决翻译问题，成为职业译员或双语工作者（穆雷，2008：41）。教学翻译的内容为日常文体，其中涉及的术语较少，但在专业文体的翻译教学中会涉及大量的术语，教师会先向学生传授术语的特点和术语翻译的原则与方法。在专业性的翻译教材中，如《科技翻译教程》《法律翻译教程》《医学翻译教程》，往往会有术语学的基本知识，如术语的特点、构成方式、术语标准化、术语翻译的原则与技巧等。

由于社会发展的需要和国内学者对术语教育的呼吁，已有高校尝试性地在硕士阶段开设术语学课程。例如，近年由北京大学计算机辅助翻译专业开设的“术语学与数据库管理系统”课程包括七个单元，即术语学基础、术语学研究、关系数据库、XML 技术、术语管理与术语管理软件、IT workshop、术语管理软件 workshop，共 31 个知识点。其教学内容包括介绍术语学理论和方法，并讨论在翻译工作中的应用；讲授数据库的入门理论，以及基本的数据库应用技术；讲授计算机辅助术语管理系统的应用和实现方法，研究在机器翻译系统中及人工翻译时如何利用计算机辅助术语管理系统。其教学方式有课堂讲授、工作坊（workshop）、课后上机训练等。该课程侧重数据库和术语管理软件的应用，类似于加拿大和美国高校的做法。

概而言之，科学文化知识的传播与交流是术语学和翻译学共同的终极目标，术语翻译是知识跨语传播的关键路径，是术语学与翻译学两门学科的契合点。面向翻译的术语研究就是以术语翻译为归宿的研究，其目的在于提高术语翻译质量，从而保证知识在语言间顺利传播。从术语学视角审视术语翻译的原则与方法，能够为术语翻译实践提供有效的理论指导，促进术语译名的规范化和标准化。在翻译实践工作中实施术语管理和术语管理工具或软件的运用，有助于提升翻译工作效率和译文术语使用的一致性。针对翻译研究的术语管理，一方面有利于翻译学研究成果的总结与继承；另一方面有助于翻译研究学术话语的规范化，促进翻译学的学术交流和发展。在翻译专业中开展术语教育，向学生系统传授术语学的理论与方法，以及计算机辅助术语工具的应用，则是在为翻译行业中培养胜任术语工作的翻译人才。

## 本章小结

本章首先剖析了术语的重要性、定义和特性，术语是一种具有特殊功能的词，与普通词汇之间既有区别，亦有联系，术语化和非术语化过程就是术语和普通词汇之间相互渗透的体现；然后概述了术语学研究的发展历史，术语学的前身为命名学，现代术语的发展可分为萌芽期、形成期、繁荣期、扩张期等四个时期。德国-奥地利学派、俄罗斯学派、捷克-斯洛伐克学派、加拿大-魁北克学派为现代术语学的四大主要流派。近年来术语学研究在中国愈发受到重视，并取得了一定的研究成果，正在成为继上述四大流派之后的第五个术语学派。术语学的研究内容涉及术语的特性、概念与概念系统、术语的定义、术语标准化、术语编纂、术语库建设、术语管理、术语翻译、新词研究、术语与语言规划、历史术语学研究、术语教学研究等。面向翻译的术语研究包含术语翻译原则与方法、面向翻译的术语管理、面向翻译的术语教育等。术语翻译原则与方法研究应更多运用术语学的理论知识；面向翻译的术语管理涉及面向翻译实践的术语管理和面向翻译研究的术语管理；面向翻译的术语教育则是培养具有术语能力的翻译人才的重要途径。我国的术语教育应在借鉴国外经验的基础上，探究译者术语能力的构成要素与表现特征，针对我国翻译专业的实际情况开设术语相关课程，培养学生的译者术语能力。

# 第二章

# 译者术语能力研究的理论基础

本章旨在为译者术语能力研究提供方法论和翻译学方面的理论支持和依据。首先，本章对描述翻译研究和实证翻译研究进行介绍，将后者的发展历程分为萌芽期、形成期、发展期、繁荣期四个时期进行历史回顾，详细论述所使用的主要研究方法；然后，从翻译专业技能、翻译信息加工、翻译策略研究三个方面梳理翻译研究可为译者术语能力研究提供的理论支持。

## 第一节　描述翻译研究

自 20 世纪 70 年代至今,当代西方翻译研究历经了 50 多年的发展历史，翻译研究受到学界的日益关注，已成长为一门显学，其独立学科地位逐步得以巩固，并形成了系统的学科构架。同语言学可分为规定语言学和描述语言学一样，翻译研究也可区分为规定和描述两大研究范式。规定范式旨在对语言的运用做出明确规定，描述范式则重在描述和解释人们对语言的实际运用。

按照詹姆斯·S. 霍姆斯（James S. Holmes）在其翻译研究奠基之作《翻译研究的名与实》(“The Name and Nature of Translation Studies”)中所规划的翻译研究的学科构架图，翻译研究首先可以分为纯翻译研究和应用翻译研究两大分支，纯翻译研究又可分出理论翻译研究和描述翻译研究两个子分支。翻译研究是一门经验学科，具有两项主要目标：①描述我们所处的经验世界中的翻译现象；②建立普遍原则，用以解释和预测这些翻译现象（Holmes, 1988：71）。根据研究重点的不同，描述翻译研究可分为产品、过程、功能三个方面取向的研究。吉迪恩·图里（Gideon Toury）进一步深入阐释了描述翻译研究这一分支在翻译研究学科框架中所占的重要地位，指出：

> 与非经验学科相反，建立经验学科的目的在于以一种系统的、可控的方式，解释现实世界中的某些特殊部分。于是，若没有一个严格意义上的描述分支，那么任何经验学科都不能声称具有完整性和（相对）自治性。因此，描述、解释和预测研究对象层面的相关现象，是一个经验学科的主要目标所在……一个学科的理论分支和描述分支在本质上是互惠的关系，它们使得更完善、更有意义的研究成为可能，从而提高人们对该学科所涉现实的理解，也使那些感兴趣的研究者进一步深入开拓该学科的应用分支，使其更加接近该研究对象的内在本质。（Toury，1995：1）

自翻译研究的文化转向以来，译学界进行了大量以产品和功能为取向的研究，以过程为取向的研究相对较少。在研究方法上，前两种取向的研究与以过程为取向的研究相去甚远。“以产品和功能为取向的研究主要就人们对译文做出的反应进行分析，然而在以过程为取向的实证研究中，通常使用译文在逐渐产生过程中所引发的数据，且往往完全忽略译文的最终版本。”（Toury，1995：223）唐纳德·基拉里（Donald Kiraly）指出，翻译研究中对翻译过程的实证研究出现较晚的原因，部分在于直到最近尚没有一种研究方法可以让人们观察到心理语言处理现象（Kiraly，1995：39）。以过程为取向的翻译研究是纯描述性的，而不是规定性的，其主要目的在于发现译者大脑中实际发生了什么，即译者怎么翻译，而不是规定译者应该怎样翻译（Lörscher，1996：31）。近年来，随着认知科学与翻译研究的跨学科交流的日益加深，以产品和功能取向为主的外在翻译研究和以过程为取向的内在翻译研究形成了并驾齐驱的局面，翻译过程研究越来越受到研究者的关注（Muñoz Martín，2016；Lacruz & Jääskeläinen，2018；冯佳、王克非，2016；王湘玲、王立阳，2022）。翻译研究的这一局面在一定程度上也受到了翻译教育在全球范围内不断升温的推动。

# 第二节　实证翻译研究

## 一、实证翻译研究的内涵

根据《路线图：翻译研究方法入门》（*The Map: A Beginner's Guide to Doing Research in Translation Studies*）一书，理论研究与实证研究是翻译研究中的两种重要形式，前者关注概念探究，后者关注数据分析（Williams & Chesterman，2002：58）。实证研究指研究者通过实验、观察收集数据，证实/证伪已有理论假设或提出新的假设的过程。实证方法最初肇始于自然科学领域的研究，后随着奥古斯特·孔德（Auguste Comte）开启的社会科学的实证主义思潮，被扩展应用于人文社会科学领域的研究。现代西方译学奠基人霍姆斯就指出，翻译学为一门经验学科，其学科目标决定了进行实证翻译研究的必要性（Holmes，1988）。图里认为，在翻译研究中引入实证方法是该学科发展进程中的一个真正的里程碑，其最大的贡献在于“使研究那些制约或影响翻译过程、翻译产品和翻译功能的诸因素之间的相互关系成为可能，并可增强研究结果的预测力”（Toury 1995：221-222）。他还指出，实证研究的这一潜在价值源于实验的两个内在特征：变量的相对可控性和高复制率（Toury，1995：221-222）。经过过去 30 多年的发展，实证翻译研究，尤其是翻译过程的实证研究，已逐渐成为西方翻译研究的前沿性研究（苗菊，2006；苗菊、刘艳春，2010；穆雷，2011；Muñoz Martín，2016；Lacruz & Jääskeläinen，2018；王湘玲、王立阳，2022）。

目前，学界对于实证翻译研究的界定尚未形成定论。图里（Toury，1995：222-223）认为实证翻译研究可以以产品、过程或者功能为取向，三者的区别不仅在于关注点的不同，还在于引发与分析数据的方法的不同。在《翻译教学与研究》（*Teaching and Researching Translation*）一书中，巴兹尔·哈蒂姆（Basil Hatim）则将“翻译研究的实证研究”分为“翻译共性的语料库研究”和“翻译过程研究”两部分进行论述（Hatim，2001：151-161）。玛丽·斯内尔-霍恩比（Mary Snell-Hornby）将实证研究视为 20 世纪 90 年代翻译研究的转向之一，该转向涉及翻译过程研究和语料库翻译研究两种实证方法（Snell-Hornby，2006：123-128）。苗菊和刘艳春（2010）指出，在翻译研究的学科范围内，任何采用实证方法的研究即为翻译实证研究，迄今在描述性研究的范畴内，分为两类研究：译作实证研究和过程实证研究。然而，在许多西方译学著述中，实证翻译研究实际上主要是指翻译过程的实证研究（Kiraly，1995；Tirkkonen-Condit & Jääskeläinen，2000；Beeby，Ensinger & Presas，2000；Hansen，2005；Göpferich，Jakobsen & Mees，2009；Shreve & Anglone，2010）。根据姜秋霞和杨平（2005：23）的观点，"翻译研究中的实证性从一开始就有，对翻译问题的认识最早源于对翻译具体现象和实例的分析，就是建立在实践基础上的"。但直到 20 世纪 80 年代，有声思维分析法在翻译过程研究中的应用才标志着严格意义上的实证翻译研究的出现。

实证翻译研究的内涵可参照苗菊和刘艳春（2010）的定义，即实证翻译研究指任何采用实证方法将翻译现象作为研究对象的研究。翻译现象可划分为翻译本体现象和翻译外围现象。前者指与翻译直接相关的现象，如翻译产品（即译文）、翻译过程、译者翻译思维过程等；后者则指与翻译间接相关的社会活动，如翻译产业、翻译政策、翻译资格认定等。

目前，在对翻译本体现象的实证研究中，主要存在两种研究方法：以有声思维法为主的翻译过程研究与以语料库方法为主的翻译文本研究。翻译过程实证研究指采用实证方法，将翻译过程、译者认知思维过程作为研究对象的研究。

## 二、翻译过程实证研究的历史回顾

自 20 世纪 80 年代，翻译过程实证研究已经历了 40 多年的发展历程。按照年代，实证翻译研究即翻译过程实证研究的发展大致可以划分为萌芽期、形成期、发展期和繁荣期四个阶段。各阶段的代表性研究和主要特点可归纳如下。

### （一）萌芽期（20 世纪 80 年代）

20 世纪 70 年代，因行为主义思想的影响式微，内省法重新得到研究者的认可，并被广泛运用于认知心理学的研究中（蒋素华，1998）。有声思维是内省法的一种特殊形态。安德斯·埃里克森（Anders Ericsson）和赫伯特·亚历山大·西蒙（Herbert Alexander Simon）对有声思维法的特点和应用做了详细的剖析，并提出了有声思维研究的理论框架，将人类的思维过程视作一种信息处理过程，可以通过有声思维法将其展现出来（Ericsson & Simon，1984，1993）。随即，研究者将有声思维法运用于翻译过程的研究中，试图破解译者的“黑匣子”中暗藏的玄机，由此拉开了翻译过程实证研究的序幕。

根据多数研究者的观点，翻译过程的实证研究始于 1986 年德国学者汉斯·皮特·奎因斯（Hans Peter Krings）所做的一项题为“译者的大脑中发生了什么”（“Was in den Köpfen von Übersetzern vorgeht”）的实证研究（Hansen，2003；苗菊，2005；Snell-Hornby，2006；Buchweitz & Alves，2006；文军、孙三军，2006；Campbell & Wakim，2007；Göpferich，Jakobsen & Mees，2009；勒代雷，2010）。实际上，早在 1982 年，乌苏拉·桑德罗克（Ursula Sandrock）在其硕士论文中就已采用有声思维法研究翻译过程（Jääskeläinen，2002）。但是，该研究的规模偏小，只涉及桑德罗克本人一名被试，加之该论文的写作语言为德语，未能及时正式出版，故对翻译研究界的影响不大。同年，沃尔夫冈·洛赫舍（Wolfgang Lörscher）也开始了一项关于翻译过程的研究项目，但该研究的成果直到 1991 年其英文专著的出版，才受到了学界的广泛关注。所以，奎因斯的博士论文被认为是首次较大规模的翻译过程实证研究。

萌芽期的主要特点为：实证研究的规模较小；实验设计较为随意；实验方法主要是通过有声思维法引发数据，基本没有采用其他方法引发收集过程数据；被试多为外语学习者；实验所用文本未提供翻译说明（translation assignment/brief）①，未能考虑职业译者的实际工作环境，制约了研究结果的普适性；研究问题大多较为笼统，主要在于“发现翻译过程中发生了什么”（Jääskeläinen，2002）；翻译过程的性质和特点，以及翻译策略和翻译单位为过程分析的主要对象。

---

① Translation assignment/brief 在本书中译为“翻译说明”，亦有学者将其译为“翻译指南”（李德超，2004）、“翻译述要”（李德超，2005；王树槐，2009；王克非、杨志红，2010）、“翻译要求”（贾文波，2007）、“翻译纲要”（陶友兰，2010）等。

### （二）形成期（20 世纪 90 年代）

进入 20 世纪 90 年代后，相继有翻译学者进行翻译过程的实证研究，并出版了许多涉及实证翻译研究的专著、论文集和期刊论文。1996 年，国际译学知名期刊《译者杂志》（*Meta*）出版了一期题为《翻译过程》（*Translation Process(es)*）的专刊，实证研究得到了进一步深化。有学者认为，在此阶段，翻译研究中的实证范式开始形成，并出现了翻译研究的实证转向（Snell-Hornby，2006）。在 20 世纪 80 年代的研究基础上，学者们开始关注职业译者的翻译过程，比较翻译专业学生和职业译者在翻译过程中具体特点上表现出的差异。研究问题与假设得到了具体深化，相关理论概念如翻译策略的探讨也得到了进一步充实。保尔·库斯摩尔（Paul Kussmaul）和索尼娅·特克恩-康迪克（Sonja Tirkkonen-Condit）指出，除了能够丰富翻译过程的理论研究之外，这些研究至少还具有两个教学方面的目的：①专家译者作为研究对象，在翻译过程中表现出来的翻译策略，可以为翻译培训提供成功的模型；②通过实证研究，可以收集翻译专业学生作为研究对象在翻译过程中遇到的问题，以便在今后的翻译教学中加以关注（Kussmaul & Tirkkonen-Condit，1995）。通过比较两类被试的翻译过程，可以发现翻译专业技能的特征，这对翻译教学具有重要参考意义。

形成期的主要特点可以归结为：实证研究的规模得到了扩大，构成了翻译研究的实证转向；虽然有声思维法仍是数据收集的主要方法，但在研究方法与设计上得到了进一步完善；实验对象由最初的外语学习者升级为翻译专业学生和职业译者；有关理论概念得到进一步充实，研究问题和假设变得更加具体，翻译策略仍是学者的主要研究关注点。

### （三）发展期（21 世纪第一个十年）

2000 年，随着三本论文集《探究与描绘口笔译过程：实证研究展望》（*Tapping and Mapping the Processes of Translation and Interpreting: Outlooks on Empirical Research*）（Tirkkonen-Condit & Jääskeläinen，2000）、《发展翻译能力》（*Developing Translation Competence*）（Schäffner & Adab，2000）、《探索翻译：1998 年巴塞罗那第四届国际翻译大会论文选集》（*Investigating Translation:*

*Selected Papers from the 4th International Congress on Translation, Barcelona, 1998*）（Beeby，Ensinger & Presas，2000）的出版，实证翻译研究进入了发展期。西尔维娅·贝尔纳迪尼（Silvia Bernardini）和丽塔·雅斯科莱宁（Riitta Jääskeläinen）先后回顾了过去十几年的翻译过程实证研究的进展，尤其是有声思维法的应用，归纳了所取得的成就与不足，并指出了后续研究的发展方向（Bernardini，2001；Jääskeläinen，2002）。PACTE、PETRA、CTP、CRITT、EXPERTISE、EYE-to-IT、TransComp 等研究小组或研究项目相继成立或发起，认知心理学中的专业技能（expertise）研究成果被应用于翻译能力研究，翻译能力成为该阶段实证翻译研究的主攻方向，由此翻译能力研究进入了实证验证阶段。在法比奥·阿尔维斯（Fabio Alves）主编的论文集《翻译的三角测量：过程导向研究中的不同视角》（*Triangulating Translation: Perspectives in Process Oriented Research*）中，实证翻译研究的多元数据验证法得到了确立（Alves，2003）。键盘记录软件 Translog 的发明与屏幕录制软件的运用，为实证翻译研究提供了更多的可能性。心理学的视线跟踪（eye-tracking）技术以及神经成像技术如正电子发射断层显像（positron emission tomography，PET）、功能性磁共振成像（functional magnetic resonance imaging，fMRI）亦被应用于翻译过程研究。

发展期的主要特点为：实证翻译研究引起了更多翻译研究者的兴趣，其研究方法和设计得到进一步完善和丰富，有声思维法已不再是翻译过程研究的唯一方法，研究者利用多种方法引发收集数据，提出了多元数据验证法，有效增强了研究结果的信度；研究问题呈多样化形态，涉及翻译策略、翻译修订、翻译能力的构成与习得、翻译资源和工具使用、有声思维法的有效性等诸多主题；翻译能力研究成为该阶段的主要研究课题，但多数研究旨在探讨翻译能力的构成问题，多为横向研究，鲜见有针对翻译能力习得而开展的严格意义上的纵向研究。

### （四）繁荣期（2010 年至今）

经过 40 多年的开拓和积累，实证翻译研究作为一种研究范式，逐步发展完善，现已得到了翻译学界的广泛关注。从 2010 年至今，实证翻译研究的课题和方法更加丰富，国际上已有多部以翻译过程实证研究为主题的论文集出版（Shreve & Angelone，2010；Göpferich，Alves & Mees，2010；Alvstad，Hild & Tiselius，2011；O'Brien，2011；Muñoz Martín，2016；Lacruz & Jääskeläinen，2018；Ji & Oakes，2019）。其中有多位研究者深入探讨了实证翻译研究的方法，试图建立一个统一的研究模式，这标志着实证翻译研究的研究范式地位已经建立，并进入繁荣期。

根据近年来的研究动态，我们可以对该阶段的特点加以总结：实证翻译研究在质量和数量上有较大发展；研究设计更加严谨、完善，有望形成统一的研究模式；有声思维法在实证翻译研究中的有效性得到进一步验证，认知科学和神经科学中更多的研究方法被用以研究翻译过程；研究问题将会得到进一步细化，针对翻译能力习得过程的纵向研究增多，并开始关注译者的信息素养研究。

## 三、翻译过程实证研究方法

如上所述，随着翻译过程实证研究的逐渐成熟，其研究方法也展现出了多样化的特征，涉及有声思维、访谈、对话、现场观察、现场录像、键盘记录、问卷、文本分析等多种手段和方法，甚至还有近年来从神经科学和心理学领域借鉴过来的视线跟踪、大脑成像等先进技术，主要包括内省法和其他方法。

### （一）内省法

“内省”一词的英文对等词 introspection，由 intro 和 spection 两部分构成，前者表示“向内”“在内”之意，后者的核心义为“看”“视”“观察”。两个部分合起来即为“向内看”，引申为“对自我思维和感觉的观察”。内省法，亦称自我观察法，是心理学的基本研究方法之一。内省法要求被试关注自己的内心思维活动，并将其用言语的形式报告出来，然后对报告资料进行分析，得出心理学结论。19 世纪末，心理学发展成为一门独立的实验科学。构造心理学（structural psychology）是第一个出现的欧美心理学派，它将心理学的研究对象定为直接经验，因此内省法也就成了心理学研究的基本方法。构造心理学的代表人物威廉·冯特（Wilhelm Wundt）将内省法与实验法相结合，开创了心理学研究的实验内省法（Method of Experimental Introspection）。该方法将被试置于受控条件之下，便于测量和重复实验，心理学研究从此开辟了新的途径，并为实验心理学的发展打下了基础（陈宏，2006：17）。但随后出现的行为主义心理学派将心理学定位为研究行为的科学，否定了对意识经验的研究，并主张运用刺激-反应方法，拒绝从行为数据中得出有关思维过程的结论（Lörscher，1991：48），因此完全否定了内省法在心理学研究中的有效性。直到 20 世纪 50 年代后期，随着认知心理学的兴起，意识再次受到了研究者的关注，内省法也再次受到了重视，并得到了新的发展。

翻译过程是思维的过程，因此翻译过程主要是从认知科学和心理学的视角进行研究，目前采用的方法主要是内省法（蒋素华，1998）。内省法的理论框架主要来源于埃里克森和西蒙（Ericsson & Simon，1984，1993）的有关理论论述。具体到翻译过程研究中，内省法的运用可以分为共时性有声思维法（concurrent think-aloud protocol）、回溯报告（retrospective report）、后续访谈（follow-up interview）、对话法（dialogue protocol）等四种形态。

在翻译过程研究中，共时性有声思维法的应用最为广泛，原因在于"在执行持续时间较长的任务时，只有对思维的共时报告才能够充分反映被试的心理状态"（Bernardini，2001）。只有临时存储于被试工作记忆中的信息，才能通过有声思维被报告出来。在被试完成持续时间较长的任务后，部分信息将会被转存入长时记忆，留在工作记忆中的仅是一些检索提示（retrieval cues）。因此，回溯报告所得的内省数据，被认为很难完整、准确地反映被试在执行任务时的心理状态。虽然已有近 30 年的历史，但是学界一直对运用有声思维进行翻译过程研究的做法存在着质疑。此类质疑可以归结为以下两个主要方面。

一方面，有声思维是否能真实反映翻译过程中译者的思维状态？翻译过程中译者头脑中的所思所想有多少可以通过有声思维报告出来？实验所得有声思维数据与译者的实际心理思维状态具有怎样的关系？（Jääskeläinen，1998；李德超，2004；Hansen，2005；Pavlović，2007）

行为主义心理学家认为有声思维只能算作一种推测性的内省方法，所得数据不能直接反映思维过程，而且对有声思维数据的分析具有很强的主观阐释性，不够客观（李德超，2004）。因此，他们完全否定了有声思维作为心理学研究方法的可能性。当代学者对有声思维法持一种较为宽容的态度，在充分认识到其局限与不足的同时，认为有声思维能够提供有关人类思维过程的丰富数据（Ericsson & Simon，1984，1993）。尽管如此，学界关于有声思维报告是否能够反映心理思维过程的质疑一直悬而未决。雅斯科莱宁（Jääskeläinen，1998）指出，回答这一质疑的关键在于对心理过程的定义，若将心理过程定义为神经活动,那么任何形式的口述报告都无法反映这一过程。根据埃里克森和西蒙（Ericsson & Simon，1980）所提出的理论框架，心理思维过程被视为信息加工。信息被储存于几个具有不同容量和存取特征的记忆中，即感官记忆、工作记忆（亦称短时记忆）、长时记忆。发生在工作记忆中的那部分信息加工，即有意识注意（conscious attention）的焦点，可以通过言语报告出来（Jääskeläinen，1998）。根据这一理论框架，翻译过程即是一种特殊的信息处理过程，通过有声思维法所报告出的数据，反映了翻译时译者的工作记忆中所发生的心理思维过程。

认知心理研究表明，通过反复练习，认知过程的速度将会加快，甚至达到自动化的程度，这将使被试难以口述出头脑中的思维过程。由于长时间的经验积累，职业译者的翻译过程中存在大量的自动化现象，这时的信息加工为无意识过程，因此，自动化过程将不会由被试通过言语表达出来。这一假设被称为“自动化假设”（Automaticity Hypothesis）。早期的有声思维翻译过程研究确实证实了这一假设,即学生译者能够提供更为丰富的口述报告数据，而职业译者的翻译速度较快，不能够提供充分的口述报告数据。但后来有些学者却发现了与此截然相反的现象：与非职业译者或学生译者相比，职业译者在翻译任务上花费了更多时间和精力（Jääskeläinen，2002）。对于职业译者来说，有些过程变为自动化，同时一些其他过程将会被激活而进入意识，即译者会对新的问题变得敏感（Jääskeläinen & Tirkkonen-Condit，1991：105）。帕梅拉·格洛夫（Pamela Gerloff）将这一现象称为“翻译未变易”现象（“translation-does-not-get-easier” phenomenon）（Gerloff，1986：54）。基于这一发现，雅斯科莱宁（Jääskeläinen，2002）提出了翻译能力发展假设，即外语学习者或非职业译者没有翻译问题意识，其翻译过程速度较快，并未付出太多努力，译文质量较差；翻译学习者或准职业译者对翻译中潜在问题的意识逐渐增强，这就降低了其翻译速度，增加了所识别出的问题的数量；职业译者的翻译过程则显示出了对任务类型的依赖性，常规任务的翻译过程速度快且不费力，而非常规任务的翻译过程需要译者投入更多的精力和时间。当然这一假设需要通过实证研究，尤其是纵向研究，才能得以证实。

有声思维法的批评者与支持者都同意只有有意识的过程才能通过言语报告出来，但问题在于并不是所有被注意到的信息都会出现在被试的报告中（Pavlović，2007：40）。这是因为人类头脑中思维的速度要比说话的速度快很多，有些想法甚至是一闪而过，人们还未能来得及用语言表达出来，就又产生了新的想法。尽管如此，有声思维仍然可以将被试执行一项任务时有意识思维的一部分用言语报告出来。有声思维报告能够揭示被试执行任务时所关注的信息，由此可以提供任务执行方式的准确图景，如所用策略、推理、记忆的存取等（Ericsson & Simon，1993：220）。

埃里克森和西蒙（Ericsson & Simon，1984，1993）认为口述报告可以提供认知过程的直接证据，并指出口述报告的准确性取决于实验程序的设计。但有学者指出，口述报告的内容只是思维过程的结果，而不是思维过程本身（Miller，1962：56，转引自 Pavlović，2007：41）。图里指出，有声思维能够提供心理过程的直接接触的观点是错误的，口述报告作为分析的对象，依然是一种"产品"，是译者翻译思维的结果，但研究者假定这种结果与内在的心理过程相关（Toury，1995：235）。然而，他并未因此而否定有声思维在翻译过程研究中的作用，而是进一步指出，尽管有声思维数据不应该被视为思维过程的直接反映，但与内在思维过程非常相关，是对思维过程的有力说明。

另一方面，有声思维过程是否会影响到译者同时进行的翻译思维过程？同时进行翻译和有声思维两项任务，是否会让译者感到"不自然"，从而影响实验的生态效度①（Jääskeläinen，1998；李德超，2004；Hansen，2005；Pavlović，2007）？

信息在大脑中被察觉与相应的口述报告被说出之间存在一个时间差。在这个时间差期间，可能会发生各种介入过程。根据该介入过程的类型，埃里克森和西蒙（Ericsson & Simon，1984；1993）的理论框架将口述报告划分为

① 实验的生态效度指实验结果在真实的生态环境中的适用性和可推广性，即实验结果能够推广到真实世界环境的程度。

三个层次。

第一层次：被试对当前注意焦点中的信息和思维的直接言语化。这种情况下，信息在被试头脑中的内部表征形式为语言，被试在口述报告时无须对此信息进行另外加工，直接用言语表达出来即可。

第二层次：被试对当前注意焦点中的信息的解释。这种情况下，信息在被试大脑中的内部表征为非语言形式，被试在口述报告时需要将此信息转化为语言形式，才能口述出来。

第三层次：该层次报告将会引入另外的心理过程，影响被试的注意焦点，要求被试对头脑中的想法、假设或动机做出解释。该解释过程将工作记忆中的信息与先前的想法与信息联系起来。该层次的报告会影响到当前注意焦点中的信息的序列，以致影响被试的认知心理过程。为了避免这一影响，实验者不应鼓励被试对自己的行为做出解释或辩护。在有声思维研究的文献中，告知被试不要对他们的想法做任何评论，一直都是心理学家评估口述报告数据的一项关键因素（Séguinot，1996：88）。

根据埃里克森和西蒙（Ericsson & Simon，1984；1993）的观点，第一、第二层次的口述报告不会影响被试的认知心理过程，可以作为关于任务表现的有效数据，而第三层次的口述报告会引入其他认知过程，因而对被试正在进行的认知心理过程造成一定的干扰，故不能作为过程研究的有效数据。为了保证有声思维实验所得数据的有效性，即所得数据属于第一、第二层次，在实验准备阶段，实验者向被试做实验说明时须详细介绍有声思维口述报告的具体操作，要求被试尽量不要对自己的想法做出解释、辩护、评论等，只要把自己内心的想法、思维过程自然地表达出来就算达到了实验要求。解释、辩护、评论等都可以被视为由于社会互动而产生的报告数据，这会影响被试头脑中想法的序列（Ericsson & Simon，1993：xiv），因此，应尽量减少被试在进行有声思维时的社会互动。实际上，实验环境就是一个社会情境，被试知道口述报告的结果会被实验者作为数据进行分析研究，因此可能会在口述时对自己的想法进行审查和加工。即使被试能够在意识层面忽视实验者的存在，也很难保证自己在无意识层面对口述内容进行自我审查（Pavlović，2007：43）。通常，实验者会和被试待在一个房间内，以便对被试的任务执行过程进行观察，并在被试口述停顿时间过长时给予提示。实验者的在场会让被试觉得他们是在参与一种社会互动，提示肯定会激发被试进行思考，但其对翻译过程的影响无法评估，且不可控制（Hansen，2005：518）。因此，应尽量减少实验者对被试口述报告过程的介入，让被试熟悉实验环境和程序，以放松自然的心态投入实验。

任务的类型和难度也会影响有声思维报告数据的有效性。有声思维研究所涉任务的选择须谨慎，并将参加者的认知能力考虑在内（Charters，2003：71）。如果任务的难度过高，被试执行任务的同时需要进行有声思维，被试大脑难免处于高认知负荷的工作状态，这就使得工作记忆的压力过大，以至于有些本可以通过有声思维报告出来的语言信息丢失，大大降低了所得数据的有效性；如果任务的难度过低，执行任务时的许多认知心理过程都趋于自动化，那么被试所口述出的数据量会过少，这就很难说明问题，不足以作为实验分析的对象。伊丽莎白·查特斯（Elizabeth Charters）指出，对于目标组来说，一项中等难度水平的语言活动，可能是适合有声思维研究的任务，因为完成该任务不仅需要自动化反应，还需要不会产生过高的认知要求（Charters，2003：72）。首先，翻译任务作为一项语言活动，能够满足有声思维研究对任务类型的要求；其次，实验者须把握好翻译任务的难度，所涉专业领域不宜过偏，所选文本材料应是被试学习或工作中经常碰到的文体，文本中所涉专业术语亦不能过于艰涩或生僻，避免被试通过文献检索也难以获取正确的译名。

在有声思维翻译过程中，一方面，被试需要将头脑中所构思的译文，用口语形式表达出来；另一方面，被试还需要将头脑中的译文以书面形式呈现出来。所以这一过程将会涉及口译和笔译两种翻译模式。图里指出了这两种翻译模式在有声思维实验中的存在，并质疑这两种模式是否会相互干扰，以至于影响到最终翻译产品（Toury，1995：235）。由于口译和笔译所涉翻译策略不尽相同，口述译文不可能保留书面译文能够保留的书面文本的特征（苗菊，2005：45），而且任何语言的口语和书面语都具有不同的特征，这就可能导致被试的口述译文与其书面译文不一致的情况。奎因斯就发现，有时被试在翻译时所说的有声翻译（think-aloud protocols，TAPs）数据和其真正递交上来的最终书面翻译成品会有诸多不一致的地方（李德超，2004：390），这是否由实验中两种不同翻译模式互相干扰所致？针对图里提出的这一质疑，翻译学界一直未能给出一个令人满意的解答（Jääskeläinen，2000，2002；李德超，2004）。

亦有研究者专门针对有声思维对译者翻译过程的影响进行研究，旨在为该问题的解答提供实证支持。阿特·吕珂·雅可布森（Arnt Lykke Jakobsen）对两组被试在进行和不进行有声思维两种情况下的翻译过程做了对比研究，并使用Translog软件对被试在翻译过程中的键盘按键进行了记录，得出以下结论：有声思维将被试的翻译速度降低了大约25%，对被试的修订阶段没有显著影响，然而有声思维却对被试对文本的切分具有显著影响，即由于有声思维的影响，被试倾向于对文本做更小的切分（Jakobsen，2003）。因为所涉样本相对较小，该研究并未能提供任何终结性的证据。虽然该研究显示有声思维对翻译过程具有较大影响，这使得研究者重新评估用于翻译研究的有声思维程序的相关假设，但没有证实有声思维方法是无效的（Jakobsen，2003：93）。

在翻译过程中，被试的共时性有声思维所得数据很难将其心理思维过程完全表述出来。由于各种原因，被试有声思维过程中的停顿在所难免，这就会导致所得数据出现信息缺失的现象。回溯报告和后续访谈成为有声思维报告数据的有益补充。前者亦被称为回溯性有声思维法（retrospective think-aloud method）（Alves，2003；Buchweitz & Alves，2006），指在有声思维翻译过程完成后，通过回放翻译过程的屏幕录像进行回忆提示，让被试回顾翻译时的心理思维状态，并将其口述出来。实验者对该口述内容进行录音、转写、分析，用以补充共时性有声思维报告中的信息缺失。后者亦被称回溯访谈（retrospective interview）或访谈辅助式内省法（interview-aided introspection），指在有声思维翻译过程完成后，实验者针对有声思维报告中的信息缺失或者所关注的特定问题，对被试进行访谈，并进行录音、转写，然后对所得定性数据进行分析，以补偿有声思维法的不足。这两种方法皆属于回溯性的内省，是一种事后对事件过程的追忆。埃里克森和西蒙（Ericsson & Simon，1993：xvi）指出，在时间持续较长的任务完成后，有一部分信息会移入长时记忆之中，在工作记忆中只留下了检索提示，这时的事后口述报告难度较高，而且不完整。虽然通过回溯内省获得的数据具有一定的局限性，但将翻译过程录像的回放和实验者设计的相关问题作为检索提示，所得数据能够增加被试思维过程有关信息的深度（Charters，2003：73），有助于加强有声思维翻译研究结果的完整性和有效性。

内省法的另外一种形态就是对话法，亦称为“联合翻译报告”（joint

translation protocol)、“协作式翻译报告”(collaborative translation protocol)(Pavlović，2007：46)，指翻译过程涉及两名或两名以上被试，让其通过对话协商翻译中所遇到的问题，以此来引发有关其心理思维过程的数据。该方法的支持者认为，与有声思维翻译实验相比，协作翻译时被试可以针对翻译问题进行协商，并为自己的观点辩护，共同解决翻译难题。这样的工作情境减轻了被试的心理压力，更加真实、自然，因此增加了实验的生态效度(Kussmaul，1991：91-92；House，2000：159)。对话法翻译实验具有互动性，被试对翻译问题发表自己的看法，对所应用的策略进行评论、辩解，而不需要实验者的外部介入或实验前的培训。对话法亦可以使被试的口述报告所引发的数据更加丰富、充分(Séguinot，2000：145)。朱莉安·豪斯(Juliane House)就发现由成组的被试所引发的内省数据更加自然，翻译策略更加丰富，且非常有趣(House，2000：159)。当然，该方法所涉被试须是日常工作中的搭档，或至少应在实验之前合作翻译过一段时间,这样才能保证所得数据的有效性。娜塔莎·帕夫洛维奇(Nataša Pavlović)指出，协作翻译报告并非严格意义上的有声思维报告，因为在协作翻译报告过程中，被试之间会发生社会互动，并将自己的想法用言语表达出来(Pavlović，2007：47)。因此，所得数据会涉及埃里克森和西蒙(Ericsson & Simon，1980)分类中的第三层次数据，以至于会削弱该方法的有效性。虽然如此，对话法亦不失为翻译过程的一种另类研究方法，其研究结果对于揭示译者的认知思维过程具有一定的意义。

综上所述，虽然目前学界仍对有声思维法存在一定的质疑，但在过去的30来年中，有声思维翻译研究所取得的成果是有目共睹的，其研究设计也在实践中不断得到加强与完善。雅斯科莱宁就翻译过程研究中的有声思维进行了如下总结：

> 总之，尽管有声思维报告无法解开翻译的所有神秘之处，但它向我们提供了有关翻译行为本质的重要信息。能够获取此类信息的其他方法还有访谈、问卷和合作翻译(成对或成小组在一起工作的译者)。从不同的渠道所收集的各种互补证据，可以提供一个有关“黑匣子”的更为完整和可信的图景。(Jääskeläinen，1998：267)

## （二）其他方法

除了上述四种内省法外，翻译过程实证研究还运用了多种辅助方法，包括现场观察法、现场录像法、键盘记录法、屏幕录制法、问卷法、文本分析法等，收集有关翻译过程和翻译所涉文本的各种定性和定量数据，可以弥补内省数据的不足，增强翻译过程实证研究结果的说服力。

现场观察法指实验者对被试的翻译过程进行实地全程观察，记录被试的各种行为，如阅读原文、停顿、思考、使用工具书、使用网络资源等。为了便于观察，实验者往往会设计一个观察表，上面包含时间、行为类型、所涉文本、被试的评论等相关细节（PACTE，2005）。现场观察法的缺点在于：观察者的在场会使得被试不断提醒自己是在参与实验，且自己的行为表现将会作为研究材料，这样有可能导致被试的心理处于紧张状态，影响其正常发挥，以致影响到实验环境的生态效度。因此，观察者应尽量位于被试的后方，最大限度避免对被试翻译过程的干扰，减轻被试的心理负担，使其发挥出正常的工作表现。

现场录像法指对被试的翻译过程进行全程录像，然后实验者对录像进行回放，观察被试翻译过程的各种表现，结合内省数据，共同对译者的心理过程进行验证。通过分析翻译过程录像中被试的面部表情，可推知其当前的心理状态，从而判断翻译出现的问题。通过对比被试内省数据所反映出的翻译问题，可以验证内省数据的真实度。同现场观察法一样，现场录像亦可能影响实验环境的生态效度。如果被试不能够忽略摄像机的存在，就会产生一种被监视的心理状态，从而改变他们的翻译行为，致使翻译过程变得很不自然（Hansen et al.，1998：63，转引自 Pavlović，2009：100）。翻译过程录像能够使有声思维数据的转写和解释变得更加容易，但应根据具体研究目的审慎选择是否使用现场录像（Pavlović，2009：102）。

键盘记录法指利用专门的计算机软件对被试翻译过程中的键盘击键情况进行记录，分析解释所得数据，然后结合内省数据，发现翻译规律的方法。目前翻译过程研究所使用的键盘记录软件是由两位丹麦学者雅可布森与拉塞·舒（Lasse Schou）共同开发的名为 Translog 的软件。该软件在 Windows 操作系统下运行，能够在不干扰文本输入的前提下，准确记录所有的按键活动，包括修改、删除、增加、剪切、复制、光标移动等，并显示按键活动的时间；它还能通过一系列符号描述文字输入过程，自动生成任务数据的分析与统计（郑冰寒，2006：20-21）。

屏幕录制法指利用专门软件对翻译过程中被试在计算机上的所有操作进行录制，并生成视频文件。通过回放该视频文件，可以帮助被试更好地进行翻译过程回顾报告，也可以让研究者更好地观察到被试所遇到的问题，以及解决问题所进行的各种操作和应用的策略。经常用到的屏幕录制软件有Camtasia、Video Specialist、BB FlashBack Express 等。

问卷法是翻译过程实证研究惯用的研究方法。问卷中既有开放式问题，也有封闭式问题。通过问卷所收集的数据可大致分为三类：①被试个人信息，如年龄、性别、教育背景、翻译年限、翻译量，以及所擅长领域等；②被试所具备的相关知识，如翻译理论知识、领域专题知识、术语学知识等；③翻译过程的相关信息，即通过设计问卷，引发被试翻译过程的信息，如翻译问题、翻译策略、翻译单位等。

文本分析法指对翻译过程所涉文本，即原文和译文，进行分析，进而探讨翻译过程表现与文本分析结果之间的关系。原文分析包括原文的题材、词汇密度、句法特征、文体特征、可读性、复杂度等；译文分析包括译文的词汇特点、句法特征、准确性、可读性、可接受度等。为了增强所收集数据的针对性，有些研究通过分析原文，从中选取几个具有典型性的文本片段。研究者将重点关注被试对所采文本点的翻译操作表现，并分析各文本点译文的可接受度，进而研究翻译过程表现和译文可接受度之间的关系。

此外，还有研究者将视线跟踪技术和大脑神经成像技术应用于翻译过程研究，并结合按键和屏幕记录，探索译者的认知心理过程（Lehtonen et al.，2005；Göpferich，Jakobsen & Mees，2008；冯佳，2018；Walker，2021；王均松、钱家骏、郭亚玲，2022）。需要指出的是，这两种技术需要通过使用相关设备来实现，设备价格较为昂贵，并需要研究者付出较多的时间和精力学习相关设备的操作及数据分析方法。

在实证翻译研究中，研究者往往不只采用上述方法中的一种或两种，而是运用三种或三种以上的方法，采集各种来源的不同类型的数据，对译者的翻译过程进行交互验证。这种方法就是近年来在翻译研究领域逐渐流行的“多元数据验证法”（triangulation）。该方法使用多种数据收集和分析方法，对翻译过程进行交互验证，以减少单种方法的不足与偏误，增强研究结果的可信度（Alves，2003；郑冰寒，2008）。本书所涉及的实证研究将应用该方法，综合分析由问卷法、键盘记录法、屏幕录制法、文本分析法等方法所收集来的数据，交互验证翻译过程，对译者术语能力展开研究。

## 第三节 认知翻译研究

### 一、翻译专业技能

#### （一）专业技能研究

专业技能研究肇始于 20 世纪 40 年代，研究者采用有声思维法对棋手如何选择最佳的走法进行了探索。近年来，人工智能研究兴起，需要编制计算机程序，模仿专业人员进行工作，因此专业技能研究愈发受到研究者的关注，逐步成为认知科学与认知心理学的一个重要研究领域，主要关注与专业技能的发展同步产生的认知变化（Shreve，2002）。目前，专业技能研究主要涉及棋类、医学、驾驶、教育、舞蹈、体育运动等领域，研究内容包括领域专家与新手在认知资源、认知能力、实际行为等方面表现出的差异，以及专业技能的分类、构成、发展阶段和习得途径。

那么，到底何谓专业技能？首先，让我们来分析一下术语 expertise 在英文中的原义。该词源于中古法语，从构词法的角度，可以分为 expert 和 ise 两部分，前者意为“专家”，即在某个特定领域具有突出表现的人，后者为英语中外来词的名词后缀，见于词源为法语的英语词，表示性质、条件或功能，如 franchise、merchandise。由此可推知 expertise 的词义为专家或专业人士所具备的知识或技能，也就是一种能力的高级发展阶段。朗文在线英语词典对 expertise 的定义为“通过经验或培训而习得的关于某个特定领域的特殊技能或知识[①]”。心理学专业网站 Psychology Wiki 将 expertise 解释为“由一个人（即

① 英文原文为：special skills or knowledge in a particular subject, that you learn by experience or training。参见 http://www.ldoceonline.com/dictionary/expertise [2021-08-16]。

专家）或一个系统所具备的特征、技能和知识构成，该系统将专家同新手和经验不足的人区分开来”[①]。由此可知，expertise 为专家或专业人士所具备的特质，主要包括技能和知识两部分。在《专业技能与专业表现剑桥手册》(*The Cambridge Handbook of Expertise and Expert Performance*）一书中，埃里克森（Ericsson，2006a：3）将专业技能定义为“将专家区别于新手和经验不足者的那些特征、知识和技能”。通过分析，可见专业技能涉及认知、知识、技能三个层面：认知层面是专业技能实现的基本机制，能够保证知识的获取和利用；知识层面则是专业技能实现的基础；技能层面通过认知机制对知识结构进行调动，是专业技能的外在表现。

在多个领域的专家所进行的大量研究的基础上，罗伯特·格拉泽（Robert Glaser）和米歇尔勒内·T. H. 奇（Michelene T. H. Chi）总结出专业技能的七种特征：

1）专家主要在自己所属的领域表现突出；

2）在自己所属的领域中，专家能够感知到有意义的型式；

3）专家的工作速度快，尤其在执行自己所属领域的技能时，专家的工作速度要比新手快，能够迅速解决问题，且很少出错；

4）专家的工作记忆和长时记忆能力优异；

5）在自己所属的领域中，专家理解和分析问题要比新手更深刻、更讲究原则，而新手对问题的分析往往浮于表面；

6）专家会花费大量的时间对问题进行定性分析；

7）专家具有较强的自我监控技能（参见 Johnson，2005：19-20；Solso，MacLin & MacLin，2005：251）。

专业技能的分类和构成一直都是研究者所关注的重要问题。专业技能可分为常规性专业技能（routine expertise）和适应性专业技能（adaptive expertise），前者指利用储存在长期记忆中的各种图式来解决问题的能力，后者指超越储存于长期记忆中的图式，并以新的方式组织经验进而解决问题的

① 英文原文为：Expertise consists of those characteristics, skills and knowledge of a person (that is, expert) or of a system, which distinguish experts from novices and less experienced people。参见 https://psychology.fandom.com/wiki/Expertise [2021-08-16]。

能力（Clark，2008：315-316）。有研究者从社会学角度对科学知识中的专业技能进行了研究，并将其分为贡献性专业技能（contributory expertise）与交际性专业技能（interactional expertise），前者指进行某项活动所需的专业技能，后者指不具有实际操作能力，但熟谙该专业领域的话语，即具备该领域的专业知识，并能够与同行专家进行交流，但不能执行该领域的实际操作任务（Collins & Evans，2007：14）。

休伯特·L. 德雷福斯（Hubert L. Dreyfus）和斯图尔特·D. 德雷福斯（Stuart E. Dreyfus）在对人工智能的批评中，指出从新手到专家的这一技能的习得过程中，可以划分出五个阶段，即新手（novice）、高级初学者（advanced beginner）、胜任者（competence）、精通者（proficiency）、专家（expertise）（Chesterman，1997：147-149）。奇（Chi，2006：22）则将专业技能的发展区分为七个阶段，即外行（naive）、新手（novice）、入门者（initiate）、学徒工（apprentice）、熟练工（journeyman）、专家（expert）、大师（master）。安德斯·埃里克森是一位专业技能研究领域的集大成者，其重要贡献之一在于同另外两位学者合作分析了刻意训练（deliberate practice）的特点，并提出了其在专业技能发展过程中的重要作用，将其视为专业技能发展的关键途径（Ericsson，Krampe & Tesch-Roemer，1993）。他还区分了常规训练（routine practice）和刻意训练，认为前者不会带来专业技能的提高，后者才是关键所在（Ericsson，2006b：683）。

### （二）翻译专业技能研究

为应对社会翻译活动的变化和翻译教育的发展，我们需要研究成功译者所具备的品质和特征，据此有针对性地实施和组织翻译教学活动。已有学者借鉴专业技能的研究成果，应用于翻译研究，旨在通过对成功译者的翻译过程、翻译实践的研究，发现翻译专业技能的构成、特征，以及发展阶段和途径。格雷戈里·M. 什里夫（Gregory M. Shreve）提出了翻译专业技能概念，将专业技能引入了翻译研究领域，并对关键术语进行了界定，提出了一系列相关研究问题，主要通过有效练习培养翻译专业技能，开拓了翻译专业技能研究（Shreve，2002，2006）。什里夫（Shreve，2002）对翻译能力与翻译专业技能两个概念进行了区分，他认为后者是前者的延伸，专业技能可以通过职业训练得以加强，但这并不是必然的，还需要通过有针对性的努力，即有效练习。他还阐述了翻译初学者和专家的区别性特征，并探讨了如何设计有效练习，以增强译者的翻译专业技能，并将翻译专业技能习得过程中的主要认知变化总结为五点：①通过有效练习，积累重要的事件记忆；②在事件记忆所表征的域事件中，应用以目标为导向的型式识别，该目标为识别和储存相关型式，以发现与任务有关的问题；③赋予这些型式域以相关意义，并将新的问题解决方法与之相联系；④继续学习特定域方法，以解决各种问题，优化这些方法的组合应用，包括问题表征、高层次抽象的“组块”；⑤在长期记忆中，组织问题解决方法，以便进行最优化的存取和检索。什里夫（Shreve，2006）还讨论了元认知、刻意训练与专业技能三者之间的关系。

赛娅·塞壬（Seija Sirén）和凯·哈卡赖宁（Kai Hakkarainen）将翻译专业技能（expertise in translation）视作一般专业技能（expertise in general）的一个具体情况，并对翻译专业技能的标准和特点做了详细探讨。他们认为，翻译就是解决问题的过程，并将翻译任务看作界定含糊的问题（ill-defined problems）。他们指出，在认知心理学研究中存在两种专业技能的研究方法：一种旨在借助多种标准对专业技能的特征进行界定，强调新手和专家在表现上的差异（Sirén & Hakkarainen，2002）；另一种则特别关注专业技能的习得过程，侧重专家和有经验的非专家之间的区别。根据格拉泽和奇提出的专业技能的七条标准中的四条，塞壬和哈卡赖宁（Sirén & Hakkarainen，2002）对翻译专业技能进行了探讨：

1）专家主要在自己所属的领域表现突出。他们指出“领域”一词是不准确的。像外科医生所擅长的领域是医学一样，译者擅长的领域应该是翻译。谈及翻译时，往往会涉及语言与文化，但对于专业领域的译者来说，还需具备该领域的专业知识，因为技术译者并不一定能胜任文学翻译工作。

2）专家的工作速度快。他们指出，该标准并不能直接应用于翻译专业技能。因为该标准主要是针对那些部分基于认知型式识别的非言语活动，如棋类、驾驶、体育运动等，而翻译则是一种非常复杂的言语活动，认知型式识别在翻译领域是不相关的，所以译者的工作速度并不能够充当翻译专业技能的定义特征。

3）在自己所属的领域中，专家理解和分析问题要比新手更深刻、更讲究原则，而新手对问题的分析往往浮于表面。在解决翻译过程中遇到的问题时，专家译者往往会对一个问题进行反复思考，正所谓“一名之立，旬月踟蹰”，而翻译新手则会迅速地确定对等词，不会去做深入的思考。在给一项定义不明确的任务做定性分析时，一个重要的部分就是考虑该任务的种种约束条件，具体到翻译任务中，这些约束条件主要涉及翻译目的、受众、媒介、任务限期、质量要求等方面。专家译者会综合权衡各方面的约束条件，以最优化的方式完成翻译任务。

4）专家具有较强的自我监控技能。与新手相比，专家对任务中的错误更为敏感。专家不仅能够执行任务或解决问题，而且还会指导和监控这些过程。翻译专家会根据翻译任务的约束条件和说明，调整任务进度，生成译文的初稿或定稿，但职业译者并不一定具有较强的自我监控技能。因此，职业性（professionalism）并不等于专业技能（expertise）。

塞壬和哈卡赖宁（Sirén & Hakkarainen，2002）还探讨了翻译专业技能的习得与发展，指出专家的工作是渐进式的问题解决，即在一个领域中问题解决能力逐渐提高的过程，而非专家则利用常规知识去工作。渐进式的问题解决并不是无视任务的复杂性，也不是仅仅将现有的常规应用于陌生任务，而是指做挑战个人能力极限的工作，在这一过程中专业技能得以提升。这一点类似于什里夫所论述的刻意训练。

里卡多·穆尼兹·马丁（Ricardo Muñoz Martín）主持的 PETRA 研究小组关注翻译专业技能及其习得与发展方面的相关问题，将翻译能力定义为一套表述性知识，认为翻译中的直觉性问题解决与意义的浮现和构建有关，技能习得和发展就是常规的内化过程。该小组对翻译专业技能的定义为“人类专家译者胜任翻译工作所需要的能力，包括广泛的专题知识、简化或改善问题解决方法的启发式规则、元知识与元认知、有效完成任务的系列行为”（Muñoz Martín，2009：25）。他还指出，研究翻译专业技能应摒除专题知识的影响，仔细观察表述性知识和程序性知识之间的关系（Muñoz Martín，2009：26）。

雅斯科莱宁（Jääskeläinen，2010）认为，对翻译专业技能的最新研究为翻译中的职业性和专业技能问题，并回顾了这两个概念的不同定义，指出职业译者并不一定具备翻译专业技能，并从专业技能最新研究的视角，对过程研究的早期发现进行了重新解释。汉娜·瑞斯库（Hanna Risku）和丹妮拉·施拉格（Daniela Schlager）通过全面梳理翻译专业技能相关研究，对该概念进行了深入剖析，并将其归纳为经验-实证、阐释-建构和实用-合作三大类（Risku & Schlager，2021）。杨晓华（2021）探讨了专业文类翻译专长的内涵、模型与发展，指出在专业文类翻译过程中，译者需要具备术语理论知识和术语实践知识。

本书所涉译者术语能力是优秀译者所必备的素质之一，因此可被视为翻译专业技能的一个重要方面。

## 二、翻译信息加工

20 世纪 50 年代，随着心理学研究的重点由外部的刺激-反应转向了内部的心理过程，行为主义心理学逐步让位于认知心理学。信息加工理论使内在思维过程在科学研究中重新获得了合法地位，是认知心理学的主要研究范式之一。信息加工范式认为，人类的思维过程就是处理信息的过程，“把人类心理看成是一个容量有限并具一般目的的符号加工系统，它包含一个中央处理器和记忆存储器”（刘绍龙，2007a：4）。计算机为该范式的中心隐喻，为研究者更好地研究人类大脑提供了线索和方向。在该隐喻中，大脑被比作硬件，心理思维被比作软件。信息加工系统的功能包括信息的输入、输出、存储、复制、整合等。“基于信息加工的认知研究倾向把信息加工描述为一种抽象的分析且其过程是序列发生的，即系列加工（serial processing），并且坚持把信息加工系统进行分解讨论。”（刘绍龙，2007a：6）目前，存在多种不同的信息加工模型，它们基本上都包含三个主要要素，即感官接收器、工作记忆（又称短时记忆）、长时记忆。信息加工模型总是基于以下三个假设：

1）通过将认知分解为一系列的有序阶段，可以对认知进行理解；

2）在每一阶段中，输入的信息都会发生独特的过程，最终的反应被认为是这一系列阶段和操作的结果（如感知、信息的编码、对记忆中信息的回忆、概念的形成、判断，以及言语生成）；

3）每一阶段都会从前一阶段接受信息，然后执行该阶段的独特功能，信息加工模型的所有要素彼此皆有联系，很难辨别哪个阶段为起始阶段，但为了方便起见，我们认为该序列始于信息的输入（Solso，MacLin & MacLin，

2005：4-5）。

实际上，“认知心理学也就是信息加工心理学，其主要任务是研究信息在信息加工系统中的传递、转换、储存和作用机制，以揭开大脑‘黑箱’内的活动”（颜林海，2008：28）。人类语言是信息加工的主要对象，研究语言的信息加工是心理语言学和语言心理学的重要内容。翻译是两种语言之间的语码转化活动，翻译过程就是一个复杂的信息加工过程，是翻译心理学的主要研究对象。已有学者将信息加工理论应用于翻译过程的探讨，并构建出了翻译的信息加工模型。

罗杰·T. 贝尔（Roger T. Bell）是最早应用信息加工理论探讨翻译过程的学者，他设计了一个较为全面的翻译过程信息加工模型，该模型分为“分析”（analysis）和“合成”（synthesis）两个主要阶段，每个阶段分别涉及三种不同的加工层面，即句法、语义、语用（Bell，1991）。该模式基于以下六项基本假设：

1）翻译过程是人类信息加工普遍现象中的特例；

2）翻译过程发生在人类记忆系统中，包括工作记忆和长时记忆；

3）翻译过程通过某些心理机制对源语进行解码，并借助非特定语言的语义表征，将解码后的语篇进而编码为目标语；

4）该解码和编码过程在小句级语言层面上进行，并以上述语义表征为中介；

5）翻译过程涉及自下而上和自上而下两种心理操作，是非线性的，即下一阶段的分析和合成不必等到上一阶段完成后再被激活，允许回溯、修改甚至取消先前的决定；

6）翻译过程涉及两种语言的多种心理机制，包括词语识别系统、书写系统、句法处理器、常用词汇储存器、词汇检索机制、常用结构储存器、语法分析器、语义处理器、语用处理器、意念组织器，以及计划器（Bell，1991：44-45；刘绍龙，2007b：12-13）。

王柳棋和刘绍龙（2009）指出，翻译既是一项语言活动，又是一种心理活动，通过分析人类信息转换的认知心理过程与当代认知心理学研究的经典范式——符号加工范式，构建出了翻译信息转换的认知心理学模型，以揭示翻译与认知之间的密切联系。

安妮特·德格鲁特（Annette de Groot）将翻译加工分为纵向加工和横向加工两种模式（de Groot，1997：30-31）。按照纵向加工模式，在翻译过程中，译者先充分理解原文文本，包括其语用意图，然后再根据所构建的意义生成目标语文本。理解和生成两个阶段涉及许多子要素。原文理解涉及视觉或听觉感知、刺激分析、词语识别、句法分析、语义分析、语用分析等；译文生成则包括词汇检索、句法合成、语义合成、语用合成、文本编码、目标语输出等。横向加工模式则认为翻译过程就是语码转换过程，即将原文中各种类型的语言结构转换为目标语中对应的结构，译者在理解原文的同时进行语码转换和译文生成，也就是说，在原文理解还未完成之前，译者就开始在语义、句法、语用层面上构建目标语匹配对象。在不同的翻译加工模式中，工作记忆所起的作用也是不同的：在纵向翻译中，由于语码转换量极小，而且是在译者从原文中抽取完信息后才进行的，因此，常规阅读和翻译阅读对工作记忆的要求是一样的，译文重构并不会加大工作记忆的负荷；然而，在横向翻译中，语码转换与阅读理解几乎并行，必然会加重工作记忆的负荷（颜林海，2006：117）。德格鲁特（de Groot，1997：34-37）还对双语翻译过程中词汇层面的信息加工进行了研究，通过梳理文献，归结出六种表征类型，包括两个表征层面，即词汇形式表征层和词语意义表征层。

在双语记忆类型研究的基础上，按照翻译过程中的接受和生成，玛丽莎·普雷萨斯（Marisa Presas）将译者分为四种类型：

1）联想型译者，直接将源语词汇或文本特征对应于目标语词汇或文本特征；

2）从属型译者，在接受过程中，将源语词汇指定为目标语词汇，然后将后者与心理内容相联系；

3）复合型译者，将源语词汇与唯一的心理内容相联系，然后再由心理内容联想到目标语词汇；

4）协调型译者，首先将源语词汇与其对应的心理内容相联系，再将该心理内容与目标语所对应的心理内容相联系，最终转换为目标语词汇（Presas，2000：23-25）。

在上述研究的基础上，笔者拟通过实验收集译者翻译过程的各种数据，对不同层次译者术语翻译信息加工模式进行探究。

## 三、翻译策略研究

翻译被视作一种决策过程，译者需从一系列的备选项中做出选择（Levý，2000），翻译策略则为翻译过程中译者做出决策提供方法论支持。自从实证翻译研究开始以来，翻译策略一直都是研究者所热衷探查的对象。我们所说的实证翻译研究具有过程取向和描述性的特征，因此，这里的翻译策略应从认知心理学意义上进行理解和定义。在综合了前人对“策略”一词的心理语言学定义基础上，奎因斯（Krings，1986）将翻译策略定义为为解决翻译问题而做出的有意识的计划；洛赫舍（Lörscher，1991）同样将翻译策略定义为将一个语段从一种语言转化为另一种语言时，译者解决所遇到的问题的一种有意识的过程。我们可以注意到这两个定义共有的两个特点：翻译策略的问题取向性和译者的意识。翻译策略与问题密切相关（Krings，1986），在分析翻译过程的实验数据时，研究者需要首先关注问题的出现，然后再分析解决问题所采用的策略。格洛夫（Gerloff，1986：252）认为文本加工策略是“在翻译过程中所产生的任何元语言或元认知性质的评论，或任何具体的解决问题的行为”。与上述学者不同，雅斯科莱宁将策略定义为与“目标取向性”（goal orientedness）和“主观最优性”（subjective optimality）相关联的过程，而非解决问题的过程，即翻译策略是译者在翻译实践中自认为要达到既定目标的最佳方法（转引自李德超，2005）。

根据实证研究经验，研究者对翻译策略做了不同的分类。奎因斯（Krings，1986）归纳出了 11 种问题标识（problem indicators），其中 3 种为首要问题标识（primary problem indicators），8 种为次要问题标识（secondary problem indicators），出现一种首要问题标识或两种次要问题标识，即被视为一个问题。此外，他将翻译策略划分为理解（comprehension）、对等检索（equivalence retrieval）、对等监控（equivalence monitoring）、决策（decision-making）、简化（reduction）等五类（参见 Bernardini，2001；Göpferich，2010）。格洛夫（Gerloff，1986）在奎因斯的基础上，对翻译策略进行了更为复杂的分类，包括问题识别（problem identification）、语言分析（linguistic analysis）、存储与检索（storage and retrieval）、普通查询与选择（general search and selection）、文本推理（text inferencing and reasoning）、文本语境化（text contextualization）、

任务监控（task monitoring）等。雅斯科莱宁的分类包括总体策略（global strategies）和局部策略（local strategies）两种，前者指运用于整个翻译任务中的策略，而后者则集中于翻译过程中更为具体的操作（参见 Bernardini，2001）。汉斯·G. 霍尼格（Hans G. Hönig）通过剖析理想专业译者的心理过程，区别了微观策略（micro-strategies）和宏观策略（macro-strategies），前者指受控的心理过程，后者指不受控制的心理过程（Hönig，1991）。基拉里（Kiraly，1997）通过翻译过程的实证研究，总结出了 20 种翻译策略标识，与格洛夫（Gerloff，1986）、奎因斯（Krings，1986）等学者发现的策略大体相当。瓦内萨·恩里克斯·莱多（Vanessa Enríquez Raído）通过梳理以往学者对翻译策略的划分，注意到翻译策略还可以分为运用内部资源的策略和运用外部资源的策略，所谓内部资源与译者的现有知识和以往经历有关，而外部资源则指词典和其他参考资料（Enríquez Raído，2011：70-71）。

洛赫舍所构建的翻译策略体系最为系统，他认为，在发现问题直到问题解决或意识到问题无法解决的过程中，译者的各种言语和心理活动可以解释为翻译策略的步骤或要素。通过实证研究，他共归纳出了 22 种翻译策略要素，分为原初要素（original elements）和可能要素（potential elements）两类，前者仅发生在翻译过程的策略阶段，故称为原初要素，而后者亦可能发生在翻译过程的非策略阶段。这 22 种要素分别用形式化符号表示，用以构建翻译过程的策略分析模型。该模型具有等级性，分为三个层次：第一层，即底层，为那些被视为翻译策略要素的现象；第二层为翻译策略的表现形式（manifestations）；第三层，即顶层，为翻译版本（translation versions）。翻译策略为解决翻译问题的程序，由解决问题的最小步骤（即翻译策略要素）构成。这些要素以各种具体方式组合，构成各种结构，翻译策略可以包含一个或多个这样的结构。洛赫舍将这些结构分为基本结构（basic structures）、扩展结构（expanded structures）、复杂结构（complex structures）。通过应用生成性原则（generative principle），可以使基本结构转化为扩展结构和复杂结构。根据定义，翻译策略仅产生于翻译过程的策略阶段，但翻译版本可以处于策略或非策略阶段，亦可由策略阶段延伸至非策略阶段，还可由非策略阶段延伸至策略阶段。可见，翻译策略与翻译版本以多种方式相互关联（参见 Lörscher，1991，1992，1996，2005）。

专业译者和非专业译者在翻译策略上的差异，是实证翻译研究的重点研究问题之一。特克恩-康迪克（Tirkkonen-Condit，1992）比较了专业译者和非专业译者在相同翻译任务中的表现，发现专业译者更多依赖文本和语言知识，而非专业译者则所执行的翻译单位较小，更多依赖文本外知识（参见Bernardini，2001）。雅斯科莱宁（Jääskeläinen，1993）通过实证研究发现，专业译者在翻译过程中更多地采用总体策略，而非专业译员多采用局部策略，专业或半专业译员在确定了总体策略后，一般都会在翻译过程中有系统、有计划地执行这个策略，而非专业译员在翻译过程中对策略的运用没有一定的计划，解决问题的方法带有很强的随意性（参见李德超，2005）。通过初步研究，洛赫舍（Lörscher，1993）发现翻译过程中专业译者更倾向于运用意义取向的方法（sense-oriented approach），而外语学习者更倾向于运用符号取向的方法（sign-oriented approach），前者主要检查译文文本，观察译文的风格在目标语系统中的适宜性，而后者只关注词汇或句法问题是否得到了解决，忽视了译文在整体上所应具有的语篇特征（参见李德超，2005）。通过深入的研究，洛赫舍（Lörscher，2005）进一步证实了这一差别。坎德斯·塞吉诺（Candace Séguinot）通过研究两位专业译者的协作翻译过程，辨别出了专业译者所使用的四类典型翻译策略：人际策略（interpersonal strategies）、查询策略（search strategies）、推理策略（inferencing strategies）、监控策略（monitoring strategies）（Séguinot，1996）。阿斯特丽德·杰森（Astrid Jensen）对三组被试所使用的翻译策略（translation strategies）和应对方法（coping tactics）进行了研究，发现非专业译者喜欢使用逐字翻译或直译策略（literal translation），而半专业和专业译者所使用的主要策略是意译（paraphrasing）（Jensen，1999）。与上述研究者的发现不同，基拉里通过对专业译者和非专业译者两组被试的翻译过程研究，得出结论：在翻译的处理方式和译文质量方面，两组被试未能显示出主要差异（Kiraly，1990：132）。

另外，PACTE 研究小组（2005）在研究翻译过程中译者的决策时，根据译者操作的不同顺序，将决策的认知支持分为五种类型。

1）简单内部支持（simple internal support，SIS）：确定译文通过内部支持单独获得，未采取任何外部文献检索。

2）内部支持主导，并伴有外部支持（internal support dominant combined

with external support，DIS）：进行了复杂的文献检索，但未能获得确定的译文，译文仍由内部支持获得。

3）内外部支持平衡互动（balanced interaction between internal and external support，IS-ES）：内部支持和外部支持两者均被用到，确定译文为两者互动的结果。

4）外部支持主导，并伴有内部支持（external support dominant combined with internal support，DES）：最终确定译文是基于复杂的文献检索的结果。

5）简单外部支持（simple external support，SES）：仅使用到了双语词典，且所提供的译文被接受为确定译文。

该研究小组通过先导研究得出初步结论：不可接受译文大多源于 SIS 和 SES 两种认知支持类型，而可接受译文大多源于 DIS、IS-ES、DES 三种认知支持类型。PACTE 研究小组（2005）通过对其正式研究的结果进行分析，进一步得出结论：教师更倾向于采用 SIS 类型；译者更倾向于使用 DIS 类型；在正向翻译中，DES 类型使用次数较多；在逆向翻译中，SES 类型使用次数较多。

本书将借助 PACTE 小组对认知支持类型的分类，探讨翻译过程中译者处理术语问题时的翻译决策情况。

## 本章小结

翻译过程实证研究是描述翻译研究的重要内容。从 20 世纪 80 年代初至今，翻译过程实证研究经历了萌芽期、形成期、发展期、繁荣期等四个发展阶段，其研究规模不断扩大，研究内容逐渐丰富，研究对象得以扩展，研究设计日益完善，并形成了以内省法为主、其他方法为辅的研究方法体系。一直以来，翻译能力都是翻译过程实证研究的重要内容，所以对翻译能力的探讨不能局限于经验总结和理论思辨，而应从译者的实际翻译过程中寻找现实证据，研究译者的翻译思维过程和认知机制，探索翻译能力的构成要素和发展特征。“综观对翻译能力的探索，我们可以看到研究的关注点从注重结果到注重过程，从翻译能力（创造与原文等值的译文）到译者能力，从译者的素质和能力到译者素养，从完成翻译任务的能力到从事翻译职业的能力，几乎涉及到了职业翻译应该具备的方方面面。”（张文，2011：28）术语能力是应用型翻译人才所应具备的职业翻译能力的一个重要方面，因此，译者术语能力研究是翻译能力研究的扩展和深化。通过实证研究探明译者术语能力的构成要素和发展特征，有助于在翻译专业中实施有针对性的教学，培养学生的术语能力。

近年来认知心理学理论在翻译研究中的应用，构成了翻译研究的认知视角，即认知翻译研究，主要包括专业技能研究、信息加工研究、策略研究的相关理论成果的借鉴。翻译能力被视为一种专业技能（Shreve，2002；Englund Dimitrova，2005；Jääskeläinen，2010），研究翻译作为一种专业技能在各阶段的发展特征。翻译过程也被视为一种信息加工过程，研究译者信息加工的特点和模型。翻译策略研究主要关注译者的认知思维过程。翻译过程实证研究是上述三项研究内容的主要实现途径。实证翻译研究和认知翻译研究分别为译者术语能力研究提供了方法论和翻译学两个方面的理论支持。

# 第三章

# 译者术语能力的概念分析

科学技术的飞速进步需要用语言记录，以便能够得到传播与推广，从而推动语言的发展，这集中表现为术语词的激增。术语是科技知识的核心体现，是知识在语言中的结晶。术语的正确传达在技术传播中起关键作用，但不同语言表现现实世界的方式不尽相同，因此，术语翻译问题日显突出，亟待有效解决，并逐渐成为翻译研究的热点之一。要想解决术语翻译问题，译者须具备良好的术语学素养，对术语工作有一定的认识和掌握，即具备术语能力。近年来，我国已经相继设立了翻译专业的本科和专业硕士两个教育阶段，并且设置了相关课程，旨在紧密结合社会经济的发展需求，培养语言服务行业急需的实践型、应用型人才。针对我国翻译专业的建设，已有多位学者就翻译能力的培养问题展开了探讨，并提出了具有建设意义的教学建议（文军，2005；苗菊，2007；朱玉彬，2008；钱春花，2010；祝朝伟，2015；周恩、丁年青，2017；张政、王贇，2020）。术语能力是译者必备职业能力之一，与翻译能力存在密切关系。那么译者术语能力的内涵究竟是什么？由哪些要素构成？如何培养翻译专业学生的术语能力？本章重点剖析译者术语能力的概念内涵及构成要素，并梳理我国传统翻译教学中对术语能力培养的关注情况。

## 第一节　翻译能力研究概述

全球化时代的社会经济发展推动了翻译教育的繁荣发展，而翻译教学的终极目标就是培养学生的翻译能力。学者们纷纷对翻译能力展开理论探讨和实证研究，翻译能力研究为翻译教学提供了有力的理论指导。因此，翻译能力已成为近年来国内外翻译学界所关注的研究热点之一。

## 一、国外翻译能力研究概述

在国外，布莱恩·哈里斯（Brian Harris）和比安卡·舍伍德（Bianca Sherwood）于 1978 年对翻译能力的发展给予了关注，并提出了“自然翻译”（natural translation）的概念，自然翻译指没有经过培训的双语者在日常情境下所进行的翻译活动。他们认为，双语者除了具备两种语言的能力外，还具备第三种能力，即两种语言之间的翻译能力，指出翻译能力与双语能力同步发展，翻译能力随着两种语言使用能力的发展而自动提升。他们将翻译能力视为一种内在能力，随着语言学习者的年龄增长分为三个发展阶段：①前翻译（pretranslation）阶段；②自动翻译（autotranslatioin）阶段；③通导（transduction）阶段。图里（Toury，1995）认同双语者具有一种内在的翻译潜能的假设，但指出哈里斯和舍伍德没有说明促使翻译能力发展的原因，内在潜能假设不足以说明问题，并提出了“母语译者”（native translator）的概念，认为一个母语译者翻译能力的形成有赖于两个方面的机制：①外部监控机制（external monitoring device），即翻译是一种交际行为，译者接受外部环境反馈，从中学习到各种文化和社会规范，对翻译行为起到外部监控作用；②内部监控机制（internal monitoring mechanism），即译者会考虑外部环境潜在的反应，将各种外在规范内化为自己的翻译知识，从而起到内部监控作用。可见，翻译能力的发展其实就是译者的社会化过程，翻译规范的内化形成过程是翻译行为的一个重要方面，获取这种知识并掌握如何在翻译实践中运用这种知识是译者社会化的一个重要方面。翻译教学则有助于这一过程的进展。

针对翻译能力的构成要素，沃尔弗拉姆·威尔斯（Wolfram Wilss）认为翻译能力是三种分力的综合：①源语中的接受能力，即源文本的解码和理解能力；②目标语中的生产能力，即目标语的语言和文本资源的使用能力；③超级能力，即在源语文化和目标语文化的语言与文本系统之间进行信息转换的能力（Wilss，1976）。

贝尔（Bell，1991）从心理语言学视角探索了翻译能力，认为译者能力包括三个方面：①理想的双语能力，这是译者能力发展的前提条件；②专业技能系统，这是译者能力的核心，涉及两个要素，即知识基础和推理机制，知识基础包括源语知识、目标语知识、文本类型知识、专业领域知识、双语对比知识，推理机制包括源语文本的解码和目标语文本的编码；③交际能力，包括语法能力、社会语言能力、语篇能力、策略能力。

什里夫（Shreve，1997）认为翻译能力是由一套认知图示形成的集合，对由文化限定的形式-功能集合进行重组，这些图式是储存于记忆中的知识组织结构，在学习过程中会经历不断的变化和修正。随着个体翻译经验的增加，他们的翻译图式也会发生相应变化，翻译能力则会从自然翻译（natural translation）逐步过渡为建构翻译（constructed translation）。

斯图亚特·坎贝尔（Stuart Campbell）则认为翻译能力由三个要素组成：①目标语语篇能力；②译者气质（disposition）；③监控能力。其中目标语语篇能力为翻译能力的核心（Campbell，1998）。

纽伯特（Neubert，2000）将翻译能力的本质概括为七个方面：①复杂性；②异质性；③近似性；④开放性；⑤创造性；⑥情境性；⑦历史性。此外，他指出翻译能力包括五个参数：①语言能力；②语篇能力；③主题能力；④文化能力；⑤转换能力。其中转换能力是译者的区别性特征，统协其他四种能力。

艾莉森·毕比（Allison Beeby）对逆向翻译能力（inverse translation competence）进行了探讨，将其划分为四类：①转换能力；②语言对比能力；③语篇对比能力；④语言外能力（Beeby，2000）。

弗雷泽（Fraser，2000）认为职业译者的翻译能力包括六个不同的技能领域：①优异的核心语言技能；②语篇技能；③跨文化技能；④非语言技能，如调查研究、信息技术、项目管理；⑤态度技能；⑥译者人格。

萨缪尔森-布朗（Samuelsson-Brown，2010）将翻译能力归纳为六个方面：①文化理解；②信息技术；③策略选择；④交际能力；⑤语言能力；⑥项目管理。

安东尼·皮姆（Anthony Pym）将翻译过程视为解决问题的过程、生成与选择的过程，提出了翻译能力构成要素的最简方案，包括两个方面：①为一个源语语篇生成多种译文版本的能力；②根据翻译目的和目标读者，从多种译文版本中快速选择合适译文的能力（Pym，2003）。

上述学者针对翻译能力构成的相关论述，多数基于自己的感性认识和经验总结。随着实证方法在翻译过程研究中的应用，译者在翻译过程中的行为表现是研究其翻译能力的重要指标。因此，翻译能力是翻译过程实证研究的主要对象，实证研究方法可为翻译能力的构成和发展研究提供更具说服力的证据。西班牙巴塞罗那自治大学的 PACTE 研究小组是应用实证方法研究翻译能力的典型代表。PACTE（2003）将翻译能力定义为译者进行翻译活动所需的知识和技能系统。其研究项目分为两个阶段：①翻译能力的实证研究；②翻译能力习得的实证研究。首先在先前相关研究的基础上，PACTE 构建了自己的翻译能力构成模型，随后根据翻译过程的实证研究结果对该模型进行了修订。目前，PACTE 小组已经完成了其研究项目的第一阶段研究，将实验结果分析完毕，并依次发表（PACTE，2000，2002，2003，2005，2008，2009，2011a，2011b；Hurtado Albir，2017）。该研究小组接下来的研究任务就是对翻译能力的习得进行纵向研究，以探明译者翻译能力的发展阶段及阶段性特征。

综上所述，以往国外翻译能力研究的重点在于探讨翻译能力的构成和发展，并使用实证方法研究翻译能力的构成，构建翻译能力模型。虽已有学者对翻译能力的发展进行了理论探讨，但有待为翻译学习者的纵向跟踪研究提供更具说服力的结果和证据。

## 二、国内翻译能力研究概述

在国内，陶咏（1995）较早论述了“翻译能力”这一概念，并对职业译者所需的五种知识进行了详细论述，即源语知识、目标语知识、语篇类型知识、现实世界知识，以及比较语言学知识。黄子东（1997）认为翻译能力就是把源语语篇转换成目标语语篇的能力，并将国外学者对翻译能力的理解分为四派：①传统派认为翻译能力就是语法-翻译能力；②抽象派认为翻译能力就是理想的双语者所具有的能力；③专家系统派则从人工智能的视角解释翻译能力；④交际翻译能力学派则认为翻译是一种交际活动，而翻译能力只是交际能力的一种特殊形式。文军（2004a，2004b）认为翻译能力可表述为能胜任翻译工作的主观条件，将翻译能力划分为语言/文本能力、策略能力、自我评估能力，并试图构建以发展翻译能力为中心的翻译课程模式。

苗菊（2007）通过梳理西方翻译能力的研究成果，将翻译能力划分为认知能力、语言能力、交际能力三个范畴，探讨了发展翻译能力的途径和过程教学法在翻译教学中的应用，认为提高翻译能力是翻译教学的终极目标，并提出翻译教学研究应建立在翻译能力研究的基础之上。王树槐和王若维（2008）深入述评了国内外翻译能力的研究成果，将翻译能力的本质和构成因素的相关论述归结为天赋说、自然展开说、自然展开修正说、建构说、转换说、策略或认知说、语篇协调说、生成-选择说、交际说、语言-语篇能力说、多因素均力说等11类，并认为翻译能力的综合模式应包括语言-语篇-语用能力、文化能力、策略能力、工具能力、思维能力、人格统协能力等六种因素。仝亚辉（2010）专门对PACTE小组对翻译能力模式的研究进行了详细述介，指出了其成就与不足，并探讨了对我国翻译能力研究以及翻译教学中译者培养的启示意义。薄振杰（2011）通过借鉴PACTE研究小组的相关成果，对无标题语段翻译能力进行了探索，对其概念和构成要素做出框定，并通过实证研究重点对其中的策略能力进行了深入探究，认为中国高校英语专业本科翻译教学过程的实质就是培养学生无标题语段翻译能力。钱春花（2010，2011）则先后分析了交互性翻译教学和基于心流理论的体验式翻译教学对翻译能力培养的驱动作用。

随着社会需求的不断扩大，翻译行业正在经历着职业化的进程，国内翻译能力研究也开始关注职业译者所应具备的翻译能力及培养途径。苗菊和王少爽（2010）通过对60家翻译公司招聘信息的调研，总结出了15种职业翻译能力，并将其分为一般职业能力和专业职业能力两大范畴，认为翻译硕士教育应紧密结合翻译行业的社会需求，突出对职业能力的培养，开设实用性的翻译课程，实施多样化的教学方法，将学生培养为行业真正需要的应用型职业化翻译人才。冯全功和张慧玉（2011）从历时和共时的角度讨论职业翻译能力的构成，认为历时翻译能力就是任何时代从事翻译工作都必需的能力，如双语知识、文化知识、风格知识、认知能力等，而共时翻译能力则是当前时代从事翻译工作所要求的能力，如翻译软件使用能力、文献检索能力、项目管理能力等。

## 三、翻译能力研究最新动向

通过国内外相关文献综述，我们可以将翻译能力研究的最新动向归结为以下三个方面。

1）翻译能力发展的纵向跟踪研究。已有学者对翻译能力的发展提出了自己的观点，但针对翻译能力发展的纵向跟踪研究还比较少见，因为翻译能力的发展受到多种因素的影响，是一个时间跨度较长且非常复杂的过程，需要通过设计严密的纵向跟踪研究才能得出有效的结果，并为翻译教学提供重要的参考价值。按照研究计划，PACTE 研究小组接下来要进行的就是翻译能力发展的纵向跟踪研究。另外，由苏珊娜·戈菲里奇（Susanne Göpferich）主持的奥地利科学基金研究项目 TransComp 在以往研究的基础上，构建出了自己的翻译能力模型，并据此进一步实施翻译能力发展的纵向跟踪研究。该研究的被试涉及 12 名翻译专业本科生和 10 名专业译者，研究跨度为 6 个学期，本科生被试被分为两组，定期翻译已选定的 10 个文本，研究者对其翻译过程进行实证研究，并与专业译者的翻译过程进行对比。该项目的研究结果有望提供关于翻译能力发展的更具说服力的结论。

2）翻译专业技能（translation expertise）研究。翻译专业技能指专业译者在翻译工作中所表现出的知识与技能，是翻译教育的人才培养目标。专业技能属于认知心理学下属的一个研究领域，近年来已有研究者将其他领域专业技能的研究方法和成果应用于翻译专业技能的研究。翻译专业技能研究的有关情况已在第二章第三节做了详细讨论，此处不再赘述。

3）工具能力与译者信息素养（translator's information literacy）研究。信息技术的快速发展带来了翻译工作模式的根本性改变，现在计算机已经成为从事翻译工作的必备工具。机器翻译研究的复苏、翻译记忆技术的开发、各种计算机辅助翻译软件的问世，以及网络资源的丰富，大大降低了译员的劳动强度，提高了翻译工作效率。能够使用各种信息技术工具，已成为现代专业译员所必备的一项职业能力，即工具能力。大多已有翻译能力模型中都会涉及工具能力，如 PACTE 的职业-工具能力，TransComp 的工具与研究能力。

自 20 世纪 70 年代以来，信息素养研究逐渐引起学术界的重视。信息素养的本质就是全球化和信息化的社会时代背景所要求人们具备的一种基本素质或能力。美国图书馆协会对信息素养的定义是“能够判断什么时候需要信息，从而去定位、评估和有效使用所需信息的一系列能力”（ALA，1989）。翻译工作的本质就是信息的跨语传递，在这个信息爆炸的时代，译员需要具备信息素养，从浩如烟海的信息中找出所需信息。信息素养是信息时代译者知识体系的核心组成部分和突出特征，表现在能够认识到信息的重要性，并根据信息需求，利用信息工具、信息资源，获取信息，解决实际问题。近年来，译者信息素养的研究开始受到一些学者的关注。玛莉亚·宾托（Maria Pinto）和多拉·赛尔斯（Dora Sales）基于信息素养标准和对翻译实践与能力的理解，为译者培训构建出了一个译者信息能力发展的模型，涉及技能、能力、知识和价值等方面（Pinto & Sales，2008）。莫琳·埃伦斯伯格-道（Maureen Ehrensberger-Dow）和加里·梅西（Gary Massey）分析了翻译能力研究对工具能力的关注，运用有声思维、视线跟踪等方法研究译者信息素养，并提出翻译教学中的信息素养教学应包括：①资源使用能力、检索策略、面向翻译的信息管理；②表述性知识（工具与资源：是什么，如何做）；③程序性技能（资源评估与开发，以及问题识别与解决）（Ehrensberger-Dow & Massey，2009）。宾托和赛尔斯（Pinto & Sales，2010）在信息素养研究的框架下，通过自我评价和其自行设计的 IL-HUMASS 量表收集数据，对各层次的学生进行研究，测量和比较各个群体的信息素养水平，并从定量和定性角度分别对研究结果进行了分析。

译者术语能力研究立足于翻译专业技能和译者信息素养研究的基础之上。在现代翻译工作中，术语已成为专业译者的常态工作对象，因此术语能力是翻译专业技能的一个重要方面。在处理术语问题时，译者只有了解术语的准确含义及其背后所代表的知识结果，并掌握一定的专题领域知识，才能保证术语翻译工作的准确性。在这一过程中，译者需要有能力判断什么时候需要什么样的信息，并对信息进行检索、收集及评价，从中识别出对解决术语问题有用的信息，以有效利用所搜集到的信息解决翻译中的术语问题。可见，信息素养对于译者术语能力具有关键作用，有助于译者术语能力的提升。

## 第二节　译者术语能力的概念

全球范围内技术的频繁传播与交流，凸显了翻译和术语的重要性。自 20

世纪中期以来，翻译学与术语学得到了长足发展，逐渐取得了独立的学科地位。为适应社会经济的发展需求，近年来国内外高校纷纷设立翻译专业，培养社会急需的翻译人才。“术语能力”概念就是在这一背景下提出的。不过，国内外学界对于术语能力的相关研究较为鲜见，尚未形成系统，这一概念的定义与内涵有待进一步探索与完善。

西班牙学者西尔维娅·蒙特罗·马丁内斯（Silvia Montero Martínez）和帕梅拉·法贝尔·贝尼特斯（Pamela Faber Benítez）探讨了译者术语能力的培养，指出术语能力涉及下列各项过程：

1）话语中所激活的专业概念的辨认与习得；

2）信息资源的评估、查阅与详细说明；

3）专业知识领域中基于概念的跨语对应词的识别；

4）信息与所学知识的管理，以及在翻译中的复用（Martínez & Benítez, 2009：92）。

他们认为，术语能力不是指一组术语的习得，而是指译者获得这些术语所代表的知识的能力。他们还详述了针对译者所开设的术语学课程，包括该课程的教学目标与内容、教学方法、教学评估，以及课堂组织等，其内容、练习以及活动设计皆围绕促进译者获得翻译工作中所需的术语能力而展开。

我国学者梁爱林（2010：35）亦对术语能力进行了初步研究，认为术语能力“指具备解决繁杂的专业术语问题的能力，而要解决术语的问题，其前提是具备通过概念定义术语的系统思维能力和具备术语管理方面的基本技能，如技术能力等”。他提出提高术语能力是术语学教育的目标，并尝试将术语能力分解为以下几项能力：

1）具备术语知识的能力，指语言知识和术语的概念知识与定义的能力；

2）工具能力，指用信息技术手段处理术语数据的能力；

3）术语的应用能力，指能够解决具体或者特定术语问题的能力；

4）专业能力，指具有专业知识或者专业主题方面的知识以及（专业）文本处理的能力；

5）交际能力，指能够顺畅地传播术语和科技知识，掌握交际策略以及术语所隐含的科技文化的能力（梁爱林，2010：36）。

梁爱林所谈的术语能力是指一般意义上从事术语工作所应具备的知识

与技能。马丁内斯和贝尼特斯（Martínez & Benítez，2009）所述术语能力是译者应该具备的术语学知识与技能，以应对翻译过程中所出现的术语问题，即面向翻译的术语能力。无论是术语还是翻译，都与语言文化紧密相关。“术语和文化如影之随形，须臾不离。不同的文化要用不同的术语来说明……术语的翻译是文化传播中的关键工作。”（周有光，1992：62）因此，术语与翻译之间存在一种天然的密切联系。“术语学是一个重要的研究领域，大多数从事技术翻译的职业译者都知晓术语在他们工作中所起的关键作用。”（Quah，2006：105）术语工作是翻译过程中不可缺少的环节，能够提高翻译服务的质量，保证跨语交际的顺利进行。

2010 年 7 月由国家颁布的《国家中长期教育改革和发展规划纲要（2010—2020 年）》就创新人才培养模式，明确要求“适应国家和社会发展需要，遵循教育规律和人才成长规律，深化教育教学改革，创新教育教学方法，探索多种培养方式，形成各类人才辈出、拔尖创新人才不断涌现的局面”。因此，要创新高校翻译人才的培养模式，必须紧密联系我国社会经济发展与翻译职业的实际需求，设置相关课程，探索新的教学模式与方法，使学生具备职业所需的知识技能。基拉里指出，“近年来，由于商业国际化和术语规范日显重要，术语管理已成为译者培训中一个极为重要的方面。不管将来是成为自由译者，还是公司或公共行政部门的专职译员，学校毕业生皆被期望具备术语管理技能”（Kiraly，2000：136）。可见，术语能力是译者必备的一种素质，需要在高校翻译专业的教学中得到应有重视。

## 第三节　译者术语能力的构成分析

术语能力指能够从事术语相关工作，并利用术语知识和工具有效解决实际术语问题所需的知识和技能，是一种具有很强实践性的综合能力。鉴于术语能力在翻译工作中的重要作用，我们有必要研究其构成，以便在教学中对学生进行有针对性的培养。

译者术语能力研究是翻译能力研究的细化发展，在对其构成进行分析时，我们有必要借鉴翻译能力的已有研究成果。译者术语能力构成模型的初步构建可以参考以往学者对翻译能力的构成所提出的各种理论模型。在其修订模型中，PACTE（2003）将翻译能力划分为双语子能力、语言外子能力、工具子能力、翻译知识子能力、策略子能力，以及心理-生理要素。苗菊（2007）将翻译能力划分为认知能力、语言能力、交际能力三大范畴，并对每个范畴下所包含的具体内容做了细致剖析。戈菲里奇（Göpferich，2009）所提出的翻译能力模型更为复杂和详细，其中主要涉及双语交际能力、策略能力、专题能力、工具与研究能力、心理-动力能力、翻译常规激活能力，另外还涉及翻译规范、翻译任务、译者的自我概念、职业伦理、心理-生理倾向等要素。本书对译者术语能力构成模型的初步构建主要基于以上三位学者对翻译能力的研究成果。

基于上述翻译能力研究成果以及有关学者对术语能力的相关论述，我们试图对译者应具备的术语能力进行构成分析，初步构建出了译者术语能力的构成模型，如图 3.1 所示。

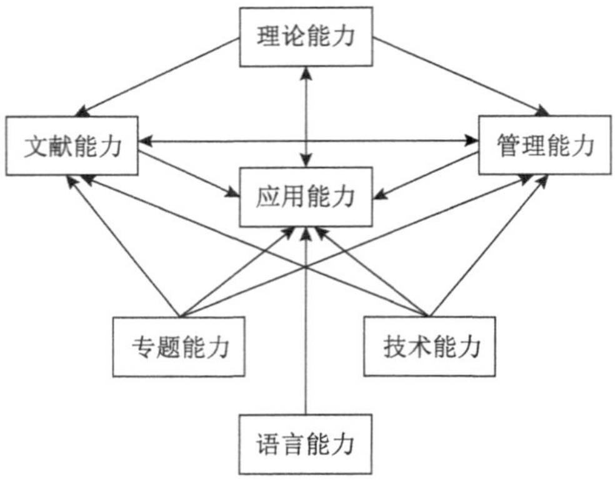


图 3.1　译者术语能力的构成模型

译者术语能力可分解为七种子能力：理论能力、应用能力、文献能力、管理能力、专题能力、技术能力、语言能力。如图 3.1 中箭头所示，各子能力之间相互牵涉，构成一种复杂的关系网络。现解析如下。

1）理论能力，指具有术语意识，掌握术语学基本原理、各种理论主张、工作方法与流程，以及最新发展动态的能力。理论能力位于该关系网络的最上方，对应用能力、文献能力与管理能力起指导作用。理论知识分为陈述性知识与程序性知识。前者主要关心“是什么”，是关于事件的描述性知识，具有静态性，具体包括术语与术语学的定义、术语的构成、术语学的发展历史、主要流派及其理论主张、术语学最新发展动态（如交际术语学、社会认知术语学、计算术语学等）；后者主要关心“如何做”，是事件的具体操作程序，具有动态性，具体包括术语识别、术语定义、文献采集、文献管理、术语抽取、语境分析、术语管理、术语标准化、双语术语对比等工作的操作步骤。应用能力、管理能力、文献能力需要在一定的理论框架下进行，应符合术语学的基本原理，避免偏移理论前提，而导致术语工作的失败。

2）应用能力，是术语能力关系网络的核心能力，与其他六种能力皆有关联，指在实际工作中，利用所学知识，汇集其他六种能力提供的支持，实施策略解决术语问题的能力，如术语翻译、术语定义、术语编纂、术语标准化、术语同义/多义现象分析。一方面，应用能力受到理论能力的指导；另一方面，通过实践，可以发现理论框架中的不足，从而修正或革新理论。具备应用能力的译者可以利用文献能力与管理能力所提供的成果，借助专题能力和技术能力，解决实际工作中出现的各类术语问题。

3）文献能力，指针对术语工作，进行文献查询、文献采集、文献分析、文献加工与处理、文献开发与利用，以及文献管理与评价等文献活动的能力。“术语学家要想娴熟地开展专业工作，并非只靠其语言学知识，在很大程度上他还得依靠看来是枯燥无味的文献工作。”（迪毕克，1990：113）文献能力需由理论能力指导。术语概念的界定和术语学基本原理会对文献工作产生影响。关于文献收集、文献管理、术语抽取、语境分析的程序性知识，是文献工作流程的重要参考来源。在专题术语工作中，文献能力需要借助专题能力，才能了解所涉领域的专业知识，以便选择适当的文献资料。文献能力的实现还有赖于技术能力与管理能力，其最终目的是解决实际工作中的术语问题，即服务于应用能力。

4）管理能力，包括术语管理、文献管理与流程管理。术语管理指术语的“文件归档、存储、处理与展示”（Austermühl，2001：102）；文献管理指术语工作中所涉文件资料的采集、分析、分类、归档等整理工作；流程管理指术语工作的流程定义、流程分析、质量控制、流程优化、时间安排、资源分配等。管理能力同样需要理论能力的指导，术语学基本原理决定了术语管理、文献管理、流程管理的具体操作方法。管理能力与文献能力之间存在一种双向关系：一方面，需要对为解决术语问题而采集的文献加以管理，方便在日后工作中复用，避免重复劳动；另一方面，术语管理中的术语是文献工作的结果，文献能力直接影响术语管理系统中的术语质量。管理能力的实现需要技术能力的支持，即将现代信息技术应用于术语管理、文献管理、流程管理过程中，不仅可以大大提高管理效率，而且能够改善管理质量。当然，管理能力也是为了更好地解决实际术语问题，即为应用能力服务。

5）专题能力，指具备术语工作中所涉专业领域的基本知识，了解该专业领域的主要概念、理论以及发展现状等。此处的专题能力并不是要求术语工作者或译者具备领域专家所具备的知识和技能，而是要求他们对所涉领域的知识做到基本熟悉，知道如何获取相关文献资料，并能就自己不懂的术语问题与领域专家进行交流，进而掌握术语的正确概念意义。专题能力对于文献能力和管理能力是不可或缺的。只有做到对专业领域知识的熟练掌握，才能对其相关文献资料进行有效的收集、分析、管理等工作。专题能力亦有助于应用能力，因为解决实际工作中出现的术语问题，需要专题知识的支持，以及获取此类知识的方法。

6）技术能力，指能够利用各种工具与技术从事术语学工作，解决术语问题的能力，可分为传统工具与现代信息技术工具。传统工具包括术语卡片、各种字词典、单语和多语术语汇编等（隆多，1985：53-82）；现代信息技术工具包括计算机、办公软件、术语库、语料库工具、管理软件、翻译软件等。针对文献和管理，有专门的计算机软件，如文献管理软件（EndNote、NoteExpress、Reference Manager 等）、术语管理软件（MultiTerm、AnyLexic、TermWiki 等），以及流程管理软件。现代信息技术工具的应用，给术语与翻译工作带来了很大便利。例如，与传统方式相比，使用术语管理系统进行术语与翻译工作，具有高质量、快速灵活、信息共享等优势（Bowker，2003：58-59）。因此，技术能力为应用能力、文献能力与管理能力提供了工具与技术方面的支持。

7）语言能力，指能够掌握两种或多种语言及其所代表的文化，并熟练应用于交际，具有良好的语言敏感度的能力。语言能力处于上述关系网络的最下方，是应用能力实现的基础和前提。要想做好术语翻译工作，必须熟练掌握两种语言中词汇在语音、形态、语义、语用等方面的特点。

术语能力具有综合性、实践性以及普遍性。综合性指术语能力由多种要素构成，是一种具有综合性的能力；实践性指术语能力下属的子能力多为实践型操作性能力；普遍性指术语能力是翻译工作中各环节所必需的能力，贯穿整个翻译过程，译前准备、翻译中以及译后修订等环节皆涉及术语问题。

## 第四节　我国传统翻译教学中的术语能力培养

通过以上分析，可以看到术语能力下属的七种子能力之间相辅相成，其中任何一项不足或缺失都会对术语和翻译工作的质量产生不良影响。在翻译教学中，应注重这七种子能力的同步发展，才能培养出翻译工作所需的术语能力。就我国传统翻译教学中有关术语能力培养的情况，笔者从课堂教学与翻译教材两个方面做如下剖析。

### 一、课堂教学中有关术语能力的培养

在我国的传统课堂教学中，存在两种广义上的翻译教学活动，即教学翻译与翻译教学，所涉外语主要为英语。教学翻译旨在检验并巩固外语知识，提高语言应用的能力，使学习者成为掌握一门外语的工作者；翻译教学则旨在传授翻译职业的理念与规则，使学习者掌握双语转换的能力与技巧，解决翻译问题，成为职业译员或双语工作者（穆雷，2008：41）。

在普通外语教学中，课堂翻译练习仅限于日常生活中出现的一般文体，很少涉及专业文体及其术语问题。在专业外语教学中，如科技英语、医学英语、商务英语、法律英语等，课堂翻译实践涉及专业文体，自然也会涉及术语翻译,但这种翻译实践只是为了检验与巩固学习者对所学专业词汇的掌握。还有一种教学翻译，不同于外语教学课堂中进行的翻译实践，是指为了提高外语专业学生“译”的能力而专门开设的翻译课程，主要针对外语专业高年级学生。这种教学翻译还可以细分为两类，即通识性翻译课程与专业性翻译课程。通识性翻译课程涉及各类文体，教师会简要传授专业词汇与句法的特

点；专业性翻译课程专门针对某个专业领域的文体进行翻译实践，详细讨论不同语言中专业词汇的特点与构成方式，以及该专业文体的句法与篇章特征，但其最终目的还是在于巩固语言知识的学习，提高学生的语言应用能力。

真正意义上的翻译教学，始于近几年在国内高校开设的翻译专业。由于其具有较强的职业指向，并且注重学生实践能力的培养，包括术语能力，已有学校尝试开设术语学课程，但因开设时间相对较短，其课程设置与教学尚处于探索阶段，有待进一步完善。

## 二、翻译教材中有关术语能力的论述

翻译教材是为进行翻译教学而编写的，是教师教学和学生学习的重要参考，其内容编排在一定程度上体现了当时的教学理念。我国市场上传统翻译教材种类繁多，包括综合性基础翻译教程、口译教程、科技翻译教程、商务翻译教程、医学翻译教程等，以讲述英汉/汉英翻译方法与技巧为主（张美芳，2001：前言 1）。根据所涉内容，前两种翻译教材可归为通识性翻译教材，后三种可归为专业性翻译教材。

通识性翻译教材的特点在于通过对教材的学习，学习者能够大致了解翻译。此类教材在论及科技文体的翻译时，会探讨专业词汇。王宏印（2002：93-94）指出，科技文体的语言运用特点之一就是术语繁多，词义准确单一，这是科技文章专业性的一种体现。他认为翻译科技文体时，译者必须弄通文体所涉专业内容和有关的科学原理。这里说的就是术语能力的子能力之一——专题能力。陈宏薇和李亚丹（2004：243）也做过类似的论述：科技英语专业术语性强，汉译英时强调术语翻译的准确性，要求译者除了有较高的汉英语言水平外，还必须掌握一定的专业知识。司显柱和曾剑平（2006：210-211）认为术语词汇是科技语言的核心，具有单一性、单参照性、标准化、稳定性等特点。译者只有熟悉术语的这些特点，才能做好术语翻译工作。这也就是上面所说的理论能力的内容。

专业性翻译教材旨在通过专业文体的翻译实践，锻炼学习者在专业领域中进行中外互译的能力。与通识性翻译教材相比，此类教材，尤其是科技文体的翻译教材，对专业文体翻译的诸方面论述更加深入与详尽，主要包括术语的特点、语义分析、构成方式、术语标准化、术语翻译规范化、术语翻译原则与技巧、译者的素养等（李健民，1997；范武邱，2001；戴文进，2003；张彦，2008）。专业文体的译者素养包括良好译德、语言功底、专业知识、文献知识、翻译技巧（李健民，1997：12-19）。这里涉及术语能力中的理论能力、语言能力、专题能力、文献能力，以及应用能力。

在我国传统翻译教学中，虽然也有对术语能力培养的关注，但较为侧重其中的语言能力与专题能力，因此这种培养模式并不完整，缺乏系统性。翻译教育须培养社会所需的具备术语能力的职业化翻译人才。

## 本章小结

本章重点论述了译者术语能力的概念内涵与研究定位。翻译能力与译者术语能力存在密切关系，译者术语能力是翻译能力研究的深化和拓展。经过40余年的发展，翻译能力研究取得了丰富成果，主要体现为对翻译能力模型的理论构建以及翻译能力发展的讨论，并且已有学者运用实证实验方法对翻译能力的构成进行了探索。翻译能力研究的最新动向可归结为：翻译能力发展的纵向跟踪研究、翻译专业技能研究、译者信息素养研究。笔者借鉴已有学者对术语能力的理论论述，提出了译者术语能力的理念，体现了翻译能力研究在翻译专业技能和译者信息素养研究两个方面的最新动向，并根据已有研究和翻译实践中的术语工作情况，对译者术语能力进行了构成分析，将其划分为理论能力、应用能力、文献能力、管理能力、专题能力、技术能力、语言能力等七种子能力，并探究了七种子能力之间的联系，构建出了译者术语能力的初步模型。可见，译者术语能力是一种具有较强实践性和应用普遍性的综合能力，可以为进一步展开对译者术语能力的实证研究做好理论铺垫。最后，从课堂教学和翻译教材两个方面，回顾了我国传统翻译教学中对术语能力的培养情况，分析了其中对各子能力的关注及不足之处。

# 第四章

# 译者术语能力的实证研究：方法与设计

本章主要介绍译者术语能力实证研究的方法与设计。首先，介绍实证研究的研究问题、研究方法、维度设计、被试选取、实验材料、数据收集与分析；然后通过先导实验对实验设计进行测试和检验，发现实验过程中潜在的问题，并对实验设计加以修订，保证正式实验所得数据的有效性；最后，根据修订后的实验设计，组织实施正式实验，收集整理实验数据。

## 第一节 研究问题

为应对全球化时代社会和经济发展对翻译人才迅猛增长的需求，我国高校近年来逐步开设了翻译本科和硕士专业，将其培养目标定位为培养应用型、实践型、专业化的翻译人才。因此，职业译者所具有的翻译能力已成为当前翻译教学研究的一个热点。术语在知识交流中扮演着重要角色，它是现代职业译者的常态工作对象，术语能力已成为现代翻译职业所必需的一项专业素质。要想了解译者术语能力的真实情况，必须深入翻译工作实践，分析译者的实际翻译过程，从中提取译者术语能力的相关信息并加以分析。鉴于此，笔者拟选取三组具有不同翻译经验的被试，对其翻译过程进行实证研究，关注三组被试在处理术语翻译问题上的不同表现，从中得出不同译者术语能力的特点，并验证和修订译者术语能力的初步模型，构建术语翻译过程的工作模型，据此进一步探讨译者术语能力的培养问题。

针对三组被试翻译过程的实证研究是本书译者术语能力研究的关键所在。本次实证研究拟解决的主要研究问题为：具有不同翻译经验的译者的术语能力各具有什么样的特征？换句话说，在翻译过程中所选三组被试在术语翻译表现上存在什么差异？该研究问题可以进一步分化出下列四个子问题。

问题 1：三组被试的术语翻译效率存在什么差异？

问题 2：三组被试的术语翻译决策存在什么差异？

问题 3：三组被试的工具资源使用存在什么差异？

问题 4：三组被试的术语翻译认知存在什么差异？

鉴于其探索性研究的性质，本书未形成具体的研究假设，而是在对以上四个研究问题进行分析时，进一步提出细化的研究问题。

## 第二节　研究方法

根据本次研究的实际情况，研究者将采用有声思维、问卷、访谈、屏幕录制与键盘记录等方法，分别从三组被试的翻译过程中引发和收集各种有关数据，并采用文本分析法收集原文和译文的有关数据。然后，运用多元数据验证法，汇总实验所得各种来源的数据，对翻译过程加以交互验证，详细情况如下。

1）有声思维法：要求被试在进行翻译活动的同时，将心中所思所想尽量完整地用言语形式口述出来，并对其进行录音，然后按照转写规范将音频资料转写为书面文本，并根据相关问题对其进行分析。

2）问卷法：用于收集被试的个人背景信息，包括年龄、联系方式、所擅长的翻译领域、翻译工作年限、翻译工作量、对信息技术领域文本的熟悉程度，以及翻译软件的使用情况。

3）访谈法：在翻译任务结束后，对被试进行结构化访谈，问题涉及对英译汉和汉译英两次翻译任务的难度感知、有声思维及录屏软件对翻译过程的影响、对自己译文的满意度、翻译过程中遇到的难题，以及在日常翻译工作中术语处理的相关问题等，用来补充有声思维和录屏软件所得数据。

4）屏幕录制与键盘记录法：使用屏幕录制软件 BB FlashBack Express 对翻译过程中被试的屏幕操作和键盘操作进行全程记录。为了保证实验的生态效度（ecological validity），研究者将不对被试的翻译过程进行录像。观察被试的屏幕操作行为，有助于发现被试在翻译过程中所遇到的问题、所采取的策略、对工具资源的使用等方面的信息。

5）文本分析法：该方法涉及对原文和译文的分析。原文文本分析旨在了解原文的复杂度，对其翻译难度进行初步判断，辨别文本中的术语，对翻译过程中遇到的问题进行预测；译文文本分析的目的在于对被试翻译过程所生成的文本进行质量评价，确定评分标准，对译文整体质量和术语翻译质量分别进行评分。用于判断被试的译文质量与其翻译过程中的术语能力表现之间的关系。

6）多元数据验证法：该方法融合了多种数据收集和分析方法，对翻译过程进行交互验证，以减少单一方法的不足与偏误，增强研究结果的可信度（Alves，2003；郑冰寒，2008）。本书将应用该方法，综合分析由有声思维法、问卷法、访谈法、屏幕录制与键盘记录法，以及文本分析法等方法所收集来的数据，交互验证翻译过程，对译者术语能力展开研究。

## 第三节 维度设计

根据具体情况，笔者将翻译经验作为自变量，定义为被试的翻译工作年限和翻译工作量。根据翻译经验，被试可分为本科、硕士研究生、职业译者三组。本书主要从术语翻译效率、术语翻译决策、工具资源使用、术语翻译认知四个维度考察三组被试的术语翻译行为表现的共性和个性特征，即三组被试的术语能力特征。

本书将从所选的英汉和汉英两篇翻译材料中采点，即识别其中的术语，每篇各选取 25 个术语，共 50 个。在数据分析过程中，重点观察三组被试在翻译这 50 个术语时的行为表现，并在此基础上，对前述四个维度进行如下描述。

1）术语翻译效率：指翻译过程所用时间、各阶段的时间分配与译文质量之间的关系，以及术语翻译所用时间与术语翻译质量之间的关系。该维度的标识是：被试翻译过程所用总时间、各阶段的时间分配、术语翻译所花费的时间、该时间在翻译过程所用总时间中所占百分比、译文质量、术语翻译质量。该变量主要与应用能力相关。

2）术语翻译决策：指在翻译术语时，被试决策所采用的认知支持对“内部支持”（internal support）和“外部支持”（external support）的依赖情况。前者指对自动或非自动认知资源的使用，后者指对各种来源的文献资源的利用（Alves，1995，转引自 PACTE，2009）。该维度的标识是：术语翻译时所选择的认知支持类型、术语翻译质量。该维度主要与应用能力、技术能力、文献能力、专题能力相关。

3）工具资源使用：指被试在翻译过程中为解决术语问题，对各种工具和资源（包括词典软件、搜索引擎、在线词典等多种形式）的使用。该变量的标识是：所用工具资源的种类、检索次数、检索类型、检索词、术语翻译质量。该维度主要与技术能力、文献能力、管理能力、专题能力相关。

4）术语翻译认知：指被试对术语和术语翻译所持有的知识和观点。该变量的标识是：被试对翻译任务难度的感知、被试对自己译文的满意度、被试对原文中术语的识别、被试所具备的术语翻译知识、译文质量、术语翻译质量。该维度主要涉及理论能力。

借鉴 PACTE 研究小组的实验设计，我们可以将译者术语能力实证研究的四个维度的相关信息汇总为表 4.1。

**表 4.1　译者术语能力实证研究的维度设计**

| 维度 | 定义 | 标识 | 测量工具 | 相关能力 |
|---|---|---|---|---|
| 术语翻译效率 | 翻译过程所用时间、各阶段的时间分配与译文质量之间的关系，以及术语翻译所用时间与术语翻译质量之间的关系 | 被试翻译过程所用总时间、各阶段的时间分配、术语翻译所花费的时间、该时间在翻译过程所用总时间中所占百分比、译文质量、术语翻译质量 | 有声思维、屏幕录制、键盘记录、译文评分 | 应用能力 |
| 术语翻译决策 | 在翻译术语时，被试决策所采用的认知支持对“内部支持”和“外部支持”的依赖情况 | 术语翻译时所选择的认知支持类型、术语翻译质量 | 有声思维、屏幕录制、译文评分 | 应用能力、技术能力、文献能力、专题能力 |
| 工具资源使用 | 被试在翻译过程中为解决术语问题，对各种工具和资源（包括词典软件、搜索引擎、在线词典等多种形式）的使用 | 所用工具资源的种类、检索次数、检索类型、检索词、术语翻译质量 | 屏幕录制、文献检索统计表、译文评分 | 技术能力、文献能力、管理能力、专题能力 |

续表

| 维度 | 定义 | 标识 | 测量工具 | 相关能力 |
| --- | --- | --- | --- | --- |
| 术语翻译认知 | 被试对术语和术语翻译所持有的知识和观点 | 被试对翻译任务难度的感知、被试对自己译文的满意度、被试对原文中术语的识别、被试所具备的术语翻译知识、译文质量、术语翻译质量 | 翻译过程问卷、后续访谈、有声思维、屏幕录制 | 理论能力 |

## 第四节　被试选取

本研究根据翻译经验的不同，本着自愿参与的原则，选取了三组被试：①翻译专业本科三年级学生；②翻译硕士一年级学生；③至少具有三年翻译工作经验的职业译者。所有被试的母语均为汉语，第一外语均为英语，且不能是擅长信息技术领域文本翻译的译者。

本科组：该组被试为大学翻译专业本科三年级学生。近年来我国高校开始设置翻译本科专业，在培养学生语言能力的同时，侧重翻译类课程的开设，培养学生的翻译能力。一般来说，本科阶段前两年的教学目的主要在于培养学生的语言能力，从三年级开始开设翻译类课程。因此，该组被试可被视为翻译初学者。

硕士组：该组被试为翻译硕士一年级学生。该组被试经过了本科阶段的学习，具备了从事翻译工作所需的语言能力，通过硕士课程的学习和一定量的翻译实践，对翻译工作有了更深入的体会和认识，可被视为准职业译者。

职业组：要求该组为至少具有三年翻译经验的职业译者，总翻译量在50万字以上，翻译稿酬是其收入的重要来源。

在实验过程中，被试需要完成以下任务：

1）填写个人背景信息问卷；

2）参与实验培训；

3）进行英汉和汉英翻译任务各一项，同时使用有声思维法口述出自己的思维过程；

4）接受后续访谈。

研究者通过互联网上的翻译论坛、翻译 QQ 群，以及去学生上课的教室三种方式发放“合作译员招募启事”，该启事包括本研究的背景介绍、有声思维法简介、对合作译员的资格要求、需要完成的任务、酬谢等五个主要部分，旨在让职业译者和翻译专业在校学生对该研究进行初步了解。本着自愿参与的原则，感兴趣的译员可以通过启事中提供的联系方式与研究者取得联系，或者现场报名。有 8 名翻译专业本科生、7 名翻译硕士生、10 名职业译者报名参加该研究，均符合上述被试选择的条件。但通过对本研究的进一步了解，有 4 名职业译者最终未能参加，其中 2 名译者因为所承担的翻译项目任务较重而没有足够时间，另外 2 名译者则是因为翻译的同时需要口述思维过程，不符合其常规的工作方式，加之实验过程程序烦琐，最终放弃参与本研究。参与本研究的 15 名翻译专业学生均来自于南开大学外国语学院。

## 第五节 实验材料

翻译测试材料：本研究选取英语和汉语短文各一篇，作为实验用翻译测试材料。这两篇短文节选自 2005 年由北京大学出版社出版、樊晋宁和李莉主编的《计算机专业英语教程》，内容略有改动。对翻译测试材料的选取，主要基于以下几点考虑：①两篇短文包含足够的术语问题，每篇各有 25 个主要术语，共 50 个，术语的难度有大有小，这就保证了翻译过程中术语问题的全面性；②两篇短文难度适中，不存在晦涩难懂的语句，英语短文长度为 177 个单词，汉语短文长度为 337 个字，所含信息量大体相当；③两篇短文的内容均为有关计算机领域知识的介绍性文字，由于计算机在现代社会的普及，人们或多或少都具有一些计算机知识，这就保证了各组被试不会因所涉专业内容过于艰涩而放弃翻译任务。

翻译工具：实验过程中，被试需要使用电脑完成翻译任务。根据个人习惯和喜好，被试可以选择使用自己的个人电脑，或者由研究者所提供的电脑。电脑需装有 Windows 操作系统，以及 Microsoft Word 文字处理软件，版本可以由被试根据习惯进行选择；还需安装 BB FlashBack Express 软件，用以记录被试的键盘操作和屏幕录制。根据被试需要，还可以安装一些其他翻译常用软件。

## 第六节　数据收集与分析

### 一、测量工具

本研究采用不同测量工具收集翻译过程和翻译产品数据，以便应用多元数据验证法对数据进行分析。

1）译文质量评价标准：本研究所采用的译文质量评价方法在恩里克斯·莱多（Enríquez Raído，2011）的评价方法基础上修改而成，见表 4.2。

**表 4.2　译文质量评价标准**

| 错误类型 | 错误描述 | 重要错误 | 次要错误 | 奖励加分 |
| --- | --- | --- | --- | --- |
| 错译 | 由于缺乏专业知识和对原文的错误理解而导致的译文表意错误 | | | |
| 准确性 | 无故省略、增加术语；漏译；表意不够准确；对翻译说明和译文功能的偏离 | | | |
| 术语 | 术语译名的错误使用；术语译名不够规范；对缩略语处理失当；术语使用上下文不统一 | | | |
| 语言 | 拼写错误；打字错误；语法或句法错误；标点使用错误；词语搭配不当 | | | |
| 风格 | 语体使用不当；句子冗长、不通顺 | | | |
| 格式 | 格式排版错误；字体设置不统一 | | | |
| 小计 | | | | |
| 得分 | | | | |

在该表中，译文中的错误类型分为错译、准确性、术语、语言、风格、格式等六个方面。根据错误的严重程度，每种错误类型又可分为重要错误和次要错误，前者每处减 2 分，后者每处减 1 分，满分为 100 分。针对译文中对翻译问题处理的优异表现，每处奖励 1 分。为避免评分过程的过度主观性，

由两位评分员仔细了解评分标准后，再为每位译者确定译文得分。

2）文本采点：主要关注两篇文章中各 25 个主要术语的翻译过程，并对术语译文分别进行评分。术语翻译结果按质量可分为三个等级：①完全可接受（2 分），即表达正确，译名规范，能够完全传达原文意义；②部分可接受（1 分），即表达部分正确，译名有失规范，但能够传达原文意义；③不可接受（0 分），即表达有误，译名错误，不能够传达原文意义。同样，为避免评分过程的过度主观性，由两位评分员仔细了解评分标准后，再为每位译者的术语翻译评分。

3）个人背景信息问卷：主要用于获取被试的个人信息，如年龄、所在年级、翻译工作年限、翻译工作量、所擅长领域等。

4）翻译过程记录：利用有声思维法，要求被试翻译时口述出其思维过程，使用 BB FlashBack Express 软件对翻译过程进行录音，记录被试的键盘按键和屏幕操作。

5）后续访谈：问询被试在翻译过程中遇到的问题和解决方法，用于补充和验证通过问卷获取的信息和数据。此外，访谈还涉及术语翻译的一些相关问题。

## 二、屏幕录制软件简介

BB FlashBack Express 是一款由蓝莓软件公司（Blueberry Software）开发的屏幕录制软件，不仅可以将用户在计算机屏幕上的所有操作录制下来，还可以记录用户在操作过程中所发出的声音和所有键盘操作，包括添加、删除、修改、快捷键操作，以及光标的活动和鼠标的点击。与经常被研究者用于记录翻译过程键盘操作的软件 Translog 相比，BB FlashBack Express 可以记录计算机屏幕上的所有操作行为，不仅包括译者在各种文本编辑软件中的操作，还包括译者对词典软件、互联网搜索引擎及其他资源的使用过程，而 Translog 只能记录在其软件本身的编辑窗口中的键盘操作行为，译者在翻译过程中在此编辑窗口之外的操作行为将无法被记录。使用 Translog 对翻译过程进行录制时，译者需要在其软件提供的窗口中进行翻译，而使用 BB FlashBack Express 录制翻译过程时，该软件的操作窗口可以最小化至电脑屏幕的右下角，将软件对译者的干扰降到了最低，译者完全可以像自己的平常工作状态一样进行翻译，从而有效保证了实验环境的生态效度。另外，Translog 只是对被试的键盘操作行为进行记录，而 BB FlashBack Express 除了记录键盘操作，还可以进行屏幕录制，以及对翻译过程进行录音和录像。BB FlashBack Express 的另一个优点就是体积小，占用较少的电脑磁盘空间。

由 BB FlashBack Express 录制生成的视频文件可以在该软件所提供的播放器中进行播放，也可以转化为其他常见的视频格式（如 Flash、AVI、WMV 等），以便在其他播放器中播放。该软件的键盘操作记录文件，不仅可以在该软件的播放器中进行查看，也可以通过 Export 功能将其导出为单独的文件，导出文件可以支持 xml、rtf、txt 三种格式。键盘操作记录的显示格式有 Raw 和 Sentence 两种模式。

可见，在 Raw 模式下，被试每次击键都显示时间，这样有助于有声思维数据转写时的准确时间定位，而在 Sentence 模式下，被试的击键记录被显示为有意义的句段，这样有利于翻译单位的研究。本研究将使用该软件录制被试翻译时的屏幕和键盘操作，对被试的翻译过程进行录音，但不使用录像功能，以避免使被试产生被监视的感觉而损害实验环境的生态效度。

## 三、有声思维数据的转写与处理

正式实验完成后会生成 30 份翻译过程的视频文件，这些视频文件中包含被试的有声思维录音、键盘操作记录、翻译过程屏幕操作的全过程。首先，需要将有声思维录音转写为书面文本，把被试所说的话全部转写出来。转写的同时，需要在键盘记录日志的辅助下，准确记录翻译的各个阶段的起止时间和每个术语翻译的起止时间。初次转写完成后，需要再次对转写内容进行认真校对，确保内容准确无误。

下一步就是使用 Excel 表格处理两篇原文所选出的 25 个术语的翻译过程相关信息。按照在原文中的出现顺序对术语进行编号，根据翻译过程的视频文件和有声思维的文本内容，将各个术语的相关信息填入相应的表格内，包括各个术语翻译的起止时间、所对应的有声思维的内容、词典检索的类型及检索词、搜索引擎的类型及检索词、所参考过的网页、最终译名等内容。然后，计算各位被试翻译每个术语所用时间和翻译 25 个术语所用总时间，并统计词典检索的类型和次数及检索词、搜索引擎的使用次数及检索词，以及所参考过的网页。最后根据有声思维内容和翻译过程视频，确定译者翻译每个术语时所采用的认知支持（cognitive support）类型。

如前所述，PACTE 研究小组（2005）将译者决策的认知支持类型划分为 SIS、DIS、IS-ES、DES、SES 等五种类型。根据本研究的实际情况，对该分类进行如下改进。

1）SIS：译者未进行任何文献检索，直接根据自己的现有知识确定术语的译名。

2）DIS：译者进行了复杂的文献检索，但未能从中获取到满意的术语译名，译者根据现有知识确定最终答案。根据文献检索的复杂程度，该类型可以进一步细分为以下三类。

①DIS-Ⅰ：所涉文献检索一般涉及双语词典，以及词典例句的分析。

②DIS-Ⅱ：所涉文献检索涉及双语词典、单语词典、词典例句、搜索引擎检索，以及其他较为复杂的互联网资源等的配合使用。

③DIS-Ⅲ：所涉文献检索涉及双语词典、单语词典、词典例句、搜索引擎检索，以及其他非常复杂的互联网资源等的配合使用。

3）IS-ES：术语翻译的最终答案为译者根据现有知识和文献检索的共同结果。根据文献检索的复杂程度，该类型可以进一步细分为以下三类。

①IS-ES-Ⅰ：所涉文献检索一般涉及双语词典，以及词典例句的分析。

②IS-ES-Ⅱ：所涉文献检索涉及双语词典、单语词典、词典例句、搜索引擎检索，以及其他较为复杂的互联网资源等的配合使用。

③IS-ES-Ⅲ：所涉文献检索涉及双语词典、单语词典、词典例句、搜索引擎检索，以及其他非常复杂的互联网资源等的配合使用。

4）DES：译者进行了复杂的文献检索，从中获取到满意的术语译名，将其确定为术语翻译的最终答案。根据文献检索的复杂程度，该类型可以进一步细分为以下三类。

①DES-Ⅰ：所涉文献检索一般涉及双语词典，以及词典例句的分析。

②DES-Ⅱ：所涉文献检索涉及双语词典、单语词典、词典例句、搜索引擎检索，以及其他较为复杂的互联网资源等的配合使用。

③DES-Ⅲ：所涉文献检索涉及双语词典、单语词典、词典例句、搜索引擎检索，以及其他非常复杂的互联网资源等的配合使用。

5）SES：译者仅仅使用双语词典或者屏幕取词的检索方式，未进行充分的分析，而直接将检索结果确定为最终答案。

## 四、数据分析方法

本研究将收集到不同来源的多种数据，包括关于被试翻译思维过程的有声思维数据、被试翻译过程的全程屏幕录像、被试的键盘操作记录日志、被试的个人背景信息、后续访谈数据、翻译过程的各种时间数据、最终译文及其质量数据、术语翻译质量数据、被试在原文中所识别出的术语、词典检索的类型及次数、词典检索词、搜索引擎的类型及次数、检索词、被试所参考的网页类型、有关术语翻译认知支持类型的数据等。这些丰富的数据为研究被试的翻译过程，尤其为被试在翻译过程中的术语能力表现提供了充分的证据。上述数据中，既包含定量数据，如各类时间数据、译文质量数据、术语翻译质量数据、词典检索次数、网络检索次数等等，也包含大量的定性数据，如有声思维数据、访谈数据、屏幕录像等。鉴于所得数据的特点，本研究将使用定量与定性相结合的数据分析方法。

定量数据分析方法将主要被用来统计三组被试的翻译所用总时间、翻译过程各阶段所用时间及所占总时间的百分比、术语翻译所用时间及所占总时间的百分比、译文的质量、术语翻译的质量、译者词典检索的类型及次数、译者所用搜索引擎的类型及次数、术语翻译认知支持的类型及次数等可量化的数据。所统计内容包括各被试的个人数据值和三组被试的总体水平和平均值。

定性数据分析方法则主要被用来分析被试的有声思维内容、后续访谈内容、难以量化的屏幕操作过程等。有声思维内容为本实验所提供的重要数据，为研究译者的思维过程提供了间接证据。后续访谈所提供的定性数据反映了有声思维和屏幕录制软件对被试翻译过程的影响、翻译中所遇到的难题、日常翻译工作中术语处理的方法、术语翻译所应具备的技能及应注意的问题等。屏幕操作过程所反映出的数据则有被试使用词典的方法、检索结果的查阅方式、鼠标和光标的移动等。屏幕录像还可以为被试有声思维的停顿处提供有效补充。

## 第七节　实 验 程 序

整个实验过程分为实验准备、先导实验和正式实验，这三个主要阶段依次实施。实验准备主要按照制定的标准招募被试，并确定各位被试进行翻译任务的场所；先导实验根据实验设计，进行完整的实验过程，发现其中出现的问题，对实验设计进行修订；正式实验则按照修订后的实验设计，正式实施有声思维翻译实验，收集相关数据，用于译者术语能力研究。

### 一、实验准备

#### （一）被试招募

研究者通过翻译论坛、翻译 QQ 群或直接去班级教室等形式，发布合作译员招募信息，说明本研究的目的和意义，以及参加者应完成的实验任务。本着自愿参加的原则，让报名者填写个人信息问卷，保证所选被试符合上述选择标准，从中选择符合要求的被试。因为实验所用翻译原文为计算机领域相关的两篇文本，为了防止参与者在专业领域知识方面具有较大差异，研究者要求参与者不能是精通计算机专业领域的译员，否则被试在翻译过程中将无须进行文献检索而可以直接得出术语对应译名，这样就会影响本实验结果的有效性。通过资格筛选，研究者从报名的译员中最终确定了 8 名翻译专业本科生、7 名翻译硕士生、10 名职业译者符合本实验对被试的要求，但通过进一步了解，4 名职业译者由于工作时间有限或不习惯有声思维的翻译方式而放弃参与本研究。

#### （二）实验场所

被试可以选择在自己平常翻译工作的地点，使用自己的电脑完成本次实验任务，也可以选择到研究者安排的地点，使用研究者提供的电脑完成本次翻译任务。为了保证本次实验环境的生态效度，尽量鼓励被试在自己平常翻译工作的地点，使用自己的电脑完成本次实验任务，这样可以避免被试因对工作环境的陌生和对电脑及其软件操作的不熟悉，而难以发挥出正常翻译水平。最终，21 名参与者均选择在自己熟悉的工作场所使用自己的电脑完成本实验所设计的两次翻译任务。

## 二、先导实验

### （一）实验目的

先导实验的目的在于对拟采用的方法、材料、过程进行测试，并发现实验中潜在的问题，从而进行实验设计上的改良，避免类似错误在正式实验中再次出现，以保证最终所得结果的正确性和有效性。根据本实验的设计，被试翻译时需要通过有声思维口述出自己的思维过程，同时使用 BB FlashBack Express 软件对其口述进行录音，对其屏幕操作进行录制。翻译完成后，被试需要将其认为是术语的词语及难翻译的术语在原文中标出，最后接受研究者的访谈。这一实验过程相当烦琐，涉及许多细节问题，因此有必要通过先导实验，对该实验设计进行检验，旨在发现实验过程中潜在的问题，从而对正式实验的实验设计进行调整，并加以注意，避免类似问题的出现，保证实验的顺利进行和最终数据的有效性。

为了保证正式实验中各组参与人数相等，研究者从本科组选择了 3 名被试（a、b、c）、从硕士组选择了 2 名被试（d、e）、从职业组选择了 1 名被试（f）参与先导实验。这样，其余参与正式实验的各组被试人数均为 5 名，有利于各组实验结果之间的对比分析。参与先导实验的 6 名被试的个人背景信息如表 4.3 所示。

**表 4.3　参与先导实验的 6 名被试的个人背景信息**

| 被试 | 组别 | 年龄 | 教育水平 | 翻译年限 | 翻译字数/万 | 擅长领域 | 翻译软件使用频率 |
|---|---|---|---|---|---|---|---|
| 被试 a | 本科 | 20 | 翻译本科三年级 | 0 | 1 | 新闻 | 从不 |
| 被试 b | 本科 | 21 | 翻译本科三年级 | 0 | 0.6 | 无 | 从不 |
| 被试 c | 本科 | 21 | 翻译本科三年级 | 1 | 1.5 | 文学 | 很少 |

续表

| 被试 | 组别 | 年龄 | 教育水平 | 翻译年限 | 翻译字数/万 | 擅长领域 | 翻译软件使用频率 |
|---|---|---|---|---|---|---|---|
| 被试 d | 硕士 | 22 | 翻译硕士一年级 | 1 | 3 | 文学、政治 | 一般 |
| 被试 e | 硕士 | 25 | 翻译硕士一年级 | 1 | 5 | 金融、政治 | 从不 |
| 被试 f | 职业 | 37 | 英语专业硕士 | 8 | 300 | 科技、文学 | 经常 |

## （二）实验过程

首先，需要对参与先导实验的 6 名被试分别进行实验培训。培训内容包括有声思维的概念及操作方法、BB FlashBack Express 软件的参数设置和操作使用、本次实验的流程说明。被试均选择在自己的日常工作场所，使用自己的电脑完成本次实验的翻译任务，因此，研究者需要协助被试将 BB FlashBack Express 软件安装到电脑上，并进行软件调试和试用，保证被试能够熟练掌握该软件的操作，以防实验过程中因软件的错误操作而导致实验失败。然后，研究者需向被试介绍什么是有声思维、如何使用有声思维口述翻译思维过程，以及有关注意事项。在培训阶段，研究者向被试提供两篇翻译练习材料，英汉语材料各一篇。

因使用有声思维进行翻译不是被试翻译工作的常态，被试开始时可能会感觉不习惯，因此口述出的内容也比较有限，难以反映完整的思维过程。这两篇培训原文用于让被试熟悉有声思维翻译方式和正式翻译任务时的操作流程。为确保录屏软件能够将被试的整个翻译过程全部录制下来，需要被试在打开原文之前先打开录屏软件以及录屏软件的录音功能，软件的屏幕录制范围设置为 full screen（全屏）。通过这两篇培训原文的练习后，如果被试的有声思维达到了较为满意的状态，则可开始正式翻译任务；如果被试仍旧不能习惯有声思维翻译方式，口述出的内容过少，研究者则备有另外几篇培训原文继续对被试进行有声思维培训，直至达到满意效果为止。

实验培训完成后，被试开始进行正式实验阶段的翻译任务，其程序与培训阶段的操作程序相同，两次翻译任务之间给出足够的休息时间。翻译任务完成后，被试需要点击录屏软件的停止按钮停止录制，并将生成的视频文件保存下来。被试还需要在原文中将其认为是术语的词语用红色字体标出，将翻译起来有难度的术语用黄色突出背景字体标出，然后将生成的两个视频文件以及最后的译文交付给研究者。最后，研究者就这两次翻译任务的相关方面以及日常翻译工作中的术语翻译情况对被试进行访谈提问。先导实验阶段共收集到 12 段视频，其时间长度如表 4.4 所示。

**表 4.4 先导实验阶段所收集到的 12 段视频的时间长度**（单位：分:秒）

| 被试 | 英译汉 | 汉译英 |
|---|---|---|
| 被试 a | 36:32 | 42:48 |
| 被试 b | 45:02 | 24:18 |
| 被试 c | 31:48 | 27:49 |
| 被试 d | 38:55 | 37:25 |
| 被试 e | 35:39 | 43:13 |
| 被试 f | 27:35 | 35:28 |

### （三）潜在问题

通过上述 6 名被试在先导实验阶段的表现，研究者发现实验过程中存在以下问题。

1）由于有声思维翻译方式不是被试翻译工作的日常状态，虽然被试经过了实验培训，但随着翻译时间的增加，仍有被试的有声思维意识开始减弱，逐渐回归到日常翻译工作状态，导致有声思维量逐渐减少，不能完整反映被试的翻译思维过程。

2）在翻译过程中，有的被试在阅读原文时，没有进行有声思维报告。阅读原文也是译者思维过程的一部分，因此被试也需要口述出来。在进行词典或者互联网资源查询时，有的被试的有声思维量相对较少，这样不利于完整反映其文献检索的思维过程。

3）在日常翻译时，被试 d 和被试 f 有使用机器翻译的习惯，即先使用互联网提供的在线翻译对原文进行预处理，然后再比对原文修改机译译文。本研究主要关注译者如何使用各种工具资源处理术语翻译问题，若使用在线翻译，译者则倾向于使用机译所提供的译名而不做更多的查询确认。况且，其他大部分被试没有使用在线翻译处理原文，这样就会导致本研究变量的增加。

因此，本实验不提倡被试使用机器翻译。在培训阶段，研究者就发现这两名被试有使用在线翻译的习惯，并建议他们尽量不使用在线翻译。在进行正式翻译任务时，这两名被试没有使用在线翻译对原文进行预处理，但是却逐句使用在线翻译获取译文，然后对其修改。

4）被试 a 的英汉翻译任务是在没有互联网的状态下完成的，翻译过程中仅使用了自己电脑上所安装的词典软件。因为词典软件大多都是即时从互联网上获得各种信息显示到词典查询界面中，这样一来该被试只能参考该词典所提供的双语词典中译名的简单结果，而无法获取到与词条相关的例句、百科知识等相关信息。这样也会导致本研究变量的增加。

5）因为被试均选择在自己日常的工作场所，使用自己的个人电脑完成翻译任务，这样做有效保证了实验环境的生态效度，所得实验结果能够真实反映被试的正常工作状态。为了减少研究者对被试的干扰，被试需要自己使用录屏软件对翻译过程进行记录。个别被试对该软件的屏幕录制范围未设置为 full screen，导致实验过程所生成的视频仅录到了部分屏幕，被试的有些操作行为未在录制范围之内。此外，个别被试所应用的操作系统为 Windows 7，录屏软件与该版本操作系统的兼容性欠佳，导致视频文件中个别地方出现画面停滞现象。

为应对先导实验中出现的上述 5 个问题，研究者需要对实验设计进行相应调整和完善，以保证正式实验能够顺利进行。

## 三、正式实验

### （一）实验目的

正式实验是译者术语能力实证研究的主体部分，目的在于通过实验方法对比具有不同翻译经验的三组被试在翻译过程中术语能力的表现差异，探讨三组被试在术语翻译效率、术语翻译决策、工具资源使用、术语翻译认知四个维度上的特征，即解答本章一开始提出的研究问题。实验将采用多元数据验证法，汇总各种数据，对被试在翻译过程中的术语能力表现进行重点分析，进而得出启示，完善译者术语能力的初步模型，构建术语翻译过程的工作模型，并探讨译者术语能力的培养模式。

参与正式实验阶段的被试人数共有 15 名，本科组、硕士组、职业组各 5 名。为了叙述方便，研究者对这 15 名被试进行了编号：本科组的 5 名被试编号分别为被试 1—5；硕士组的 5 名被试编号分别为被试 6—10；职业组的 5 名被试编号分别为被试 11—15。15 名被试的个人背景信息如表 4.5 所示。

**表 4.5　参与正式实验的 15 名被试的个人背景信息统计**

| 被试 | 组别 | 年龄 | 教育水平 | 翻译年限 | 翻译字数/万 | 擅长领域 | 翻译软件使用频次 | 领域熟悉程度 |
|---|---|---|---|---|---|---|---|---|
| 被试 1 | 本科 | 20 | 翻译本科三年级 | 0 | 1 | 政治 | 很少 | 陌生 |
| 被试 2 | 本科 | 19 | 翻译本科三年级 | 0 | 0 | 无 | 很少 | 陌生 |
| 被试 3 | 本科 | 22 | 翻译本科三年级 | 0 | 0 | 政治、历史 | 从不 | 很陌生 |
| 被试 4 | 本科 | 21 | 翻译本科三年级 | 0 | 0 | 文化、历史 | 很少 | 一般 |
| 被试 5 | 本科 | 21 | 翻译本科三年级 | 0 | 0 | 金融 | 很少 | 很陌生 |
| 被试 6 | 硕士 | 22 | 翻译硕士一年级 | 1 | 3 | 文化 | 从不 | 陌生 |
| 被试 7 | 硕士 | 22 | 翻译硕士一年级 | 1 | 5 | 文化、教育 | 从不 | 一般 |
| 被试 8 | 硕士 | 22 | 翻译硕士一年级 | 1 | 3 | 商务、文学 | 偶尔 | 一般 |
| 被试 9 | 硕士 | 24 | 翻译硕士一年级 | 2 | 10 | 电影字幕 | 很少 | 一般 |
| 被试 10 | 硕士 | 23 | 翻译硕士一年级 | 1 | 5—8 | 文学、经济 | 偶尔 | 一般 |
| 被试 11 | 职业 | 36 | 英语专业本科 | 5 | 300 | 机械、法律文书、通识 | 经常 | 一般 |
| 被试 12 | 职业 | 39 | 英语专业本科 | 9 | 100 | 经贸、食品、文学 | 经常 | 一般 |
| 被试 13 | 职业 | 35 | 英语专业硕士 | 6 | 300 | 机械、医药、科普 | 偶尔 | 一般 |
| 被试 14 | 职业 | 36 | 翻译硕士 | 10 | 130 | 通识 | 很少 | 陌生 |
| 被试 15 | 职业 | 30 | 英语专业硕士 | 3 | 60 | 文学 | 偶尔 | 陌生 |

从表 4.5 中可以看出，本科组被试的平均年龄为 20.6 岁，翻译工作年限全部为 0 年，翻译字数都在 1 万字以内，所擅长的翻译领域为政治、文化、历史、金融，因为该组被试较少具备实际从事翻译工作的经验，所以这些领域多为高校翻译教学中经常涉及的领域。他们基本上很少使用翻译软件，对计算机领域文本翻译的熟悉程度为很陌生、陌生或一般。硕士组被试的平均年龄为 22.6 岁，其翻译经验年限为 1—2 年，翻译字数为 3 万—10 万，所擅

长的翻译领域为文化、教育、文学、商务、经济、电影字幕，其中多数领域为高校翻译教学中经常涉及的领域，对翻译软件的使用为从不、很少或偶尔，对计算机领域文本翻译的熟悉程度为一般或陌生。职业组被试的平均年龄为35.2岁，其翻译经验年限为3—10年，翻译量为60万—300万字，所擅长的翻译领域为机械、法律文书、医药、经贸、食品、科普、通识、文学多个领域，只有1名被试表示很少使用翻译软件，其他4名偶尔或经常使用，他们对计算机领域文本翻译的熟悉程度为一般或陌生。可见，上述15名被试中没有人特别擅长计算机领域的文本翻译，各组被试的资格条件均符合实验要求。

### （二）实验过程

根据先导实验中发现的问题，修正正式实验的实验设计，主要体现在实验培训阶段。正式实验的流程同先导实验阶段的流程一样，研究者先对15名被试分别进行实验培训。除了先导实验阶段的做法以外，研究者还根据先导实验中发现的问题，对实验培训的设计进行了如下调整和补充。

1）为避免随着翻译实践的增加，被试的有声思维意识减弱而导致有声思维量的减少，研究者要求被试在培训过程中加强有声思维意识，尽可能完整地将自己的思维过程口述出来。

2）在翻译过程中，即使是在默读原文，被试也需要用有声思维体现出来。另外，被试还应注意进行词典或者网络资源检索时的有声思维，所遵循的基本原则是尽可能完整地将自己的思维过程口述出来。

3）为了保证实验所得数据能够充分体现译者的术语能力，研究者要求被试不能使用机器翻译对原文进行预处理，也不能采用逐句使用机器翻译而后修改译文的方式。

4）被试可以使用除翻译软件或机器翻译之外的任何计算机工具进行翻译，包括词典软件、搜索引擎、网络百科等，并保证翻译过程中互联网连接的畅通。

5）在正式翻译开始之前，被试应确认将录屏软件的屏幕录制范围设置为full screen，以及确保其他参数设置无误。针对录屏软件与操作系统兼容性欠佳的问题，被试应对软件进行反复测试，直至所生成的视频文件的画面能够较为流畅地反映翻译过程。

实验培训阶段完成后，且各被试的有声思维情况达到了满意的状态，然后进入正式翻译阶段，流程同上述先导实验阶段。翻译完成后，被试需要在原文中将其认为是术语的词语用红色字体标出，并将其翻译起来有难度的术语用黄色突出背景字体标出。然后，被试将生成的两个视频文件以及最后的译文交付给研究者。最后，研究者就这两次翻译任务的相关方面以及日常翻译工作中的术语翻译情况对被试进行访谈。正式实验阶段共收集到 30 段视频，所有被试的有声思维情况良好，均为有效数据，其时间长度见表 4.6。

**表 4.6　正式实验阶段所收集到的 30 段视频的时间长度**（单位：分:秒）

| 被试 | 英译汉 | 汉译英 |
|---|---|---|
| 被试 1 | 20:17 | 34:04 |
| 被试 2 | 50:23 | 53:46 |
| 被试 3 | 31:14 | 34:00 |
| 被试 4 | 20:41 | 25:31 |
| 被试 5 | 31:50 | 31:46 |
| 被试 6 | 46:47 | 67:30 |
| 被试 7 | 50:12 | 49:40 |
| 被试 8 | 51:51 | 51:12 |
| 被试 9 | 56:19 | 44:29 |
| 被试 10 | 52:27 | 45:39 |
| 被试 11 | 44:35 | 45:54 |
| 被试 12 | 34:20 | 27:04 |
| 被试 13 | 50:02 | 53:22 |
| 被试 14 | 41:23 | 42:10 |
| 被试 15 | 40:09 | 39:42 |

研究者须按照规范将这 30 段视频转写为书面文本，并计算和统计各种相关数据，通过定量与定性两种数据分析相结合的方法对实验所得数据进行综合分析。实验结果将在下一章进行详细分析与讨论。

# 本章小结

通过翻译过程实证研究，考察译者的术语翻译行为，有助于加深我们对译者术语能力的认识。明确的实验方法和设计能够保障实验提供的研究数据有效，这是科学研究顺利实施的有力保障。本研究旨在考察具有不同翻译经验的三组被试的术语翻译表现，从而总结其术语能力特征。因此，译者术语能力实证研究的总研究问题就是发现三组被试的术语能力特征，从术语翻译效率、术语翻译决策、工具资源使用、术语翻译认知四个维度具体考察。本研究使用有声思维法、问卷法、访谈法、屏幕录制与键盘记录法、文本分析法等方法收集相关数据，并采用多元数据验证法，汇总实验所得各种来源的数据，对译者术语能力展开深入研究。选取三组不同翻译经验的被试，其目的在于观察不同阶段译者的术语能力特征，从而在翻译教学中实施有针对性的教学对策。实验所用翻译材料涉及英汉语原文各一篇，长度和难度适中，并包含了足够的术语问题。本研究用于数据收集的工具有译文质量评价标准、文本采点、问卷、翻译过程记录、访谈等，保证了数据的丰富性。根据所得实际数据的具体情况，本研究将综合运用定量和定性的数据分析方法。

根据确定的实验设计，本研究首先选择 6 位被试进行先导实验，目的在于对实验中拟采用的方法、翻译材料、程序进行测试，发现实际过程中存在的问题，以便改良实验设计，避免类似问题在正式实验中再次出现，保证最终实验结果的正确性和有效性。通过先导实验，发现实验过程中确实存在一些问题，表现为有声思维内容不够完整、被试使用机器翻译、网络连接不畅、录屏软件设置不当等。针对这些问题，研究者对实验设计进行了适当调整，避免问题的再次发生，进而实施正式实验，收集相关数据。

# 第五章

# 译者术语能力的实证研究：结果与讨论

本章将汇总译者术语能力实证研究所收集到的不同来源的各种数据，从术语翻译效率、术语翻译决策、工具资源使用、术语翻译认知四个维度对实验数据进行定量与定性分析，探讨三组被试的术语能力表现的共性与个性特征，进而总结归纳出各组被试的术语能力的基本特征。按照具体情况，定量分析的结果将以被试个人、小组、总体三个不同层面进行展示和报告，定量数据分析的内容包括求和、平均数、百分比等，展示形式包括表格、直方图、散点图等。定性分析主要用于分析被试的术语翻译决策、工具资源使用、术语翻译认知三个维度中难以量化的数据。

## 第一节　术语翻译效率

在本研究中，译者的翻译努力的主要体现就是翻译过程所用时间。本节将分别研究三组被试的翻译过程效率、翻译过程的时间分配、术语翻译时间与质量的关系。

### 一、翻译过程效率

翻译过程效率可以定义为在翻译过程中译者所付出的翻译努力与译文质量之间的关系。本小节将探讨三组被试在以下两个方面是否存在具有规律性的差异：

1）翻译过程所用总时间；

2）译文质量。

翻译过程所用总时间是否会随着翻译经验的增加而减少？译文质量是否会随着译者翻译经验的增加而提高？翻译过程所用总时间和译文质量之间是否存在规律性的关系？

翻译过程所用总时间指被试从打开含有原文的文档并开始阅读原文到最后经过修订确认译文无误并停止翻译过程之间的时间跨度。翻译过程的录制和操作由被试自己控制。从被试点击录制软件的开始按钮到被试打开原文文档之间有一段较短的时间差，因此，翻译过程所用总时间要略小于所得视频文件的时间长度。

## （一）英汉翻译过程

本实验三组被试的英汉翻译过程所用总时间，如图 5.1 所示。

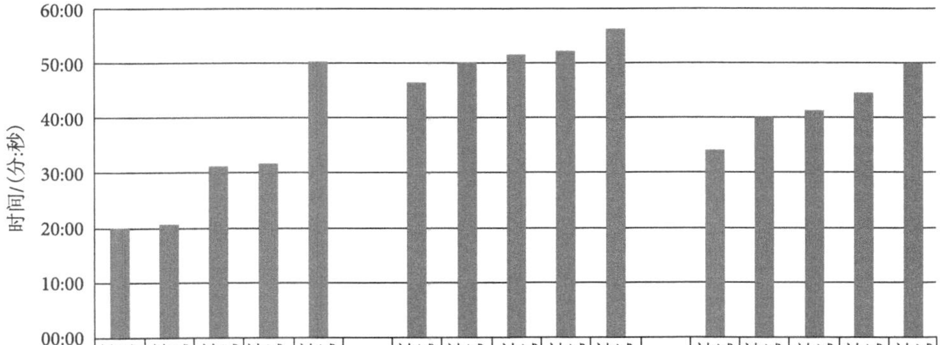


| | 被试1 | 被试4 | 被试3 | 被试5 | 被试2 | | 被试6 | 被试7 | 被试8 | 被试10 | 被试9 | | 被试12 | 被试15 | 被试14 | 被试11 | 被试13 |
|---|---|---|---|---|---|---|---|---|---|---|---|---|---|---|---|---|---|
| ■总时间/(分:秒) | 19:56 | 20:40 | 31:13 | 31:39 | 50:22 | | 46:37 | 50:10 | 51:45 | 52:23 | 56:18 | | 34:19 | 40:08 | 41:22 | 44:34 | 50:02 |

图 5.1　英汉翻译过程各被试所用总时间

从上述结果可以看到，本科组各被试间的差别最大，所用时间最少的为被试 1，最多的为被试 2，相差 30 分 26 秒；硕士组各被试间的差别最小，所用时间最少的为被试 6，最多的为被试 9，相差 9 分 41 秒；职业组各被试间的差别较小，所用时间最少的为被试 12，最多的为被试 13，相差 15 分 43 秒。在 15 名被试中，所用时间最长的为硕士组的被试 9，最短的为本科组的被试 1，相差 36 分 22 秒。

三组被试英汉翻译过程所用总时间的平均值，如图 5.2 所示。

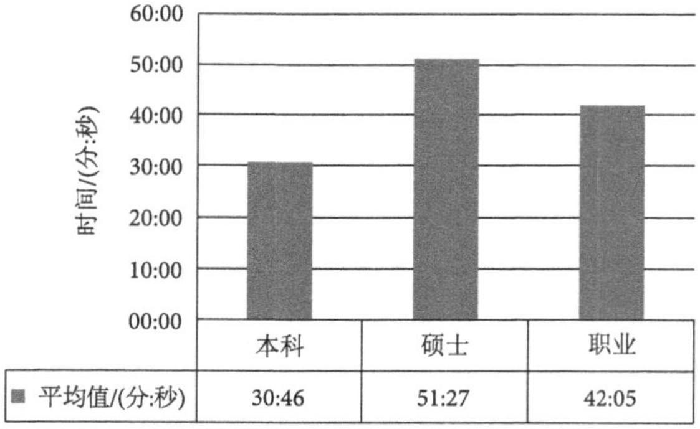


图 5.2　三组被试英汉翻译过程所用总时间的平均值

由图 5.2 可知，在英汉翻译过程中，本科组所用时间的平均值最小，硕士组所用时间的平均值最大。从总体上来看，翻译所用时间随着翻译经验的增加而减少的假设不成立，而是随着翻译经验的增加，翻译所用时间总体呈现先升后降，但存在一定的个体差异。

根据第四章中确定的译文质量评价标准和评分程序，三组被试英译汉译文的得分情况如图 5.3 所示。

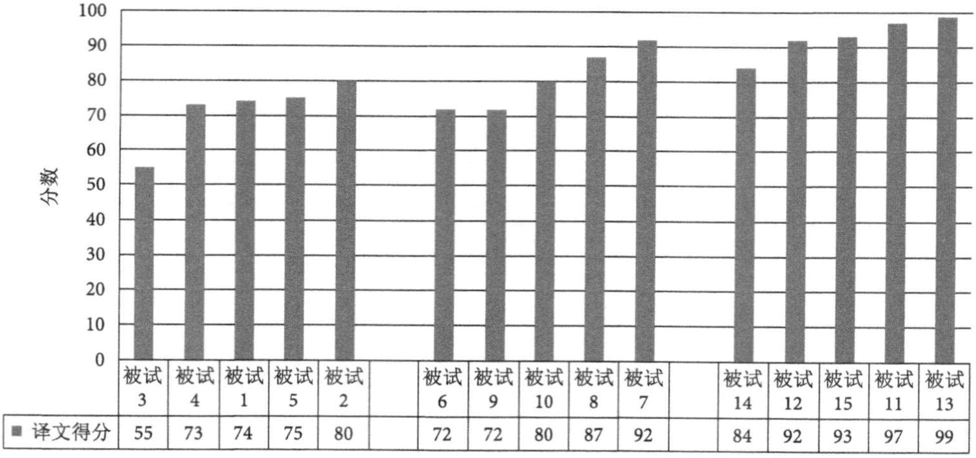


图 5.3　三组被试英译汉译文的得分统计

根据图 5.3 可知，关于英译汉译文的质量，本科组各被试间的差异很大，得分最低的为被试 3，得分最高的为被试 2，相差 25 分；硕士组各被试间的差异较小，得分最低的为被试 6，得分最高的为被试 7，相差 20 分；职业组各被试间的差异最小，得分最低的为被试 14，得分最高的为被试 13，相差 15 分。在这 15 名被试中，得分最低的为本科组的被试 3，得分最高的为职业组的被试 13，相差 44 分。

三组被试英译汉译文质量的平均得分如图 5.4 所示。

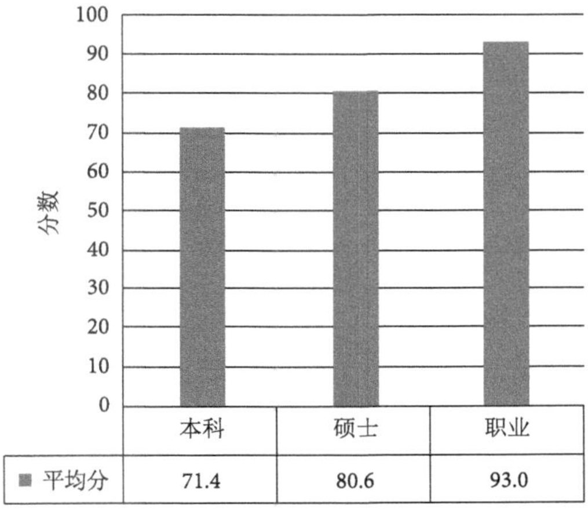


图 5.4　三组被试英译汉译文质量的平均分

可见，关于英译汉译文质量的得分，本科组的平均分低于硕士组，硕士组的平均分低于职业组。总体上来看，英译汉译文的质量会随着翻译经验的增加而提高，但在个体层面上，存在一定差异。例如，职业组的最低分被试 14 低于硕士组的被试 7 和被试 8。

英汉翻译过程所用总时间和译文质量的关系如图 5.5 所示。

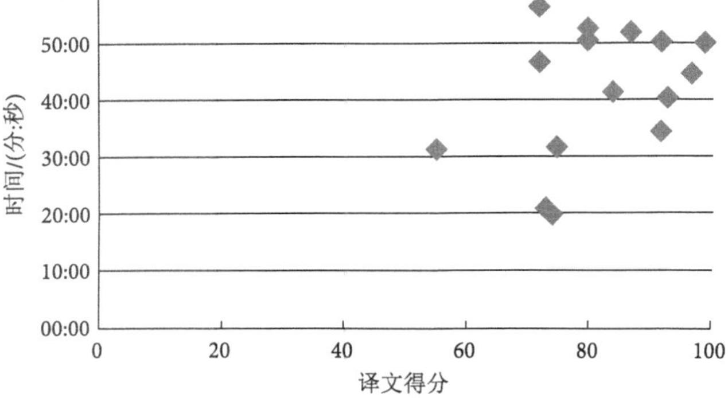


图 5.5　英汉翻译过程所用总时间与译文质量的散点图

由图 5.5 可知，英汉翻译过程所用总时间和译文质量两者之间有一定的关联。

从总体上来看，本科组的得分最低，所用时间最少；职业组得分最高，所用时间居中；硕士组得分居中，所用时间最多。随着翻译经验的增加，译文质量会不断提升，翻译过程所用时间总体呈现先升后降，但存在一定的个体差异。

### （二）汉英翻译过程

本实验三组被试汉英翻译过程所用总时间如图 5.6 所示。

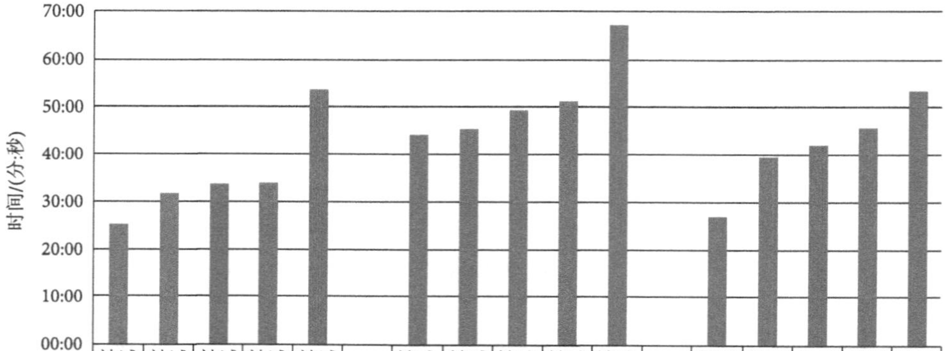


| | 被试4 | 被试5 | 被试3 | 被试1 | 被试2 | 被试9 | 被试10 | 被试7 | 被试8 | 被试6 | 被试12 | 被试15 | 被试14 | 被试11 | 被试13 |
|---|---|---|---|---|---|---|---|---|---|---|---|---|---|---|---|
| ■总时间/(分:秒) | 25:10 | 31:45 | 33:43 | 33:56 | 53:45 | 44:24 | 45:29 | 49:27 | 51:11 | 67:18 | 27:02 | 39:39 | 42:06 | 45:50 | 53:20 |

图 5.6　汉英翻译过程各被试所用总时间

从上述结果分析中可以看到，本科组各被试间的差别最大，所用时间最少的为被试 4，最多的仍为被试 2，相差 28 分 35 秒；硕士组所用时间最少的为被试 9，最多的为被试 6，相差 22 分 54 秒；职业组所用时间最少的为被试 12，最多的仍为被试 13，相差 26 分 18 秒。可见，各组被试间的用时差距均较大。在 15 名被试中，所用时间最长的为硕士组的被试 6，最短的为本科组的被试 4，相差 42 分 08 秒。

三组被试汉英翻译过程所用总时间的平均值，如图 5.7 所示。

由图 5.7 可知，汉英翻译过程中，职业组与硕士组所用时间的平均值基本上与英汉翻译过程持平，但本科组所用时间的平均值要比其英汉翻译过程的平均值多 4 分 54 秒。从总体上来看，翻译所用时间随着翻译经验的增加而减少的假设不成立，而是随着翻译经验的增加，翻译所用时间呈先升后降的趋势。

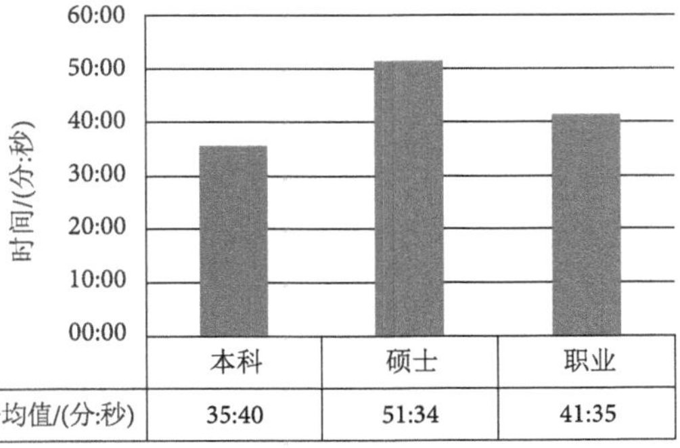


图 5.7　三组被试汉英翻译过程所用总时间的平均值

根据第四章中确定的译文质量评价标准和评分程序，三组被试汉译英译文的得分情况如图 5.8 所示。

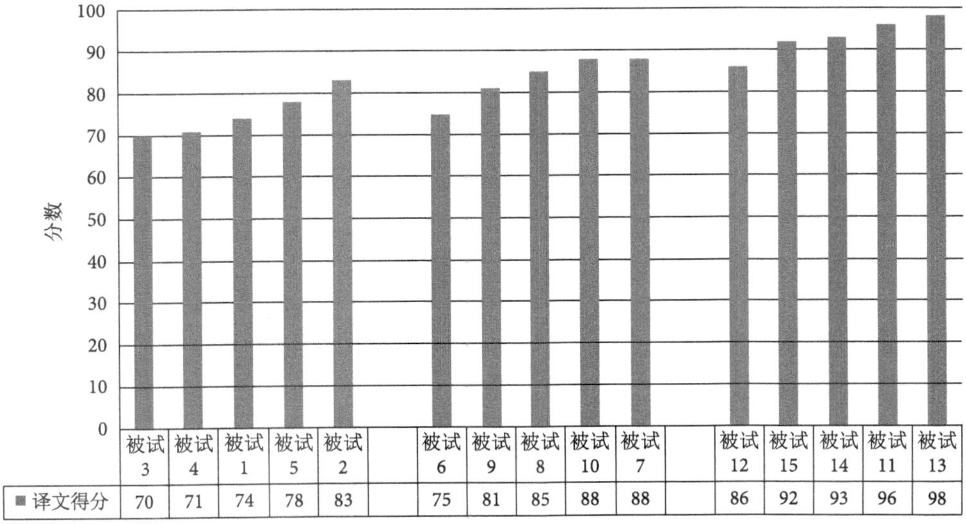


图 5.8　三组被试汉译英译文的得分统计

根据图 5.8 可知，关于汉译英译文的质量，各组被试间的差异均较大，本科组得分最低的仍为被试 3，得分最高的仍为被试 2，相差 13 分；硕士组得分最低的仍为被试 6，得分最高的仍为被试 7，相差 13 分；职业组得分最低的为被试 12，得分最高的仍为被试 13，相差 12 分。在这 15 名被试中，得分最低的仍为本科组的被试 3，得分最高的仍为职业组的被试 13，相差 28 分。

三组被试汉译英译文质量的平均得分如图 5.9 所示。

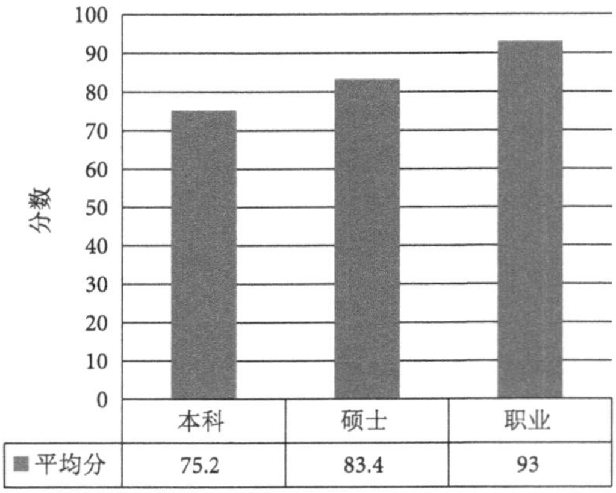


图 5.9　三组被试汉译英译文质量的平均分

可见，关于汉译英译文质量的得分，本科组的平均分低于硕士组，硕士组的平均分低于职业组。总体上来看，汉译英译文的质量会随着翻译经验的增加而提高，但在个体层面上，存在一定的差异。例如，职业组的最低分被试 12 低于硕士组的被试 7 和被试 10。

汉英翻译过程所用总时间和译文质量的关系如图 5.10 所示。

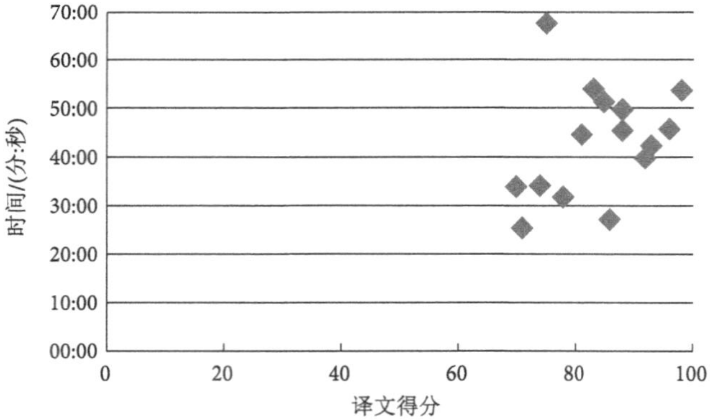


图 5.10　汉英翻译过程所用总时间与译文质量的散点图

由图 5.10 可知，汉英翻译过程所用总时间和译文质量两者之间有一定的关联。

从总体上来看，本科组的得分最低，所用时间最少；职业组得分最高，所用时间居中；硕士组得分居中，所用时间最多。这再一次说明，随着翻译经验的增加，译文质量会不断提升，翻译过程所用时间总体呈现先升后降，但存在一定的个体差异。

综合上述两次翻译过程的数据分析结果，我们可以得出以下初步结论：

1）从总体上来看，翻译过程所用时间随着翻译经验的增加而减少的假设不成立，而是随着翻译经验的增加，翻译所用时间总体呈现先升后降，但存在一定的个体差异；

2）从总体上来看，译文质量会随着翻译经验的增加而提高，但在个体层面上存在一定差异，即会出现低经验组个别被试的得分高于高经验组个别被试的情况；

3）翻译过程所用总时间和译文质量之间有一定的关联，但从总体上来看，随着翻译经验的增加，译文质量会不断提升，翻译过程所用时间总体呈现先升后降，但存在一定的个体差异。

## 二、翻译过程的时间分配

翻译过程通常按照时间顺序被划分为若干个阶段。有些学者认为理解（原文识解）和表达（译文重构）是翻译的两个主要过程（范仲英，1994：173；Wilss，1982：80）。法国释意学派将翻译过程分为理解、脱离源语语言外壳（deverbalization）和原文信息内容的重组（reverbalization）三个阶段（许钧、袁筱一，2001：163）。尤金·A. 奈达（Eugene A. Nida）提出了翻译过程的四步模式说：①原文的分析；②从源语到目标语的传译；③目标语的重组；④译文的检验（Nida，2001：108）。其中“原文的分析”一步最为复杂、关键，是奈达翻译研究的重点所在（谭载喜，2004：237）。王宏印（2007：4-8）将翻译过程划分为准备阶段、实施阶段、校核阶段，其中准备阶段包括长期准备和近期准备，实施阶段包括理解和表达，校核阶段包括初级校核和高级校核。随着实证翻译研究的进展，亦有一些学者根据翻译过程的实证数据，将翻译过程分为前写作（pre-writing）、写作（writing）、后写作（post-writing）三个阶段（Englund Dimitrova，2005：21）。雅可布森（Jakobsen，2002）则将翻译过程分为定位（orientation）、初译（drafting）、修订（revision）三个阶段。

借鉴前人的观点，本研究将翻译过程划分为三个阶段，即准备、翻译、修订。在准备阶段，译者首先对原文进行总体阅读，分析原文的功能、体裁、词汇与句法特征、语言风格、目标读者、译文的文本功能，即对翻译任务进行定位，然后备好翻译所用的各种工具和参考资料；在翻译阶段，译者将原文由源语转化为目标语；在修订阶段，译者则根据目标语的语言规范、翻译目的、目标读者等，对译文初稿的语言及格式进行审校和修订，以使译文能够高质量地完成交际目的。

本小节所要探讨的问题就是三组被试在翻译过程中各阶段的时间分配上是否存在规律性的差异。

## （一）英汉翻译过程

在英汉翻译过程中，三组被试在各阶段的时间分配情况如表 5.1 所示。

**表 5.1　三组被试在英汉翻译过程中各阶段的时间分配**

| 被试 | 总时间/（分：秒） | 准备/（分：秒） | 百分比 | 翻译/（分：秒） | 百分比 | 修订/（分：秒） | 百分比 |
|---|---|---|---|---|---|---|---|
| 被试 1 | 19:56 | 00:48 | 4.0% | 18:42 | 93.8% | 00:26 | 2.2% |
| 被试 2 | 50:22 | 01:24 | 2.8% | 40:18 | 80.0% | 08:40 | 17.2% |
| 被试 3 | 31:13 | 02:34 | 8.2% | 28:39 | 91.8% | 00:00 | 0.0% |
| 被试 4 | 20:40 | 00:41 | 3.3% | 18:17 | 88.5% | 01:42 | 8.2% |
| 被试 5 | 31:39 | 00:00 | 0.0% | 26:44 | 84.5% | 04:55 | 15.5% |
| 被试 6 | 46:37 | 03:01 | 6.5% | 36:15 | 77.8% | 07:21 | 15.8% |
| 被试 7 | 50:10 | 02:34 | 5.1% | 38:02 | 75.8% | 09:34 | 19.1% |
| 被试 8 | 51:45 | 01:29 | 2.9% | 47:24 | 91.6% | 02:52 | 5.5% |
| 被试 9 | 56:18 | 05:28 | 9.7% | 45:37 | 81.0% | 05:13 | 9.3% |
| 被试 10 | 52:23 | 01:38 | 3.1% | 49:55 | 95.3% | 00:50 | 1.6% |
| 被试 11 | 44:34 | 00:21 | 0.8% | 39:31 | 88.7% | 04:42 | 10.5% |
| 被试 12 | 34:19 | 00:23 | 1.1% | 28:13 | 82.2% | 05:43 | 16.7% |
| 被试 13 | 50:02 | 03:17 | 6.6% | 43:00 | 85.9% | 03:45 | 7.5% |
| 被试 14 | 41:22 | 03:23 | 8.2% | 32:58 | 79.7% | 05:01 | 12.1% |
| 被试 15 | 40:08 | 01:04 | 2.7% | 34:03 | 84.8% | 05:01 | 12.5% |

由表 5.1 中可得出，英汉翻译过程中，准备阶段用时最少的三名被试为被试 5、被试 11、被试 12，用时最多的三名被试为被试 9、被试 14、被试 13；翻译阶段用时最少的三名被试为被试 4、被试 1、被试 5，用时最多的三名被试为被试 10、被试 8、被试 9；修订阶段用时最少的三名被试为被试 3、被试 1、被试 10，用时最多的三名被试为被试 7、被试 2、被试 6。

从总体上来看，同所用总时间一样，三组被试各阶段所用时间随着翻译经验的增加而呈现先升后降的趋势。如图 5.11 所示，硕士组在准备、翻译和修订三个阶段的用时最多，职业组次之，本科组最少。具体而言，在翻译阶段，三组被试的用时在总时间中所占百分比均为最高，可见翻译阶段为翻译过程的主要阶段。但在其他两个阶段，个体层面的差异较大。在准备阶段，本科组的被试 5 直接开始翻译，没有准备阶段，而硕士组的被试 9 用时 5 分 28 秒，用时最多；在修订阶段，本科组的被试 3 翻译阶段结束后没有进行修订，硕士组的被试 7 用时 9 分 34 秒，用时最多。

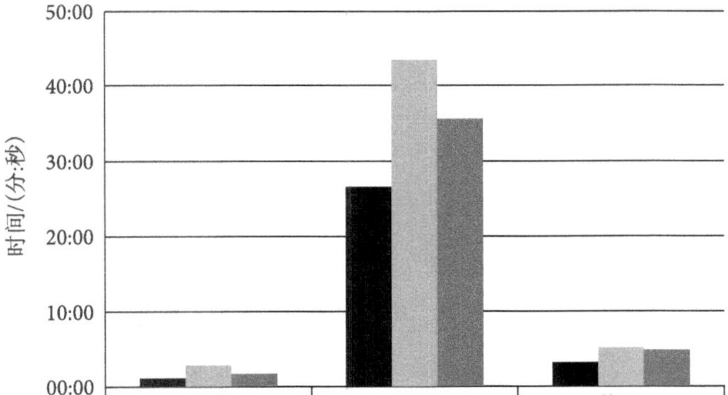


| | 准备 | 翻译 | 修订 |
|---|---|---|---|
| ■ 本科 | 01:05 | 26:32 | 03:09 |
| ■ 硕士 | 02:50 | 43:27 | 05:10 |
| ■ 职业 | 01:42 | 35:33 | 04:50 |

图 5.11　三组被试英汉翻译过程各阶段所用时间的平均值

## （二）汉英翻译过程

汉英翻译过程中，三组被试在各阶段的时间分配情况如表 5.2 所示。

表 5.2　三组被试在汉英翻译过程中各阶段的时间分配

| 被试 | 总时间/（分：秒） | 准备/（分：秒） | 百分比 | 翻译/（分：秒） | 百分比 | 修订/（分：秒） | 百分比 |
|---|---|---|---|---|---|---|---|
| 被试 1 | 33:56 | 01:22 | 4.0% | 31:34 | 93.0% | 01:00 | 2.9% |
| 被试 2 | 53:45 | 01:53 | 3.5% | 48:23 | 90.0% | 03:29 | 6.5% |
| 被试 3 | 33:43 | 02:49 | 8.4% | 29:47 | 88.3% | 01:07 | 3.3% |
| 被试 4 | 25:10 | 00:22 | 1.5% | 20:06 | 79.9% | 04:42 | 18.7% |
| 被试 5 | 31:45 | 00:27 | 1.4% | 27:04 | 85.2% | 04:14 | 13.3% |
| 被试 6 | 67:18 | 01:51 | 2.7% | 57:22 | 85.2% | 08:05 | 12.0% |
| 被试 7 | 49:27 | 01:52 | 3.8% | 40:19 | 81.5% | 07:16 | 14.7% |
| 被试 8 | 51:11 | 01:37 | 3.2% | 45:49 | 89.5% | 03:45 | 7.3% |
| 被试 9 | 44:24 | 00:32 | 1.2% | 40:06 | 90.3% | 03:46 | 8.5% |
| 被试 10 | 45:29 | 01:03 | 2.3% | 42:28 | 93.4% | 01:58 | 4.3% |
| 被试 11 | 45:50 | 00:00 | 0.0% | 37:35 | 82.0% | 08:15 | 18.0% |
| 被试 12 | 27:02 | 00:14 | 0.9% | 24:28 | 90.5% | 02:20 | 8.6% |
| 被试 13 | 53:20 | 03:22 | 6.3% | 47:10 | 88.4% | 02:48 | 5.3% |
| 被试 14 | 42:06 | 03:44 | 8.9% | 31:32 | 74.9% | 06:50 | 16.2% |
| 被试 15 | 39:39 | 00:24 | 1.0% | 35:09 | 88.7% | 04:06 | 10.3% |

由表 5.2 可得出，汉英翻译过程中，准备阶段用时最少的三名被试为被试 11、被试 12、被试 4，用时最多的三名被试为被试 14、被试 13、被试 3；翻译阶段用时最少的三名被试为被试 4、被试 12、被试 5，用时最多的三名被试为被试 6、被试 2、被试 13；修订阶段用时最少的三名被试为被试 1、被试 3、被试 10，用时最多的三名被试为被试 11、被试 6、被试 7。

从总体上来看，如图 5.12 所示，三组被试在准备阶段所用时间基本持平，这一结果可能与本实验的设计有关，这两篇原文的文体相同，均属于计算机领域，除阅读原文之外，其他准备工作被试可能在英汉翻译任务中已经完成，因此无须重复准备。在汉英翻译实验中，本科组被试的准备工作内容多局限为阅读原文，因此本科组在准备阶段的时间未发生显著变化；职业组和硕士组阅读原文以前的准备工作有所减少，因此准备阶段所用时间均有所减少，尤其是硕士组，较英汉翻译实验的平均值减少了 1 分 27 秒。至于翻译阶段和修订阶段，总体上三组被试随着翻译经验的增加，用时呈先升后降的趋势。

在翻译阶段，三组被试的用时在总时间中所占百分比均为最高，可见翻译阶段为翻译过程的主要阶段。但在其他两个阶段，个体层面的差异较大。在准备阶段，职业组的被试 11 直接开始翻译，没有准备阶段，而职业组的被试 14 用时 3 分 44 秒，用时最多；在修订阶段，本科组的被试 1 用时 1 分，用时最少，职业组的被试 11 用时 8 分 15 秒，用时最多。

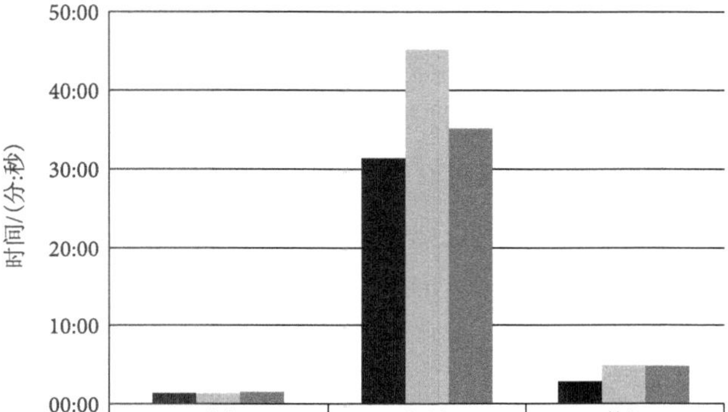


| | 准备 | 翻译 | 修订 |
|---|---|---|---|
| ■ 本科 | 01:23 | 31:23 | 02:54 |
| ■ 硕士 | 01:23 | 45:13 | 04:58 |
| ■ 职业 | 01:33 | 35:11 | 04:52 |

图 5.12　三组被试汉英翻译过程各阶段所用时间的平均值

综合上述两次翻译过程的数据分析结果，未能发现三组被试的时间分配呈现出明显的规律性差异。这一结果可能是由于翻译过程的时间分配更多地取决于译者的个人翻译习惯。但相对来说，本科组在准备阶段和修订阶段的所用时间均少于硕士组和职业组。

## 三、术语翻译时间与质量的关系

本实验的目的在于以译者的实际翻译过程为切入点研究译者术语能力。译者术语能力在翻译过程中的体现就是为了确定原文所涉术语的准确译名而做出的努力。本研究从两篇原文中各选出 25 个术语作为重点考察对象。具体来说，本小节所要探讨的问题是三组被试在以下两方面是否存在具有规律性的差异：

1）术语翻译所用时间；

2）术语翻译的质量。

术语翻译所用时间是否会随着译者翻译经验的增加而减少？术语翻译的质量是否会随着译者翻译经验的增加而提升？术语翻译所用时间与术语翻译质量之间是否存在相关关系？

### （一）英汉翻译过程

术语翻译过程的开始标志为被试的有声思维中提到了该术语或被试将鼠标停留在该术语上并对其进行翻译，其结束的标志为译者说出该术语的译名并将其确定为最终答案或临时答案。可能要经过几次这样的翻译过程后，被试才能确定有些术语的最终译名。因此，一个术语的翻译用时就是一次这样的翻译过程所用时间或者多次这样的翻译过程所用时间之和。翻译过程中术语翻译所用时间就是译者分别为原文中 25 个术语确定准确译名所用时间的总和。

在英汉翻译过程中，三组被试的术语翻译所用时间及在翻译过程总时间中所占百分比的情况，如表 5.3 所示。

**表 5.3 三组被试的术语翻译所用时间及在英汉翻译总时间中所占百分比**

| 被试 | 总时间/（分:秒） | 术语翻译所用时间/（分:秒） | 百分比 |
|---|---|---|---|
| 被试 1 | 19:56 | 05:31 | 27.7% |
| 被试 2 | 50:22 | 20:18 | 40.3% |
| 被试 3 | 31:13 | 08:58 | 28.7% |
| 被试 4 | 20:40 | 04:36 | 22.3% |
| 被试 5 | 31:39 | 06:23 | 20.2% |
| 被试 6 | 46:37 | 13:29 | 28.9% |
| 被试 7 | 50:10 | 26:42 | 53.2% |
| 被试 8 | 51:45 | 13:56 | 26.9% |
| 被试 9 | 56:18 | 24:26 | 43.4% |
| 被试 10 | 52:23 | 26:51 | 51.3% |
| 被试 11 | 44:34 | 15:59 | 35.9% |
| 被试 12 | 34:19 | 15:24 | 44.9% |
| 被试 13 | 50:02 | 33:30 | 67.0% |
| 被试 14 | 41:22 | 14:14 | 34.4% |
| 被试 15 | 40:08 | 15:27 | 38.5% |

由表 5.3 数据可以得出，英汉翻译过程中，术语翻译所用时间最少的三位被试为被试 4、被试 1、被试 5，这三位被试都属于本科组，术语翻译所用时间最多的三位被试为被试 13、被试 10、被试 7。关于术语翻译所用时间占翻译过程总时间的百分比，本科组最高的为 40.3%，硕士组最高的为 53.2%，职业组最高的为 67.0%。

图 5.13 显示，就每组被试术语翻译所用时间的平均值而言，本科组远远低于硕士组和职业组，硕士组用时最多，职业组用时略低于硕士组。可见，在英汉翻译过程中，本科组被试在术语翻译上所花费的时间较少，而硕士组和职业组被试会花费大量的时间在术语翻译上，其中有三位被试的术语翻译所用时间占其翻译过程总时间的 50%以上。可见，随着翻译经验的增加，术语翻译所用时间呈现大幅增加而后略减的趋势。

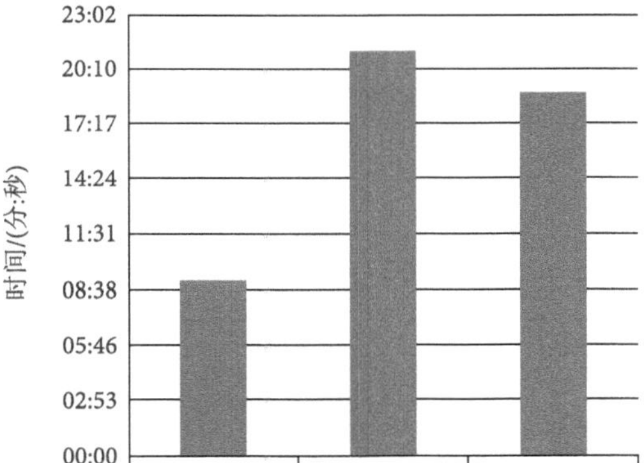


| | 本科 | 硕士 | 职业 |
|---|---|---|---|
| ■ 平均值/(分:秒) | 09:09 | 21:05 | 18:55 |

图 5.13　英汉翻译过程中术语翻译所用时间的各组平均值

根据第四章确定的译文质量评价标准和评分程序对各被试的英译汉译文中的术语进行评分，其结果如图 5.14 所示。

根据图 5.14 可以发现，就英译汉译文中的术语得分情况而言，本科组的各被试间的差异最大，最高分与最低分相差 20 分；硕士组的最高分与最低分相差 12 分；职业组的最高分与最低分相差 9 分。总体而言，最高分为职业组的被试 13，最低分为本科组的被试 3，相差 26 分。

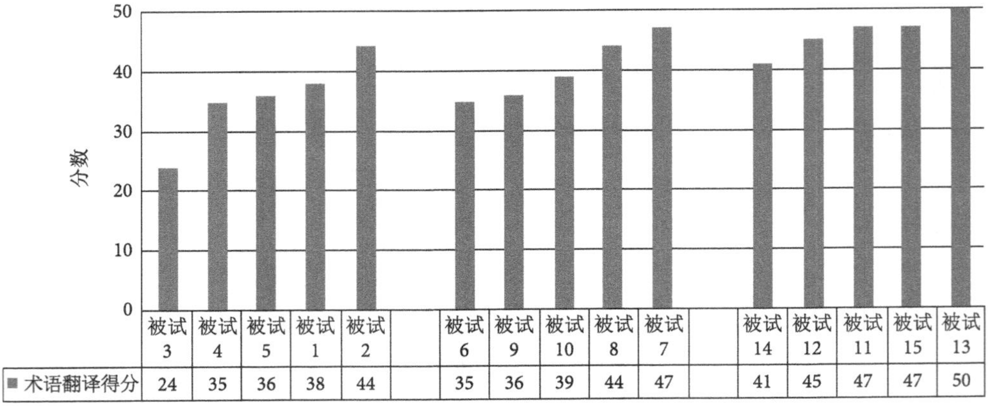


图 5.14　英译汉译文中三组被试的术语得分

图 5.15 显示，就英译汉译文术语得分的各组平均值而言，本科组低于硕士组，硕士组低于职业组。可见，总体而言，随着翻译经验的增加，术语翻译的质量也会提高，但存在个体差异，即会出现低经验组个别被试的得分高于高经验组个别被试的情况，如本科组的被试 2 的得分高于硕士组和职业组的部分被试。

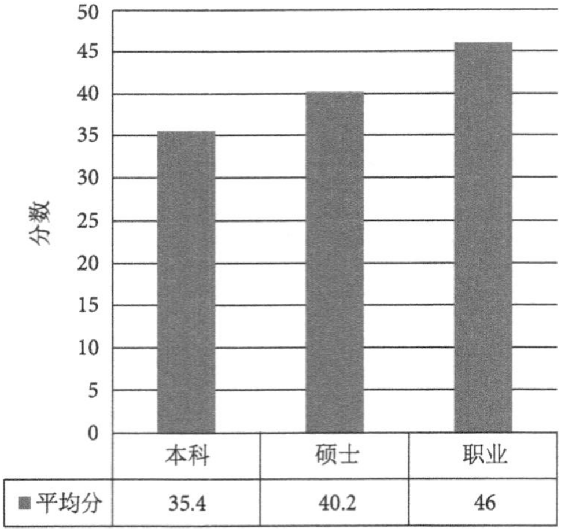


图 5.15　英译汉译文术语得分的各组平均值

由图 5.16 可以看出，英汉翻译过程中，术语翻译所用时间与术语翻译质量之间存在一定的关联。由于被试均不精通原文所涉专业领域，所以必须花费一定的时间进行充分的文献检索，才能保证术语译名的准确性。

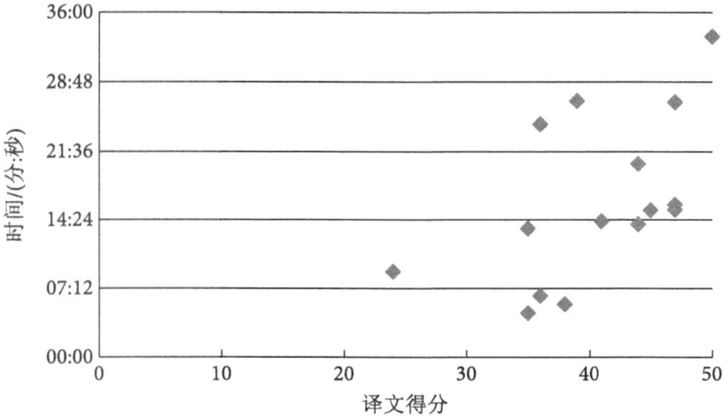


图 5.16　英汉翻译过程中术语翻译所用时间与术语翻译质量的散点图

## （二）汉英翻译过程

在汉英翻译过程中，三组被试的术语翻译所用时间及在翻译过程总时间中的所占百分比情况，如表 5.4 所示。

**表 5.4　三组被试的术语翻译所用时间及在汉英翻译总时间中所占百分比**

| 被试 | 总时间/（分:秒） | 术语翻译所用时间/（分:秒） | 百分比 |
|---|---|---|---|
| 被试 1 | 33:56 | 13:20 | 39.3% |
| 被试 2 | 53:45 | 18:35 | 34.6% |
| 被试 3 | 33:43 | 09:42 | 28.8% |
| 被试 4 | 25:10 | 07:29 | 29.7% |
| 被试 5 | 31:45 | 09:15 | 29.1% |
| 被试 6 | 67:18 | 23:28 | 34.9% |
| 被试 7 | 49:27 | 26:30 | 53.6% |
| 被试 8 | 51:11 | 12:33 | 24.5% |
| 被试 9 | 44:24 | 09:13 | 20.8% |
| 被试 10 | 45:29 | 16:32 | 36.4% |
| 被试 11 | 45:50 | 18:36 | 40.6% |
| 被试 12 | 27:02 | 10:28 | 38.7% |
| 被试 13 | 53:20 | 31:06 | 58.3% |
| 被试 14 | 42:06 | 14:14 | 33.8% |
| 被试 15 | 39:39 | 12:58 | 32.7% |

由表 5.4 数据可以得出，汉英翻译过程中，术语翻译所用时间最少的三位被试为被试 4、被试 9、被试 5，其中两位属于本科组，术语翻译所用时间最多的三位被试为被试 13、被试 7、被试 6。关于术语翻译所用时间占翻译过程总时间的百分比，本科组最高的为 39.3%，硕士组最高的为 53.6%，职业组最高的为 58.3%。

图 5.17 显示，就每组被试术语翻译所用时间的平均值情况而言，本科组仍低于硕士组和职业组，但与英汉翻译过程相比，差距有所减小；硕士组用时最多，职业组用时略低于硕士组。可见，在汉英翻译过程中，本科组被试在术语翻译上所花费的时间仍较少，而硕士组和职业组被试会花费大量的时间在术语翻译上，其中有两位被试的术语翻译所用时间占其翻译过程总时间的 50%以上。由此可见，随着翻译经验的增加，术语翻译所用时间会呈先大幅增加而后略减的趋势。

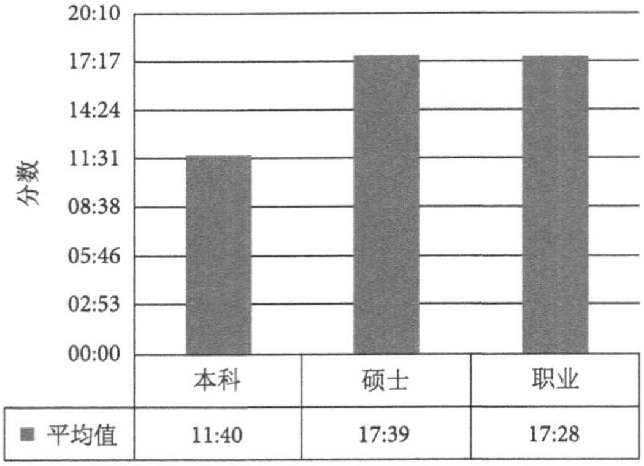


图 5.17　汉英翻译过程中术语翻译所用时间的各组平均值

根据第四章确定的译文质量评价标准和评分程序对各被试的汉译英译文中的术语进行评分，其结果如图 5.18 所示。

就汉译英译文中的术语得分情况而言，我们从图 5.18 中可以发现本科组的各被试间的差异仍最大，但相差幅度与英译汉过程相比有所降低，最高分与最低分相差 11 分，这主要受被试 3 的翻译表现影响；硕士组的最高分与最低分相差 10 分；职业组的最高分与最低分相差 8 分。总体而言，最高分为职业组的被试 13，最低分为本科组的被试 4，相差 18 分。

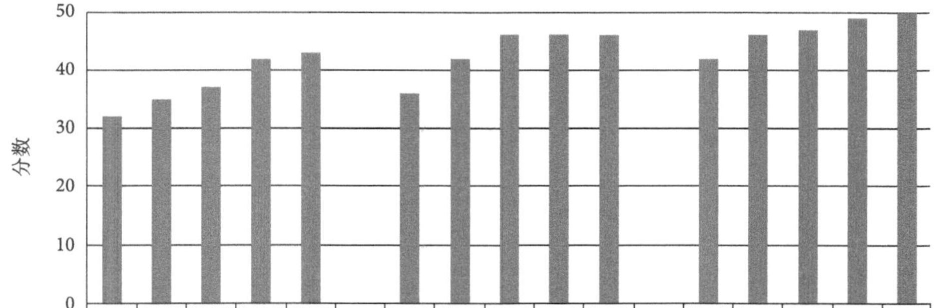


| | 被试4 | 被试3 | 被试1 | 被试5 | 被试2 | | 被试6 | 被试9 | 被试7 | 被试8 | 被试10 | | 被试12 | 被试15 | 被试14 | 被试11 | 被试13 |
|---|---|---|---|---|---|---|---|---|---|---|---|---|---|---|---|---|---|
| ■ 术语翻译得分 | 32 | 35 | 37 | 42 | 43 | | 36 | 42 | 46 | 46 | 46 | | 42 | 46 | 47 | 49 | 50 |

图 5.18　汉译英译文中三组被试的术语得分

图 5.19 显示，就汉译英译文术语得分的各组平均值而言，本科组低于硕士组，硕士组低于职业组。可见，总体而言，随着翻译经验的增加，术语翻译的质量也会提高，但存在个体差异，即会出现低经验组个别被试的得分高于高经验组个别被试的情况，如本科组的被试 2 的得分高于硕士组和职业组的部分被试。各组的汉译英译文术语得分均高于英译汉译文，这可能是由于英译汉术语翻译难度高于汉译英。

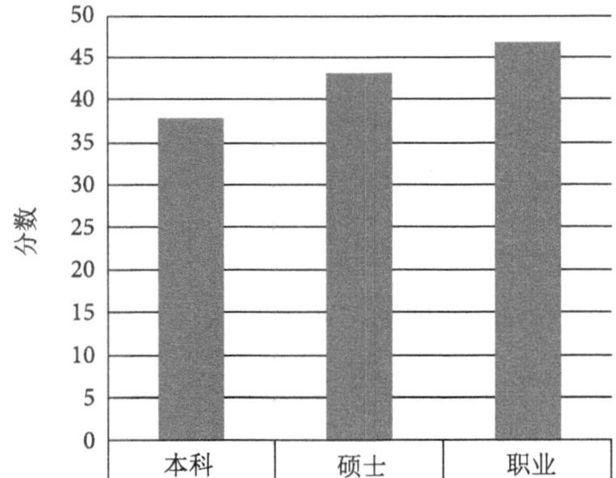


| | 本科 | 硕士 | 职业 |
|---|---|---|---|
| ■ 平均分 | 37.8 | 43.2 | 46.8 |

图 5.19　汉译英译文术语得分的各组平均值

由图 5.20 可以看出，汉英翻译过程中，术语翻译所用时间与术语翻译质量之间存在一定的关联。由于被试均不精通原文所涉专业领域，必须花费一定的时间进行充分文献检索，才能保证术语译名的准确性。

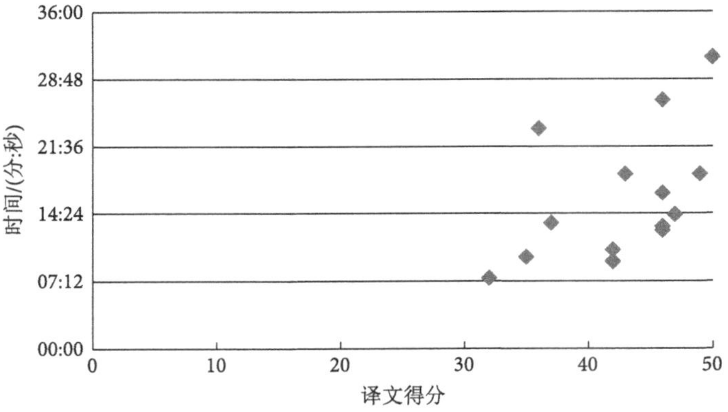


图 5.20　汉英翻译过程中术语翻译所用时间与术语翻译质量的散点图

综合以上关于英译汉和汉译英两次翻译过程中术语翻译的有关数据分析，可以得出以下初步结论。

1）从总体上来看，本科组的术语翻译所用时间少于硕士组和职业组，职业组略低于硕士组，这说明术语翻译时间总体呈现出随着翻译经验的增加而先大幅增加而后略减的趋势，但不排除个体差异。硕士组和职业组术语翻译所用时间大幅增加的主要原因在于，本科组被试倾向于接受由双语词典查询所获的术语译名而不做更多的分析和查询，所以本科组术语翻译所用时间较少，但硕士组和职业组会对双语词典提供的结果进行详细分析，并使用更多的工具和网络资源进行复杂的文献检索，以获取更加准确的术语译名，因此术语翻译所耗费的时间会大大增加。

2）从总体上来看，术语翻译的质量随着翻译经验的增加而提高，但在个体层面上存在一定差异，即会出现低分组个别被试高于高分组部分被试的情况。

3）术语翻译所用时间与术语翻译质量之间存在一定的关联，从总体上来看，本科组的术语翻译所用时间低于硕士组和职业组，本科组的术语翻译质量也低于硕士组和职业组，硕士组和职业组所用时间基本持平，职业组略低，但职业组的术语翻译总体质量要高于硕士组。因此，我们可以认为，由于被试均不精通原文所涉专业领域，因此术语翻译需要花费一定的时间，但并不能得出花费时间越多术语翻译质量越高的结论，因为这还涉及其他方面的因素，如工具资源的有效利用。

# 第二节 术语翻译决策

术语翻译决策过程指译者在翻译过程中为选择和确定术语的译名而进行的认知思维过程。在这一过程中，译者会根据术语的具体情况，从自己的已有知识中获取内部认知支持，利用词典和网络资源获取外部认知支持，并选择恰当的术语译名。借鉴 PACTE（2005）的做法，本研究将译者决策过程的认知支持类型分为 SIS、DIS、IS-ES、DES、SES 等五类，并根据文献检索的复杂度进一步将 DIS、IS-ES、DES 分别分为Ⅰ、Ⅱ、Ⅲ三类。这样一来，共有 SIS、DIS-Ⅰ、DIS-Ⅱ、DIS-Ⅲ、IS-ES-Ⅰ、IS-ES-Ⅱ、IS-ES-Ⅲ、DES-Ⅰ、DES-Ⅱ、DES-Ⅲ、SES 等 11 种认知支持类型。但在本实验中，所有被试均表示不精通所涉专业领域知识，所以解决术语翻译问题一般需要借助外部工具提供的支持，没有出现 DIS-Ⅱ、DIS-Ⅲ这两种认知支持类型。

本节所要探讨的问题是：

1）三组被试在术语翻译决策时所采取的认知支持类型上的差异；

2）认知支持类型与术语翻译质量之间的关系。

## 一、英汉翻译过程

### （一）组间差异

在英汉翻译过程中，15 名被试所用到的各认知支持类型的次数统计，如表 5.5 所示。

表 5.5 英汉翻译过程中 15 名被试所用认知支持类型的次数统计

| 被试 | SIS | DIS-Ⅰ | IS-ES-Ⅰ | IS-ES-Ⅱ | IS-ES-Ⅲ | DES-Ⅰ | DES-Ⅱ | DES-Ⅲ | SES |
|---|---|---|---|---|---|---|---|---|---|
| 被试 1 | 0 | 0 | 4 | 0 | 0 | 0 | 0 | 0 | 21 |
| 被试 2 | 3 | 0 | 1 | 0 | 0 | 7 | 4 | 0 | 10 |
| 被试 3 | 4 | 1 | 0 | 0 | 0 | 0 | 0 | 0 | 20 |
| 被试 4 | 9 | 0 | 2 | 0 | 0 | 0 | 0 | 0 | 14 |
| 被试 5 | 14 | 0 | 2 | 0 | 0 | 0 | 0 | 0 | 9 |
| 总计 | 30 | 1 | 9 | 0 | 0 | 7 | 4 | 0 | 74 |

续表

| 被试 | SIS | DIS-Ⅰ | IS-ES-Ⅰ | IS-ES-Ⅱ | IS-ES-Ⅲ | DES-Ⅰ | DES-Ⅱ | DES-Ⅲ | SES |
|---|---|---|---|---|---|---|---|---|---|
| 被试 6 | 10 | 1 | 4 | 0 | 0 | 2 | 1 | 0 | 7 |
| 被试 7 | 5 | 0 | 6 | 4 | 0 | 6 | 2 | 0 | 2 |
| 被试 8 | 3 | 1 | 6 | 0 | 0 | 5 | 0 | 0 | 10 |
| 被试 9 | 12 | 2 | 2 | 1 | 0 | 3 | 0 | 3 | 2 |
| 被试 10 | 7 | 1 | 4 | 0 | 0 | 6 | 2 | 1 | 4 |
| 总计 | 37 | 5 | 22 | 5 | 0 | 22 | 5 | 4 | 25 |
| 被试 11 | 11 | 0 | 4 | 5 | 1 | 0 | 0 | 0 | 4 |
| 被试 12 | 3 | 0 | 8 | 2 | 0 | 5 | 0 | 0 | 7 |
| 被试 13 | 0 | 0 | 5 | 5 | 5 | 1 | 5 | 0 | 4 |
| 被试 14 | 11 | 0 | 3 | 0 | 0 | 5 | 2 | 0 | 4 |
| 被试 15 | 8 | 0 | 7 | 4 | 0 | 0 | 3 | 0 | 3 |
| 总计 | 33 | 0 | 27 | 16 | 6 | 11 | 10 | 0 | 22 |

由表 5.5 可以看出，在英汉翻译过程中，三组被试对 SIS 类型的选用次数相差不大，硕士组最多，职业组次之，本科组最少。

关于 DIS 类型的选用次数，本科组为 1 次，硕士组为 5 次，职业组为 0 次。这说明硕士组的无效文献检索次数较多。

关于 IS-ES 类型的选用次数，本科组为 9 次，均为 I 型；硕士组为 27 次，其中 I 型 22 次，Ⅱ型 5 次；职业组为 49 次，其中 I 型 27 次，Ⅱ型 16 次，Ⅲ型 6 次。这说明硕士组和职业组被试能够较好地将已有知识与文献检索相结合从而获得术语的准确译名，而职业组的次数要比硕士组多 22 次，其复杂程度也高于硕士组，说明职业组能够更好地结合内外部支持。

关于 DES 类型的选用次数，本科组为 11 次，其中 I 型 7 次，Ⅱ型 4 次；硕士组为 31 次，其中 I 型 22 次，Ⅱ型 5 次，Ⅲ型 4 次；职业组为 21 次，其中 I 型 11 次，Ⅱ型 10 次。这说明本科组对外部主导型支持的依赖度最低，但其 SES 型次数较多，说明本科组更倾向于进行简单的文献检索；硕士组的次数和复杂度都高于职业组，说明硕士组对外部主导型支持的依赖度要高于职业组。

关于 SES 类型的选用次数，本科组为 74 次，硕士组为 25 次，职业组 22 次。本科组的次数远远高于硕士组和职业组，说明本科组被试对简单外部支持的依赖度很高，即倾向于直接选用双语词典所提供的术语译名，而不做更多的查询与分析，这也是导致其英译汉术语翻译质量不高的主要原因。

本科组进行文献检索的总次数为 21 次，较为复杂的检索次数为 4 次；硕士组进行的文献检索总次数为 63 次，较为复杂的检索次数为 14 次；职业组进行的文献检索总次数为 70 次，较为复杂的检索次数为 26 次。可见，硕士组和职业组的文献检索次数和复杂度远远高于本科组；与职业组相比，硕士组的文献检索次数较少，且复杂度较低。

### （二）组内差异

在本科组的 5 名被试中，英译汉译文术语得分最低的为被试 3（24 分），最高的为被试 2（44 分）。从表 5.5 中可以看到被试 3 的 SES 类型的选用次数为 20 次，SIS 类型的选用次数为 4 次，可见其术语翻译决策大多是基于简单型的认知支持，在其得 0 分的 11 个术语中，8 个为 SES 类型，3 个为 SIS 类型，得 1 分的 2 个术语皆为 SIS 类型。简单地依赖外部支持或者内部支持进行决策是其得分较低的主要原因。被试 2 的 SES 类型次数为 10 次，SIS 类型的次数为 3 次，为本科组中对简单类型认知支持依赖最少的被试，这也是其术语翻译得分较高的主要原因。

在硕士组的 5 名被试中，英译汉译文术语得分较低的为被试 6（35 分）和被试 9（36 分），得分最高的为被试 7（47 分）。被试 6 的简单认知支持类型的次数为 17 次，包括 SIS 类型 10 次、SES 类型 7 次；被试 9 的简单认知支持类型的次数为 14 次，包括 SIS 类型 12 次、SES 类型 2 次。这两位被试对简单认知支持类型的依赖度在硕士组中最高。被试 6 得 0 分的 4 个术语中 2 个为简单认知支持类型所致，得 1 分的 7 个术语中 5 个为简单认知支持类型所致。被试 9 得 0 分的 2 个术语中，1 个为 DES-Ⅰ类型，1 个为 DIS-Ⅰ类型，得 1 分的 10 个术语中 8 个为简单认知支持类型所致。可见，对简单认知支持类型的依赖也是被试 6 和被试 9 术语得分较低的主要原因。另外，这两位被试共用到了 3 次 DIS-Ⅰ类型，但都未能为其提供准确的术语译名。该组术语得分最高的被试 7 的简单支持类型的次数为 7 次，包括 SIS 类型 5 次、SES

类型 2 次。其 IS-ES 类型共有 10 次，为硕士组最高，说明被试 7 在硕士组中在将已有知识和文献检索结合方面做得最好。

在职业组的 5 名被试中，英译汉译文术语得分最低的为被试 14（41 分），得分最高的为被试 13（50 分）。被试 14 的简单认知支持类型的次数为 15 次，包括 SIS 类型 11 次、SES 类型 4 次。他是职业组中对简单认知支持类型的依赖度最高的两名被试之一。在其得 0 分的 2 个术语中，1 个为 SIS 类型，1 个为 DES-Ⅰ类型；在其得 1 分的 5 个术语中，3 个为 SIS 类型，1 个为 SES 类型，1 个为 DES-Ⅱ类型。可见，简单认知支持类型仍是被试 14 未能准确翻译术语的主要原因。被试 13 的英译汉术语得分为满分，他的 SES 类型次数为 4 次，没有选用 SIS 类型，其主要认知支持类型为 IS-ES 类型。被试 13 是英译汉术语翻译中使用 IS-ES 类型最多的被试，且文献检索的复杂度较高，说明他在将已有知识和文献检索结合方面做得最好。

### （三）术语翻译错误与认知支持类型

根据本研究所制定的评分标准，存在两种类型的术语翻译错误，即上文提到的得 0 分和得 1 分的术语。得分为 0 的术语为完全错误，即术语的译名错误地传达原文信息，不能够被接受；得分为 1 的术语为部分错误，即术语的译名虽未能准确地传达原文信息，但在一定程度上可以接受。与这两种错误类型所对应的认知支持类型的统计结果，见表 5.6。

**表 5.6　英译汉术语翻译错误的认知支持类型次数统计**

| 认知支持类型 | 完全错误（0 分） | 部分错误（1 分） |
| --- | --- | --- |
| SIS | 15 | 23 |
| DIS-Ⅰ | 4 | 1 |
| IS-ES-Ⅰ | 2 | 7 |
| IS-ES-Ⅱ | 0 | 2 |
| IS-ES-Ⅲ | 0 | 0 |
| DES-Ⅰ | 5 | 3 |
| DES-Ⅱ | 0 | 6 |
| DES-Ⅲ | 0 | 0 |
| SES | 18 | 12 |
| 总计 | 44 | 54 |

由表 5.6 可以看出，在完全错误的术语中，SIS 类型占 34.1%，SES 占 40.9%，两者合计 75%；在部分错误的术语中，SIS 类型占 42.6%，SES 类型占 22.2%，两者合计 64.8%。可见，简单型认知支持是术语翻译错误的主要原因。

## 二、汉英翻译过程

### （一）组间差异

在汉英翻译过程中，15 名被试所用到的各种认知支持类型的次数，如表 5.7 所示。

**表 5.7　汉英翻译过程中 15 名被试所用认知支持类型的次数统计**

| 被试 | SIS | DIS-Ⅰ | IS-ES-Ⅰ | IS-ES-Ⅱ | IS-ES-Ⅲ | DES-Ⅰ | DES-Ⅱ | DES-Ⅲ | SES |
|---|---|---|---|---|---|---|---|---|---|
| 被试 1 | 3 | 1 | 3 | 0 | 0 | 2 | 1 | 0 | 15 |
| 被试 2 | 2 | 0 | 0 | 0 | 0 | 6 | 2 | 0 | 15 |
| 被试 3 | 3 | 0 | 2 | 0 | 0 | 1 | 0 | 0 | 19 |
| 被试 4 | 3 | 0 | 2 | 0 | 0 | 0 | 0 | 0 | 20 |
| 被试 5 | 11 | 1 | 5 | 0 | 0 | 2 | 0 | 0 | 6 |
| 总计 | 22 | 2 | 12 | 0 | 0 | 11 | 3 | 0 | 75 |
| 被试 6 | 4 | 0 | 4 | 0 | 0 | 2 | 0 | 3 | 12 |
| 被试 7 | 4 | 0 | 4 | 6 | 0 | 2 | 2 | 0 | 7 |
| 被试 8 | 0 | 0 | 5 | 1 | 0 | 5 | 0 | 0 | 14 |
| 被试 9 | 19 | 0 | 1 | 0 | 0 | 1 | 0 | 0 | 4 |
| 被试 10 | 6 | 0 | 5 | 2 | 0 | 3 | 1 | 0 | 8 |
| 总计 | 33 | 0 | 19 | 9 | 0 | 13 | 3 | 3 | 45 |
| 被试 11 | 7 | 0 | 10 | 4 | 2 | 0 | 0 | 0 | 2 |
| 被试 12 | 5 | 0 | 2 | 0 | 0 | 0 | 1 | 0 | 17 |
| 被试 13 | 3 | 0 | 8 | 7 | 2 | 0 | 1 | 1 | 3 |
| 被试 14 | 10 | 0 | 1 | 0 | 0 | 1 | 4 | 0 | 9 |
| 被试 15 | 9 | 0 | 9 | 0 | 1 | 2 | 1 | 0 | 3 |
| 总计 | 34 | 0 | 30 | 11 | 5 | 3 | 7 | 1 | 34 |

由表 5.7 可以看出，在汉英翻译过程中，硕士组和职业组对 SIS 类型的选用次数基本相当，本科组最少。

关于 DIS 类型的选用次数，本科组为 2 次，硕士组和职业组为 0 次。

关于 IS-ES 类型的选用次数，本科组为 12 次，全部为 I 型；硕士组为 28 次，其中 I 型 19 次、Ⅱ型 9 次；职业组为 46 次，其中 I 型 30 次、Ⅱ型 11 次，Ⅲ型 5 次。这说明硕士组和职业组被试能够较好地将已有知识与文献检索相结合从而获得术语的准确译名，而职业组的次数要比硕士组多 18 次，其复杂程度也高于硕士组，说明职业组能够更好地将内外部支持相结合。

关于 DES 类型的选用次数，本科组为 14 次，其中 I 型 11 次、Ⅱ型 3 次；硕士组为 19 次，其中 I 型 13 次、Ⅱ型 3 次、Ⅲ型 3 次；职业组为 11 次，其中 I 型 3 次、Ⅱ型 7 次、Ⅲ型 1 次。这说明本科组对外部主导型支持的依赖度最低，但其 SES 型次数较多，说明本科组更倾向于进行简单的文献检索；硕士组的次数和复杂度都高于职业组，说明硕士组对外部主导型支持的依赖度要高于职业组。但与英译汉过程相比，这一区别有所减小。

关于 SES 类型的选用次数，本科组为 75 次，硕士组为 45 次，职业组为 34 次。本科组的次数远远高于硕士组和职业组，说明本科组被试对简单外部支持的依赖度较高，即倾向于直接选用双语词典所提供的术语译名，而不做更多的查询与分析，这也是导致其汉译英术语翻译质量不高的主要原因。与英汉翻译过程相比，硕士组和职业组对 SES 类型的选用次数有较大幅度的上升，这可能与汉译英原文中术语的性质有关，即通过查询双语词典即可获取准确译名的术语的数量有所增加。

本科组进行文献检索的总次数为 28 次，较为复杂的检索次数为 3 次；硕士组进行文献检索的总次数为 47 次，较为复杂的检索次数为 15 次；职业组进行文献检索的总次数为 57 次，较为复杂的检索次数为 19 次。可见，硕士组和职业组的文献检索次数和复杂度远远高于本科组；与职业组相比，硕士组的文献检索次数较少，且复杂度较低。但与英汉翻译过程相比，三组被试之间的差距有所减小。

### （二）组内差异

在本科组的 5 名被试中，汉译英译文术语得分最低的为被试 4（32 分），最高的为被试 2（43 分）。从表 5.7 中可以看到被试 4 的 SES 类型的选用次数为 20 次，SIS 类型的选用次数为 3 次，可见其术语翻译的决策大多是基于简单型的认知支持，其得 0 分的 4 个术语中，3 个为 SES 类型，1 个为 SIS 类型；得 1 分的 10 个术语中，9 个为 SES 类型。被试 3 得分也较低（35 分），其 SES 类型的选用次数为 19 次，SIS 类型的选用次数为 3 次，该被试对简单型认知支持的依赖度也较高，其得 0 分的 3 个术语中，1 个为 SES 类型，2 个为 SIS 类型；得 1 分的 9 个术语中，8 个为 SES 类型。简单地依赖外部或者内部的支持进行决策是其得分较低的主要原因。被试 2 的 SES 类型选用次数为 15 次，SIS 类型的选用次数为 2 次，为本科组中对简单型认知支持依赖度较低的被试。

在硕士组的 5 名被试中，汉译英译文术语得分最低的为被试 6（36 分）和被试 9（42 分），其他 3 名被试的得分均为 46 分。被试 6 的简单认知支持类型的次数为 16 次，包括 SIS 类型 4 次、SES 类型 12 次；被试 9 的简单认知支持类型的次数为 23 次，包括 SIS 类型 19 次、SES 类型 4 次。这两位被试为硕士组中对简单认知支持类型的依赖度较高的被试。被试 6 得 0 分的 3 个术语中 1 个为简单认知支持类型所致，得 1 分的 8 个术语中 5 个为简单认知支持类型所致。被试 9 得 1 分的 8 个术语中 7 个为简单认知支持类型所致。被试 9 对 SIS 类型的选用次数较多，说明他对大部分术语的译名有粗略的了解，但不准确，所以才导致了术语翻译的失误。可见，对简单认知支持类型的依赖也是被试 6 和被试 9 术语得分较低的主要原因。其他 3 名被试对简单类型认知支持的依赖度较低。另外，被试 7 的 IS-ES 类型共有 10 次，为硕士组最高，说明该组中她在将已有知识和文献检索结合方面做得最好。

在职业组的 5 名被试中，汉译英译文术语得分最低的为被试 12（42 分），得分最高的为被试 13（50 分）。被试 12 的简单认知支持类型的次数为 22 次，包括 SIS 类型 5 次、SES 类型 17 次。她对简单认知支持类型的依赖度为职业组中最高。其得 0 分的 1 个术语为 SIS 类型；在其得 1 分的 6 个术语中，1 个为 SIS 类型，4 个为 SES 类型，1 个为 IS-ES-Ⅰ类型。可见，简单认知支持类型仍是被试 12 未能准确翻译术语的主要原因。被试 13 的汉译英术语得分为满分，他的 SES 类型次数为 3 次，SIS 类型次数为 3 次，其主要认知支持类型为 IS-ES 类型。被试 13 是汉译英术语翻译中使用 IS-ES 类型最多的被试，且文献检索的复杂度较高，说明他在将已有知识和文献检索结合方面做得最好。

## （三）术语翻译错误与认知支持类型

在汉英翻译过程中，与完全错误和部分错误两种术语翻译错误类型所对应的认知支持类型的统计结果，见表 5.8。

**表 5.8　汉译英术语翻译错误的认知支持类型次数统计**

| 认知支持类型 | 完全错误（0 分） | 部分错误（1 分） |
|---|---|---|
| SIS | 6 | 18 |
| DIS-Ⅰ | 1 | 0 |
| IS-ES-Ⅰ | 2 | 11 |
| IS-ES-Ⅱ | 1 | 2 |
| IS-ES-Ⅲ | 0 | 1 |
| DES-Ⅰ | 2 | 4 |
| DES-Ⅱ | 2 | 1 |
| DES-Ⅲ | 0 | 1 |
| SES | 5 | 35 |
| 总计 | 19 | 73 |

由表 5.8 可以看出，在完全错误的术语中，SIS 类型占 31.6%，SES 占 26.3%，两者合计 57.9%；在部分错误的术语中，SIS 类型占 24.7%，SES 类型占 47.9%，两者合计 72.6%。可见，简单型认知支持仍是术语翻译错误的主要原因。

综合上述对英译汉和汉译英两次翻译过程中术语决策的分析结果，可以得出以下初步结论。

1）从总体上来看，术语翻译时三组被试在各种认知支持类型的选用次数上存在一定差异。本科组所采取的主要认知支持类型为简单型，即 SES 和 SIS，这也是导致其总体翻译质量较低的主要原因。职业组和硕士组对 IS-ES 型认知支持的选用次数要远远多于本科组，说明职业组和硕士组在进行术语翻译时能够更好地将自己已有的知识和文献检索提供的外部知识相结合，职业组在这方面表现最好。关于对 DES 类型的选用次数，硕士组最多，职业组次之，本科组最少。这说明本科组对外部主导型支持的依赖度最低，但其 SES 型次数较多，说明本科组更倾向于进行简单的文献检索。硕士组的 DES 型使用频次和复杂度都高于职业组，说明硕士组对外部主导型支持的依赖度要高于职业组。

2）硕士组和职业组的文献检索次数和复杂度远远高于本科组；与职业组相比，硕士组的文献检索次数较少，且复杂度较低。但与英汉翻译过程相比，汉英翻译过程中三组被试在文献检索次数和复杂度上的差距有所减小。

3）各组内部被试之间的认知支持类型的次数也存在一定差异。组内术语翻译高分被试与低分被试之间的主要差异在于对简单型认知支持的选用次数上。简单型认知支持在低分被试的术语翻译决策中所占比例较高，说明低分被试倾向于更多地依赖简单认知支持进行术语翻译决策；高分被试所采用的简单型认知支持则较少。

4）完全错误的术语译名中，简单型认知支持为被试所采用的主要类型，但汉英翻译中的比例低于英汉翻译中的比例；在部分错误的术语译名中，简单型认知支持亦为被试所采用的主要类型。由此可见，被试在进行错误的术语翻译决策时所选用的主要认知支持类型为简单型，即 SES 和 SIS 型，换言之，简单型认知支持是术语翻译错误的主要原因。

## 第三节　工具资源使用

在当今全球化的语境下，现代技术尤其是计算机与互联网技术的迅速发展使人类社会的活动方式发生了巨大变化，应用翻译实践同时也经历了现代技术带来的重大变革；机器翻译技术的迅速发展、翻译记忆技术的广泛应用、各种计算机辅助翻译软件的逐渐普及，以及网络信息资源的不断累加，加速了翻译行业的产业化进程。现代技术在翻译工作中的运用加快了翻译产业的形成与发展，同时也对译员的职业素质提出了更高的要求。翻译技术可以分为机器翻译、翻译记忆软件、词典类工具、网络资源以及其他辅助工具。虽然这些工具无法替代人工翻译，也没有一种电子工具可以使一名较差的译者变成优秀的译者，但是如果使用得当，合适的电子工具有助于提高优秀译者翻译工作的效率和质量（Austermühl，2001：1）。能够熟练使用这些工具资源处理翻译问题，已成为现代翻译工作者必不可少的一项职业技能。

全球化进程催生了社会对翻译的巨大需求，并且这种需求还在不断快速增长。一个译者的知识量再多，知识面再广，也无法做到不依靠文献检索就顺利完成翻译任务。况且现代翻译工作会涉及多种专业领域的文本，每个专业领域都会包含大量的术语。翻译技术为译者提供了更为快捷、便利的文献检索方式，以弥补其在专业知识方面的不足，帮助其解决翻译中遇到的专业问题，如术语问题。

本节所要探讨的问题是三组被试在以下四个方面存在的差异：

1）翻译工具资源的种类；

2）文献检索的类型与次数；

3）词典工具的使用方式；

4）网络资源的使用方式。

## 一、翻译工具资源的种类

本次实验过程中被试所用工具资源主要包括词典类工具和网络资源两种。词典类工具包括灵格斯词霸、有道词典、百度词典三种，其中前两种是可以安装到个人电脑上的词典软件，百度词典则是由百度公司提供的在线词典。灵格斯词霸是一款简明易用的词典与文本翻译软件，能够支持全球 80 多种语言的词典查询、全文翻译、屏幕取词、划词翻译、例句搜索、网络释义和真人语音朗读功能；同时还提供海量词库免费下载，专业词典、百科全书、例句搜索和网络释义一应俱全，被誉为是新一代的词典与文本翻译专家①。有道词典则是国内的网易公司开发的一款桌面词典软件，其最大特色在于其翻译结果是基于搜索引擎和网络释义的，也就是说它所提供的词语释义主要来自对网络资源的搜索。该软件依赖其强大的搜索引擎（有道搜索）后台数据和“网页萃取”技术，从数十亿海量网页中提炼出传统词典无法收录的各类新兴词汇和英文缩写，如影视作品名称、品牌名称、名人姓名、地名、专业术语等②。这两种词典软件均支持屏幕取词和划词翻译功能。百度词典是

① 参见 http://www.lingoes.cn/[2021-10-20]。

② 参见 https://baike.baidu.com/item/有道词典[2021-10-20]。

由百度公司推出的一款功能强大的英汉在线词典，包含汉语字词、成语、诗词等诸多中文搜索以及英文字词查询功能[①]。百度词典为一种网络在线词典，所以在统计时将其归为网络资源。

“互联网已成为一条联系所有译者的纽带，是搜集资料的绝佳工具”，在碰到难懂的术语时，译者可以将想要使用的术语译名作为关键词进行搜索，以验证其准确性；也可以使用互联网上的百科全书查询该术语的相关资料，进而确认所要使用的术语译名是否存在、是否正确、是否符合翻译需要；还可以核实术语译名的含义及其固有的各种用法（葛岱克，2011：194-195）。被试所使用到的网络资源可以分为搜索引擎、在线百科全书、在线翻译、语料库检索、CNKI 翻译助手等。搜索引擎包括百度搜索（www.baidu.com）、谷歌搜索（www.google.com）、海词搜索（dict.cn）、有道搜索（youdao.com）。其中百度搜索和谷歌搜索是最常用的两种搜索引擎，前者善于中文网页的搜索，后者则更善于英文网页的搜索；海词搜索和有道搜索则主要是面向翻译的搜索引擎，为其各自的词典软件提供数据支持。在线百科全书则能够提供关于某个专业名词或领域的更为详尽系统的信息,包括百度百科和维基百科，前者主要用于中文资料的检索，后者主要用于英文资料的检索，但也支持中文资料的检索。在线翻译则涉及百度和谷歌两种在线翻译系统。WebCorp 语料库检索为被试所用到的唯一语料库工具，该语料库的语料来自互联网上的真实语料，其检索结果能够更为真实地反映语言使用的实际情况。CNKI 翻译助手是以 CNKI（中国知网）总库所有文献数据为依据，不仅可以提供英汉词语、短语的翻译检索，还可以提供句子的翻译检索；不但可以为翻译需求中的每个词给出准确翻译和解释，还可以给出大量与翻译请求在结构上相似、内容上相关的例句，方便用户参考后得到最恰当的翻译结果[②]。CNKI 翻译助手所依据的是专业的学术资料，因此，所提供的专业词汇的翻译结果更为准确、可靠。

各位被试所使用的工具资源的种类统计，见表 5.9。

① 参见 http://baike.baidu.com/item/百度词典 [2021-10-20]。

② 参见 http://dict.cnki.net/[2021-10-20]。

表 5.9　各被试所使用的工具资源的种类统计

| 被试 | 所使用工具资源的种类 |
|---|---|
| 被试 1 | 灵格斯词霸 |
| 被试 2 | 灵格斯词霸、谷歌在线翻译、谷歌搜索、百度搜索 |
| 被试 3 | 有道词典 |
| 被试 4 | 有道词典 |
| 被试 5 | 有道词典 |
| 被试 6 | 灵格斯词霸、百度搜索、百度词典、谷歌搜索、维基百科 |
| 被试 7 | 灵格斯词霸、谷歌搜索 |
| 被试 8 | 有道词典 |
| 被试 9 | 灵格斯词霸、谷歌搜索、百度百科、维基百科 |
| 被试 10 | 有道词典、百度搜索、海词搜索、有道搜索 |
| 被试 11 | 灵格斯词霸、谷歌搜索、百度搜索 |
| 被试 12 | 有道词典、谷歌搜索、百度百科 |
| 被试 13 | 灵格斯词霸、百度搜索、谷歌搜索、CNKI 翻译助手、百度百科、维基百科 |
| 被试 14 | 百度词典、百度搜索、百度百科、百度在线翻译、WebCorp 语料库搜索 |
| 被试 15 | 有道词典、百度搜索、谷歌搜索 |

总体上来看，本科组所使用到的翻译工具比较简单，以词典类工具为主，仅有被试 2 使用到了词典工具以外的网络资源，包括谷歌在线翻译、谷歌搜索、百度搜索；硕士组所使用到的翻译工具种类比本科组要丰富，除了词典工具，还涉及百度搜索、百度词典、百度百科、谷歌搜索、维基百科、海词搜索、有道搜索等多种网络资源，然而个别被试在翻译过程中仍主要依赖词典工具；职业组所使用到的翻译工具最为多样化，每位被试均使用到了三种或三种以上的翻译工具，除词典工具外，还包括百度搜索、百度词典、百度百科、百度在线翻译、谷歌搜索、维基百科、CNKI 翻译助手、WebCorp 语料库搜索等多种网络资源。虽然词典工具能够为翻译工作提供很多便利和帮助，但是它所提供的结果相对比较有限，有时单纯依靠词典工具，译者很难确定术语的准确译名。这时，译者就需要通过各种网络工具和资源获取更多信息，综合多种渠道所得翻译结果，这样才能更准确地进行术语翻译。可见，本科组的被试对词典工具的依赖性较强，不善于利用网络资源为自己的翻译过程服务；硕士组的被试除了进行词典工具的检索之外，还能够利用一定的

网络资源进行相关资料的检索；职业组的被试更擅长协调使用多样化的翻译工具资源，为其翻译过程服务，有效保证其术语翻译的质量，因此能够以较高的质量完成专业材料的翻译工作。

## 二、文献检索的类型与次数

通过文献检索，译者可以获得自己所不具备的外在知识，以弥补对所涉专业领域知识的欠缺。文献检索可以通过各种词典工具和网络资源来完成。译者会根据自己的经验选择合适的文献检索类型。

### （一）英汉翻译过程

英汉翻译过程中各组被试文献检索的类型与次数统计见表 5.10。

**表 5.10　英汉翻译过程中各组被试文献检索的类型与次数统计**

| 被试 | 屏幕取词 | 双语词典 | 英文词典 | 词典机译 | 词典例句 | 词典百科 | 百度搜索 | 百度词典 |
|---|---|---|---|---|---|---|---|---|
| 被试 1 | 35 | 0 | 0 | 0 | 0 | 0 | 0 | 0 |
| 被试 2 | 29 | 11 | 0 | 0 | 8 | 0 | 3 | 0 |
| 被试 3 | 34 | 0 | 0 | 0 | 0 | 0 | 0 | 0 |
| 被试 4 | 18 | 1 | 0 | 1 | 0 | 0 | 0 | 0 |
| 被试 5 | 10 | 2 | 0 | 0 | 0 | 0 | 0 | 0 |
| 总计 | 126 | 14 | 0 | 1 | 8 | 0 | 3 | 0 |
| 被试 6 | 20 | 0 | 0 | 0 | 0 | 1 | 11 | 2 |
| 被试 7 | 0 | 24 | 2 | 0 | 0 | 2 | 0 | 0 |
| 被试 8 | 26 | 13 | 0 | 0 | 2 | 0 | 0 | 0 |
| 被试 9 | 0 | 8 | 1 | 0 | 0 | 0 | 0 | 0 |
| 被试 10 | 5 | 20 | 0 | 5 | 13 | 2 | 2 | 0 |
| 总计 | 51 | 65 | 3 | 5 | 15 | 5 | 13 | 2 |
| 被试 11 | 0 | 17 | 0 | 0 | 7 | 0 | 3 | 0 |
| 被试 12 | 22 | 2 | 0 | 1 | 3 | 0 | 0 | 0 |
| 被试 13 | 0 | 21 | 1 | 0 | 11 | 0 | 20 | 0 |
| 被试 14 | 0 | 0 | 0 | 0 | 0 | 0 | 4 | 17 |
| 被试 15 | 17 | 4 | 0 | 0 | 4 | 0 | 7 | 0 |
| 总计 | 39 | 44 | 1 | 1 | 25 | 0 | 34 | 17 |

续表

| 被试 | 百度百科 | 百度在线翻译 | 谷歌搜索 | 谷歌在线翻译 | 维基百科 | 海词搜索 | 有道搜索 | CNKI 翻译助手 |
|---|---|---|---|---|---|---|---|---|
| 被试 1 | 0 | 0 | 0 | 0 | 0 | 0 | 0 | 0 |
| 被试 2 | 0 | 0 | 0 | 12 | 0 | 0 | 0 | 0 |
| 被试 3 | 0 | 0 | 0 | 0 | 0 | 0 | 0 | 0 |
| 被试 4 | 0 | 0 | 0 | 0 | 0 | 0 | 0 | 0 |
| 被试 5 | 0 | 0 | 0 | 0 | 0 | 0 | 0 | 0 |
| 总计 | 0 | 0 | 0 | 12 | 0 | 0 | 0 | 0 |
| 被试 6 | 0 | 0 | 0 | 0 | 0 | 0 | 0 | 0 |
| 被试 7 | 0 | 0 | 14 | 0 | 1 | 0 | 0 | 0 |
| 被试 8 | 0 | 0 | 0 | 0 | 0 | 0 | 0 | 0 |
| 被试 9 | 2 | 0 | 11 | 0 | 4 | 0 | 0 | 0 |
| 被试 10 | 0 | 0 | 0 | 0 | 0 | 5 | 2 | 0 |
| 总计 | 2 | 0 | 25 | 0 | 5 | 5 | 2 | 0 |
| 被试 11 | 0 | 0 | 10 | 0 | 0 | 0 | 0 | 0 |
| 被试 12 | 1 | 0 | 8 | 0 | 0 | 0 | 0 | 0 |
| 被试 13 | 0 | 0 | 14 | 0 | 0 | 0 | 0 | 5 |
| 被试 14 | 0 | 5 | 0 | 0 | 0 | 0 | 0 | 0 |
| 被试 15 | 0 | 0 | 0 | 0 | 0 | 0 | 0 | 0 |
| 总计 | 1 | 5 | 32 | 0 | 0 | 0 | 0 | 5 |

由表 5.10 可见，在英汉翻译过程中，本科组的文献检索类型比较单一，主要涉及词典工具的使用，屏幕取词为其主要的文献检索类型，双语词典检索仅有 14 次。关于网络资源的使用，本科组仅有被试 2 使用百度搜索 3 次和谷歌在线翻译 12 次。可见，本科组对网络资源的使用非常有限，不善于使用网络资源进行文献检索。硕士组的文献检索类型呈多样化，对词典工具的使用主要形式为屏幕取词和双语词典，还涉及英文词典、词典机译、词典例句、词典百科的使用。关于网络资源的使用，硕士组能够利用百度搜索、百度词典、百度百科、谷歌搜索、维基百科、海词搜索、有道搜索等多种资源进行文献检索，可见，硕士组被试较为擅长使用网络资源。职业组的文献检索类

型亦呈多样化，对词典工具的使用主要形式为屏幕取词和双语词典，但其对词典的使用次数少于硕士组被试。关于网络资源的使用，职业组的文献检索类型涉及百度搜索、百度词典、百度百科、百度在线翻译、谷歌搜索、CNKI翻译助手等多种类型，且其对网络资源的文献检索次数多于硕士组被试。这说明职业组更擅长综合使用词典工具和各种网络资源进行多渠道文献检索，因此其术语翻译能够达到较高的质量水平。

### （二）汉英翻译过程

汉英翻译过程中各组被试文献检索的类型与次数统计见表5.11。

**表5.11 汉英翻译过程中各组被试文献检索的类型与次数统计**

| 被试 | 屏幕取词 | 双语词典 | 英文词典 | 词典机译 | 词典例句 | 百度搜索 |
|---|---|---|---|---|---|---|
| 被试1 | 0 | 23 | 0 | 0 | 4 | 0 |
| 被试2 | 0 | 34 | 0 | 0 | 8 | 0 |
| 被试3 | 21 | 11 | 0 | 0 | 0 | 0 |
| 被试4 | 27 | 0 | 0 | 0 | 0 | 0 |
| 被试5 | 19 | 1 | 0 | 0 | 0 | 0 |
| 总计 | 67 | 69 | 0 | 0 | 12 | 0 |
| 被试6 | 28 | 1 | 0 | 0 | 0 | 12 |
| 被试7 | 0 | 28 | 12 | 0 | 16 | 0 |
| 被试8 | 18 | 31 | 0 | 0 | 2 | 0 |
| 被试9 | 0 | 1 | 0 | 0 | 0 | 0 |
| 被试10 | 12 | 17 | 0 | 0 | 14 | 0 |
| 总计 | 58 | 78 | 12 | 0 | 32 | 12 |
| 被试11 | 0 | 34 | 2 | 0 | 1 | 0 |
| 被试12 | 23 | 6 | 0 | 2 | 0 | 0 |
| 被试13 | 0 | 27 | 1 | 0 | 0 | 2 |
| 被试14 | 0 | 0 | 0 | 0 | 0 | 14 |
| 被试15 | 16 | 0 | 0 | 0 | 0 | 6 |
| 总计 | 39 | 67 | 3 | 2 | 1 | 22 |

续表

| 被试 | 百度词典 | 百度百科 | 百度在线翻译 | 谷歌搜索 | 维基百科 | WebCorp语料库搜索 |
|---|---|---|---|---|---|---|
| 被试 1 | 0 | 0 | 0 | 0 | 0 | 0 |
| 被试 2 | 0 | 0 | 0 | 3 | 0 | 0 |
| 被试 3 | 0 | 0 | 0 | 0 | 0 | 0 |
| 被试 4 | 0 | 0 | 0 | 0 | 0 | 0 |
| 被试 5 | 0 | 0 | 0 | 0 | 0 | 0 |
| 总计 | 0 | 0 | 0 | 3 | 0 | 0 |
| 被试 6 | 0 | 8 | 0 | 8 | 7 | 0 |
| 被试 7 | 0 | 1 | 0 | 5 | 0 | 0 |
| 被试 8 | 0 | 0 | 0 | 0 | 0 | 0 |
| 被试 9 | 0 | 0 | 0 | 9 | 0 | 0 |
| 被试 10 | 0 | 0 | 0 | 0 | 0 | 0 |
| 总计 | 0 | 9 | 0 | 22 | 7 | 0 |
| 被试 11 | 0 | 0 | 0 | 9 | 0 | 0 |
| 被试 12 | 0 | 0 | 0 | 1 | 0 | 0 |
| 被试 13 | 0 | 0 | 0 | 26 | 0 | 0 |
| 被试 14 | 13 | 4 | 2 | 0 | 0 | 2 |
| 被试 15 | 0 | 0 | 0 | 1 | 0 | 0 |
| 总计 | 13 | 4 | 2 | 37 | 0 | 2 |

由表 5.11 可见，在汉英翻译过程中，本科组的文献检索类型亦比较单一，主要涉及词典工具的使用，屏幕取词和双语词典检索为其主要的文献检索类型。关于网络资源的使用，本科组仅有被试 2 使用谷歌搜索 3 次。这再次说明本科组对网络资源的使用非常有限，不善于使用网络资源进行文献检索。硕士组的文献检索类型呈较为多样化，对词典工具的使用主要形式为屏幕取词、双语词典和词典例句参考，还涉及英文词典的使用。关于网络资源的使用，硕士组能够对百度搜索、百度百科、谷歌搜索、维基百科等资源进行文献检索。虽然在汉英翻译过程中硕士组被试的网络资源的文献检索类型少于英汉翻译过程，但仍说明其较本科组更擅长使用网络资源。职业组的文献检

索类型亦呈多样化，对词典工具的使用主要形式为屏幕取词和双语词典，但其对词典的使用次数少于硕士组被试。关于网络资源的使用，职业组的文献检索类型涉及百度搜索、百度词典、百度百科、百度在线翻译、谷歌搜索、WebCorp 语料库搜索等多种类型，且其对网络资源的文献检索次数多于硕士组被试。这再次说明职业组更擅长综合使用词典工具和各种网络资源进行多渠道文献检索，这也是其术语翻译能够达到较高的质量水平的原因之一。

通过综合英译汉和汉译英两次翻译过程中各组被试的文献检索类型和次数的分析结果，我们可以发现，本科组在术语翻译时更加依赖词典工具，硕士组和职业组则能够综合利用词典工具和网络资源进行文献检索以获取相关信息，从而更加准确、规范地翻译术语，职业组则更擅长使用各种网络资源进行文献检索，以服务于术语翻译。

## 三、词典工具的使用方式

词典软件是翻译工作所必需的主要工具之一，因此，在翻译任务开始之前，译者有必要准备好所需的词典工具。在本次实验中，因为各被试皆选择在自己的日常工作地点，并使用个人电脑完成翻译任务，所以被试无须再特意选择安装翻译所需的词典软件，直接打开个人电脑已安装好的词典软件即可。但有经验的译者会根据待译材料的内容，对词典软件进行相关的准备工作，如设置好本次翻译任务所需的专业词典。被试所用的词典工具主要为灵格斯词霸和有道词典。灵格斯词霸支持安装各种词典资源，其中包括各种学科领域的专业词典，但索引组中所包含的词典数量较为有限，所以被试有必要根据当前翻译任务的需要，将相应的词典添加到索引组中，这样有利于提高词典查询结果的针对性和可靠性。共有 7 名被试使用了灵格斯词霸，其中本科组 2 名、硕士组 3 名、职业组 2 名。本科组和硕士组的被试没有使用专业词典的意识，而职业组的两名被试则在术语翻译过程中有意识地用到了灵格斯词霸所提供的与计算机领域相关的专业词典。在下面所展示的有声思维片段中，被试的词典和网络操作在括号中注明。其中，带下划线的部分表示被试输入电脑的文字的译文，带删除线的部分表示被试删除的文字。

首先，来看一下被试 13 在译前准备阶段对灵格斯词霸进行的设置。

（1）P13/EC/TAPs：（00:01:05）嗯，大致浏览完一遍这个原文，可以感觉到这是一篇关于计算机专业的几个术语的介绍性的文章，看一下翻译说明是要求怎么做，以下是关于图像格式，啊，这是关于图像格式的一段说明性文字，说明文，译文的受众为计算机专业的学生，供其学习之用，要求译文准确正确，哦，正确传达原文的信息，用词得当，句子通顺，啊，因为这是一篇计算机专业的，计算机类的，这个专业类的文体，它的受众呢是计算机专业的学生，学生呢，因为他是计算机专业的学生，所以他对计算机知识应该有一些了解，所以呢，把这个译文翻译得一定要地道，一定要句子简练，尤其是专业术语层面呢应该要准确，所以呢在翻译之前应该准备一下专业的词典，我看一下，看一下，看一下这个灵格斯里面它的索引组，把词典，把一些词典准备好，比如这个 21 世纪的双语科技词典，因为是科技类的文章，计算机专业术语，科技类文章，还有微软计算机词典，啊，英汉双解计算机词典，因为这些词典都能为我们提供比较权威的术语译名，好，准备好，把它们加入，加入索引组，好，下面开始正式翻译。（00:02:57）[①]

通过阅读原文和翻译说明，被试 13 对英汉翻译任务有了大致的了解，并根据原文所属的专业领域（计算机）将一些专业词典添加到灵格斯词霸的索引组中。他所选择的三种专业词典是 21 世纪双语科技词典、微软计算机词典、英汉双解计算机词典。选择 21 世纪双语科技词典的原因是计算机专业的文本也属于科技类文本，而后两种词典皆是计算机专业词典。这些专业词典所提供的术语译名更为权威和规范。

（2）P13/EC/TAPs：（00:03:27）这个 raster，这个以前没有学过，没有见过，是什么意思呢，我查一下，灵格斯，（词典查询，检索词：raster）raster，光栅和扫描线，好，这个微软计算机词典显示的也是光栅，英汉双解计算机词典也是光栅，扫描线，光栅，光栅，

---

① 本节中的楷体字为对被试的有声思维录音、键盘操作记录、翻译过程屏幕操作的全过程的文字转录。为了准确呈现全过程，未对其中不符合书面语表达习惯的口头表达进行改写、润色。

光栅，那么看一下它是比较专业的，在计算机领域它就是翻译成光栅，因为光栅这个译名是比较多的，而且这个专业词典当中也把它翻译成了光栅，所以把它翻译下来，光栅，什么是光栅。（00:04:27）

词典查询的结果显示 raster 有“光栅”“扫描线”“试映图”“栅格”“扫描栅”等多个译名，被试需要从中选择最为准确并符合计算机专业领域规范的一个译名。被试 13 最终的决策“光栅”是基于微软计算机词典和英汉双解计算机词典所提供的结果。

（3）P13/CE/TAPs:（00:23:14）使用网关呢就是 by using，网关，这个词应该是 gateway，我要确认一下是不是 gateway，（词典查询，检索词：网关）虽然学过，但是呢，还是要确认一下，嗯，对这个领域只是一般熟悉，不是太熟悉，所以我来词典当中来确认一下这个 gateway，gateway，计算机领域的，这个专业词典提供的结果是 gateway，网关，没有问题，gateway。（00:23:42）

在翻译“网关”一词时，被试 13 所说的专业词典是 21 世纪双语科技词典，该词典显示的查询结果为“gateway [计]”，说明该译名属于计算机领域专业词汇。从上面的有声思维片段中可以看出，虽然在翻译过程中被试 13 也会使用普通词典进行术语译名的查询，但他会将普通词典提供的译名与专业词典提供的译名相比照，并将专业词典所提供的译名作为其翻译决策的主要依据。

被试 11 也将专业词典的查询结果作为翻译决策的依据。

（4）P11/EC/Taps:（00:32:12）Virtual Reality Modeling Language，这个的话，虚拟现实建模语言，这个的话我是根据它的字面直译出来的，我看看是不是已经有现成的翻译了，（词典查询，检索词：Virtual Reality Modeling Language）看一下，虚拟现实建模语言，跟我完全一样，后面的，看一下，也是，这是直接的是微软计算机词典中的译法，所以可以直接使用，虚拟现实建模语言（VRML）。（00:32:49）

在翻译术语 Virtual Reality Modeling Language 时，被试 11 首先根据各单词的意思将其直译为“虚拟现实建模语言”，然后通过词典查询进行确认，发现由微软计算机词典提供的结果与自己的结果完全相符。

（5）P11/CE/Taps:（00:19:52）另外一种方法是用网桥来连接具有相同配置的网络，另外一种方法在这里就是指连接网络的方法，所以这里的话我这里前面加上去，Another way to connect，Another way to connect local area networks is via，网桥，网桥是不是 net bridge，我要查证一下，（词典查询，检索词：net bridge）网桥有的，这个比较少，只是出现在了国内的海词在线词典，所以这是不是 Chinglish，不太好说，所以我还是要再改一下，看一下 network bridge，是不是有这个更加，这个说法是不是更加地像英文，对，这个才是更加地像英文，（词典查询，检索词：network bridge）这个是微软中的，所以我用 network bridge，via a network bridge。（00:21:24）

在翻译术语“网桥”时，被试 11 同样先进行了试译，然后将自己想出的译名输入词典中进行核实，但是发现 net bridge 的结果较少，只出现在了海词在线词典中，所以他认为该译名不太规范，于是进而验证 network bridge 的说法，该说法出现在了微软计算机词典提供的术语表中，因此得到了证实。

虽然被试 11 在开始翻译前未对灵格斯词霸软件进行设置，但是在其索引组中已经加载有十几种专业词典，与计算机领域相关的有微软计算机词典、微软术语翻译表、英汉计算机大词典、21 世纪双语科技词典等，这些专业词典有效保证了其术语翻译的质量。另外，被试 11 的词典索引组中还包括各种英汉词典、英语单语词典、维基百科，以及在线词典等，这些词典工具可以为其翻译过程提供丰富的参考资料。

本科组和硕士组被试所使用的灵格斯词霸的索引组中所列词典皆为一般性的词典工具，如海词在线词典、译典通在线词典、句酷双语例句、全文翻译工具等。这些工具无法提供专业性较强的术语的译名，而且有时提供的查询结果也不够可靠和规范。在翻译过程中，被试 11 和被试 13 都表示海词在线词典提供的查询结果不够可靠，需要借助专业词典或网络查询进一步确认。

在进行词典查询时，本科组被试所选用的主要方式为词典屏幕取词功能。虽然屏幕取词功能能够为译者提供较为快速的查询，但其结果比较有限，如果译者不做更多的思考或查询而直接接受屏幕取词显示的译名，有时会造成术语翻译的失当。例如，被试 5 在翻译英译汉原文第一句中的 5 个术语时，所采用的就是有道词典的屏幕取词功能。

（6）P5/EC/TAPs:（00:00:11）首先第一句中出现了很多专业术语，那我们就逐个翻译一下，raster，（屏幕取词，检索词：raster）光栅，试映图，光栅，vector，（屏幕取词，检索词：vector）矢量，metafile，（屏幕取词，检索词：metafile）呃，图，图元文件，PDL，（屏幕取词，检索词：PDL）程序设计语言，Program Design Language，（屏幕取词，检索词：VRML）嗯，虚拟实境标记语言，虚拟现实造型语言，这个不太确定是哪种翻译，看到 model 可以确定虚拟实境造型，modeling 造型语言，什么是光栅文件，光栅，矢量，metafile，图元文件，PDL 是 Program Design Language 程序设计语言，嗯，这里虚拟，哦，sorry，虚拟现实造型语言，建模语言，虚拟现实建模语言，以及等等，等等？（00:02:25）

被试 5 将屏幕取词所提供的结果作为术语翻译的最终答案，在翻译 raster、vector、metafile 三个术语时，没有出现问题。由图 5.21 可见，当查询缩略语 PDL 时，屏幕取词提供的首选结果为“程序设计语言”，并显示其全称为 Program Design Language，虽然下面还有几种结果，但被试 5 就将首选结果接受为该术语译名的最终答案。缩略语是英语中新词构词的一种常用方法，科学技术的飞速进步使得科技领域涌现出了大量的缩略语，这就造成了一种缩略形式可能对应多种全称的局面。此处的 PDL 就是其中一例，其实原文中的 PDL 所对应的全称为 Page Description Language（页面描述语言）。屏幕取词所提供的首个查询结果“程序设计语言”恰好也属于计算机专业用语，而被试 5 未做过多查询，也未联系下文中出现的 PDL 的全称，于是造成了该术语的错误翻译。在翻译缩略语 VRML 时，被试 5 也出现了类似情况，该缩略语也对应两个全称 Virtual Reality Markup Language 和 Virtual Reality Modeling Language。查询该术语时，屏幕取词的首选结果为前者，即“虚拟实境标记语言”（图 5.22），但在后面的网络释义中还提供了 Virtual Reality

Modeling Language 所对应的汉语译名，通过联系下文，被试 5 将“虚拟现实建模语言”选定为最终答案。

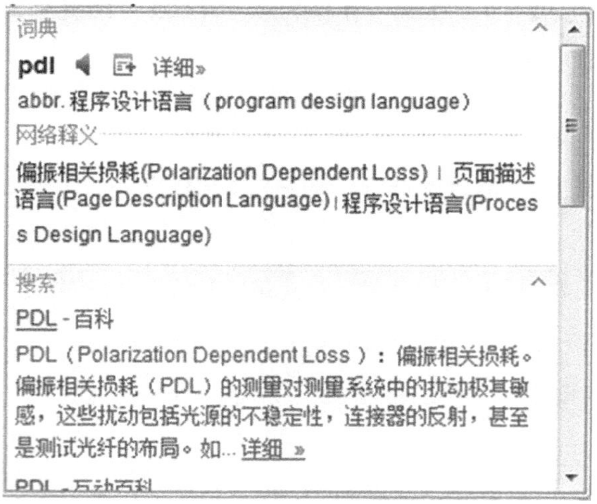


图 5.21　被试 5 的屏幕取词查询界面（PDL）

图 5.22　被试 5 的屏幕取词查询界面（VRML）

虽然屏幕取词所提供的译名不止一个，还包括该词条的百科内容，但本科组被试倾向于直接将屏幕取词的首选结果视作最终答案。

（7）P4/EC/TAPs（00:00:41）what is raster，这是一些专业术语概念，嗯，什么是，raster，（屏幕取词，检索词：raster）光栅，光栅，（屏幕取词，检索词：vector）矢量，metafile，（屏幕取词，检

索词：metafile）图元文件，PDL，（屏幕取词，检索词：PDL）程序设计语言，就把这些全都翻译过来，（屏幕取词，检索词：VRML）虚拟实境标记语言，嗯，and so forth，这类的概念呢？好。（00:02:11）

被试 4 在翻译上述 5 个术语时，未做充分查询和思考，就直接将屏幕取词的首选结果作为最终答案，于是导致了 PDL 和 VRML 两个术语的译名皆与原文内容不相符。

与本科组相比，硕士组被试所使用的词典资源比较丰富，不仅会用到屏幕取词，而且还会打开词典软件的界面进行查询，以获取更多的结果，此外还会使用词典软件所提供的双语例句和百科等资源。以下是被试 7 使用各种词典资源对上述 5 个术语的翻译过程。

（8）P7/EC/TAPs:（00:02:36）嗯，有很多生词是不认识的，先查一下 vector、raster 这几个词，（打开灵格斯词霸）raster，（词典查询，检索词：raster）scan pattern，扫描线，光栅，什么意思呢，（查看词典例句）点线影像处理器，点线扫描，那是点线的意思，光栅，光栅图形，那应该是图形的话，contain graphics information described as pixels，那应该是光栅的意思，光栅文件格式，应该是用这个词，另起一段来写，什么是光栅，（将 raster 标为蓝色）先，等一会回来再确定一下，vestor，不是，vector，（词典查询，检索词：vector）什么是光栅，矢量图，光栅图，矢量图，矢量的意思，（查看词典百科）矢量，（查看英文词典）矢量是 a quantity such as force that has a direction as well as size，an insect or animal，in biology an animal，那就是 quantity 矢量的意思，a quantity that has，嗯，这个叫矢量好，矢量（~~图~~），光栅（~~图~~），矢量，metafile，metafile，（词典查询，检索词：metafile）元图，图元文件，（查看词典百科）图元文件分为普通图元文件和增强型图元文件两种，扩展名为，将图形定义为编码的线段和图形，也称作绘图类型的图形，和这个有关系，看不懂，但是这个就是图元文件的意思，metafile，图元文件，是不是这样写啊，图元文件，PDL，（词典查询，检索词：PDL）PDL，Perl Data Language，Page Description Languages，网页描述语言，看来有这个，有这个用法，就写作网页描述语言，嗯，VRML，VRML，（词典查询，检索词：VRML）Virtual Reality Modeling Language，那就是虚拟现实造型语言，造型语言，没有别的了，虚拟实境标记语言，哦，不对，（查看词典例句）虚拟现实建模语言，这个应该叫是建模语言，虚拟现实建模语言，我觉得建模语言比造型语言要好一点，就先写这个，虚拟现实建模语言，把这几个都，（将 vector、metafile、PDL、VRML 标为蓝色）待会再查一下，and so forth，等等，可以翻译成“等等”吧，and so forth，（词典查询，检索词：and so forth）等等，诸如此类，诸如此类的词呢？（00:07:06）

可见，在进行术语译名的词典查询时，被试 7 用到了双语词典、英文词典、词典例句、词典百科。与屏幕取词功能相比，被试在词典软件的操作界面上进行查询，能够获取有关该术语的更多资料信息。该界面的结果可能包含多个双语词典所提供的汉语译名，如海词在线词典、译典通在线词典；英文词典对术语的解释有利于被试对概念的深入理解；词典例句中的双语例句能够展现术语在两种语言中的真实用法；词典百科则能够提供有关该术语的更为详细的文献资料，有助于被试获取与该词条相关的更多知识。此外，在修订阶段，被试 7 还使用谷歌搜索对术语的译名进行了核实。与职业组相比，被试 7 所使用的词典资源相对比较有限。被试 7 的词典索引组仅有 7 项结果，远远少于被试 11 的 20 多项结果。尤其是被试 11 所使用的计算机专业词典，对本次翻译任务具有重要参考价值。被试 6 和被试 9 所使用的灵格斯词霸索引组中所包含的词典工具也非常有限，没有加载任何专业词典。被试 13 所使用的灵格斯词霸索引组中涉及 10 多种词典工具，并且其中涉及 3 种与本次翻译任务相关的专业词典。可见，被试 11 和被试 13 能够利用丰富的词典资源，并善于根据待译材料的性质选择适合的专业词典。

硕士组对于有道词典的使用，没有仅限于屏幕取词，而是将屏幕取词和词典界面查询相结合，并会参考该词典提供的双语例句。下面是被试 10 对英译汉原文中的 raster、vector、metafile 三个术语的翻译过程。

（9）P10/EC/TAPs:（00:01:42）好，先看第一句，（打开有道词典）第一句中有一些术语是需要查询的，所以我把它放到有道里进行检查，（词典查询，检索词：rasrer）可以看一下，啊，sorry，打错了，（词典查询，检索词：raster）可以看一下在词典中，它说明它在物理学领域，就是电子科技领域，它的意思是扫描光栅的意思，（查看词典例句）然后我们再来看一下例句，看一下具体语境中这个单词的应用，好的，我们看一下，在不同的语句中，它都是采用了“光栅”这一译法，所以在具体这个文章中，我们也采用这一译法，光栅，嗯，对于句子的具体翻译，我们先查出这些名词的具体意思之后，再来进行翻译。嗯，（屏幕取词，检索词：vector）vector，（词典查询，检索词：vector）无线电导航，矢量，在名词来说呢，它在数学和生物学领域，它的讲法是不一样的，还有科技领域，（查看词典例句）我来看一下，从第一个例子例句我就可以看出，它在介绍涉及到图形信息、图片信息的这类语境中呢，它通常都是用作矢量、向量，矢量，哎？向量，这是一个词组，可能在这里它是向量的意思，然后在这里它是矢量的意思，好了，我们就可以确定它可以翻译为矢量，矢量。第三个词，（屏幕取词，检索词：metafile）metafile，然后其实这里已经看出来它是图元文件的意思，但是我还是要详细地确认，（词典查询，检索词：metafile）我可以看出它在这里是图源文件的意思，但是这个“源”和其他例子中的这个“元”呢不是很一致，（查看词典例句）我再看一下具体的例子，通过这些例子我们可以看出，几乎有 99%的例子中都是采用了元素的“元”，那么我们可以把它翻译为图元文件，图元文件，啊，当然还是要再确定一下，再回到词典查询的界面，（屏幕取词，检索词：metafile）好的，图元文件。（00:04:59）

可以看到，被试 10 不仅用到了屏幕取词，还在词典的界面进行查询，并参考了词典所提供的双语例句，作为术语翻译决策的依据。例如，在查询 metafile 时，有结果显示为“图源文件”，但被试通过参考词典提供的双语例句，发现大部分例句中采用的都是“图元文件”的说法，因此将最后的译名定为“图元文件”。职业组被试同样也使用到了有道词典的例句功能，请看被试 15 对术语 PDL 的翻译过程。

（10）P15/EC/TAPs:（00:15:04）Page Description Language，Page 就是我们这里的第一段的 PDL，来看一下它翻译成什么，Page Description，（屏幕取词，检索词：PDL）程序设计语言，PDL，是不是只有这个，Page Description，它是 Page Design Language，看看其他的，（词典查询，检索词：PDL）程序设计语言，啊，页面描述语言，那这个，程序设计语言，Page，Picture Description Language，看下例句，（查看例句）PDL，这里面也都是这种形式，根本就没有翻译，页面描述语言，Description，Picture，页面描述，Page，哦，这个页面描述语言，还是可以采取的，页面描述语言，页面描述语言。（00:16:59）

可见，被试 15 结合了屏幕取词和词典界面查询功能，并参考词典查询提供的双语例句作为术语翻译决策的依据。

每组内部各被试的词典使用能力并不是一样的，他们之间存在组内差异。本科组被试使用词典的主要形式为屏幕取词，但被试 2 多次用到了词典界面查询，并参考了词典查询所提供的双语例句，被试 1 在汉英翻译过程中也多次使用了词典界面查询。硕士组的被试 6 对词典的使用却主要为屏幕取词功能，未参考词典查询所提供的双语例句。职业组的被试 12 在汉英翻译过程中也是如此，主要使用词典工具的屏幕取词功能，并将其作为术语翻译决策的主要依据，这或许是因为她擅长文学翻译领域，但是在科技领域的翻译经验较少。被试 14 的个人习惯则是使用百度在线词典和其他网络资源进行术语查询。尽管如此，总体上来讲，职业组的词典使用能力仍高于硕士组，硕士组的词典使用能力仍高于本科组。这一能力表现为翻译过程中被试所用的词典资源的类型和形式，以及术语翻译决策所参考的词典依据。

## 四、网络资源的使用方式

尽管词典软件能够为译者的翻译工作提供重要的参考资料，但其内容还是相对有限。有时单凭词典查询所提供的信息，译者无法对术语译名做出最终决策，尤其是那些新近出现的名词或者尚未形成标准化译名的专业词汇。

遇到这种情况时，译者就需要进行更多的文献检索，从而获取所涉词语的更多译名选择，更深入地理解所涉词语的含义，从而最终确定一个较为合适的译名。互联网的出现不仅改变了翻译工作的信息交流和传播方式，也给翻译工作提供了丰富宝贵的信息资源。借助搜索引擎，译者可以检索到翻译工作所需的各种语言和百科信息。互联网正在改变着译者的工作方式，这可以被视为一种范式的变迁（Austermühl，2001：38）。因此，了解互联网的技术结构与基本工作机制，掌握网络信息检索及信息质量评估的技巧，以及有效运用各种网络资源，已成为现代职业译者所必备的素养。

上文已经对各组被试在术语文献检索时所用到的网络资源的类型和次数进行了统计，结果显示本科组被试所用到的网络资源的类型非常单一，且使用次数有限，两次翻译过程中仅有被试 2 使用了三种网络资源，即百度搜索 3 次、谷歌搜索 3 次、谷歌在线翻译 12 次。硕士组和职业组被试所用网络资源的类型比较丰富，但硕士组被试的网络资源检索次数要远远少于职业组被试。本节主要关注各组被试在网络资源的使用方式上存在的异同。

### （一）本科组的网络资源使用方式

首先来分析一下本科组被试对网络资源的使用方式。被试 2 为本科组中唯一借助网络资源进行术语翻译的译者，她对网络资源的使用主要发生在英汉翻译过程中。被试 2 在遇到术语问题时，首选的工具是词典查询，如果词典查询无法获得满意的结果，她就会求助于搜索引擎和谷歌在线翻译。

> （11）P2/EC/TAPs：（00:04:29）（屏幕取词，检索词：VRML）虚拟现实造型语言，Virtual Reality Modeling Language，（查看词典百科内容）下面这儿还有解释，那就是虚拟现实造型语言，虚拟现实造型语言（00:04:56）……（00:48:47）然后虚拟现实造型语言，嗯？造型语言是不是模型语言，（屏幕取词，检索词：Virtual Reality Modeling Language）（百度搜索，检索词：Virtual Reality Modeling Language）虚拟现实建模语言，哦，它这个地方是建模语言，虚拟现实建模语言，哦，原来是建模语言，不是模式语言，建模语言，~~造型~~，建模。（00:49:35）

被试 2 对术语 VRML 的翻译包括两次过程。首先，她根据屏幕取词和词典百科所提供的结果，将 VRML 译为“虚拟现实造型语言”。然后，在修订阶段，她对这一译法不是太确定，于是通过百度搜索对该词的英文全称进行了查询，看到搜索结果的网页中都将该词译为“虚拟现实建模语言”，所以最终选用了该译法。

（12）P2/EC/TAPs：（00:10:17）包括 graphics information，（屏幕取词，检索词：graphics information）（词典查询，检索词：graphics information）graphics information，（查看词典例句）用矢量汉字黑字体集及数据集，这个都看不懂呀，看一看谷歌怎么翻译，（谷歌在线翻译，检索词：graphics information）图形信息，那这个呢，（再次查看词典例句）图形信息交换，啊，对，图形信息。（00:11:05）

可见，翻译术语 graphics information 时，被试 2 首先进行了屏幕取词，但没有该词的结果，然后进行了词典界面的查询，结果中只有含有该词的双语词典例句，于是使用谷歌在线翻译对该词进行了翻译，结果为“图形信息”，最后她结合词典例句和在线翻译的结果，将译名确定为“图形信息”，但在最终输入的时候，却为“图像信息”。

（13）P2/EC/TAPs：（00:26:23）in a sequence，（屏幕取词，检索词：in a sequence）in a sequence，（词典查询，检索词：in a sequence）（查看词典例句）看一下 in a sequence，（谷歌在线翻译，检索词：in a sequence）在一个序列之中（00:26:49）……（00:43:58）in a sequence，我觉得不应该是一个序列之中吧，in a sequence 是什么意思呢？（屏幕取词，检索词：in a sequence）（谷歌在线翻译，检索词：in a sequence）in a sequence，（百度搜索，检索词：in a sequence 的意思）in a sequence，按逻辑顺序，in a sequence，in a logical sequence，在逻辑顺序，（查看搜索网页 www.zaixian-fanyi.com）performed in a logical sequence，执行在逻辑顺序，顺序，嗯，可不可以翻译成按顺序呢？~~在一个序列之中~~，按顺序，刚刚如果是逻辑顺序的话，这个可不可以翻译成按顺序显示出来的栅格数据的集合，好像也能通顺。（00:46:00）

被试 2 对 in a sequence 的翻译包括两次过程。首先，她使用了屏幕取词和词典界面查询，但都未获得满意的答案，然后根据谷歌在线翻译的结果，将该短语译为"在一个序列之中"。然后，在修订阶段，她读到该句的译文时，感觉不太通顺，于是再次使用了屏幕取词和谷歌在线翻译进行确认，而后使用百度进一步查询，最后根据搜索结果网页，将该短语的译法修改为"按顺序"。其实，sequence 一词译为"序列"更为符合计算机领域的习惯用法。被试 2 所用的检索词"in a sequence 的意思"的搜索效果不太明显，所得结果多数为在线词典或在线翻译所提供的答案，她所参考的网页也是一家在线翻译网站提供的结果。在线翻译多为字面意思的直译，而且不会将语境信息考虑在内，因此其准确性不能得到充分保证。

下面再来看一下被试 2 对 perspective 的翻译过程。

（14）P2/EC/TAPs：（00:33:12）in a variety of perspectives，（谷歌在线翻译，检索词：in a variety of perspectives）嗯，应该不是在各种观点，（词典查询，检索词：in a variety of perspectives）在多种观点，在多种，如果只看 perspective 呢，（词典查询，检索词：perspective）在各种视角，可能，在各种视角，在各种视角中（00:33:56）……（00:47:09）这些图形数据可能在各种视角中被操作，为什么是各种视角呢，图形数据，in a variety of perspectives，这个不知道怎么翻译好，variety of perspectives，看一下，（百度搜索，检索词：in a variety of perspectives 怎么翻译）不可能是在各种观点啊，这个显然不正确，嗯，好像没有这个，perspective 是角度的意思吗？看一看，（词典查询，检索词：perspective）观点，透视，觉得可以用"角度"吧，可能，在各种视角，在各个角度，~~视角中~~，角度，这样，这样好像要通顺一点。（00:48:47）

同样，该词的翻译也涉及两次过程。首先，被试 2 结合谷歌在线翻译和词典查询的结果，将其译名暂定为"观点"，但此时她已感觉这一译法不太合适。然后，在修订阶段，她表示对 in a variety of perspectives 这一短语的译法存在疑问，于是再次进行了确认，而后根据百度搜索和词典查询结果将 perspective 一词的译名改为"角度"。在进行百度搜索时，被试 2 用到的检索词为“in a variety of perspectives 怎么翻译”，该检索词的检索效果欠佳，查询结果中只有第一项相关，而且还是百度在线翻译提供的信息。

在汉英翻译过程中，被试 2 的术语文献检索仅在翻译术语“总线型结构”时用到了网络资源。

> （15）P2/CE/TAPs：（00:16:39）局域网通常使用总线型结构，总线型结构，（词典查询，检索词：总线型）什么是总线型结构呢，（浏览器反应慢）哎，出了什么问题，总线型，总线型结构，总线型结构，（谷歌搜索，检索词：总线型结构）英文表达，（谷歌搜索，检索词：总线型结构 英文表达）总线型结构，总线型结构是什么，（谷歌搜索，检索词：总线型结构 英文）总线型结构，bus type structure，总线型结构，bus structure，真的吗，总线型结构，（查看搜索网页 www.dictall.com）bus type structure，bus architecture，bus topology，应该是在电脑中的，既然是在电脑中，好像都是在电脑中，bus structure，用这个，这个应该行，bus structure。（00:18:58）

在使用谷歌搜索该术语的译名时，被试 2 进行了三次检索才最终找到所需要的网页。第一次的检索词“总线型结构”所得到的结果只能是与该词相关的中文网页；第二次的检索词“总线型结构 英文表达”有些冗余，所得结果与该词的相关性几乎为 0；在进行第三次检索时，被试 2 将检索词中冗余的“表达”二字去掉后，才获得了较为满意的结果。

综上所述，被试 2 在术语翻译中所用到的网络资源的类型比较单一，使用次数也比较少。谷歌在线翻译是她使用到的较多的网络资源类型，但在线翻译的缺点在于其翻译结果多为直译，缺少对术语使用的语境和语言规范性的考虑，所以其准确性难以得到保证。从其对搜索引擎的使用方式上来看，被试 2 不善于使用高效的检索词表达，所获搜索结果的有效性较低，且对搜索结果的筛选能力有待提高，即不善于对搜索结果中的网页进行质量评估，从中选出较为权威的文献资源作为翻译参考。

### （二）硕士组的网络资源使用方式

根据上文的统计，硕士组被试在术语翻译时所使用到的网络资源的类型比较丰富，共涉及 7 种类型，且总使用次数要多于本科组被试，除被试 8 外，其他被试的术语翻译都使用到了网络资源。硕士组被试大多能够将词典工具与网络资源相结合解决术语翻译难题。他们一般是在词典查询无法获得满意答案时就会求助于网络资源。下面将选取硕士组被试典型的网络资源应用案例予以分析。

被试 7 对“总线型结构”一词的翻译过程如下。

（16）P7/CE/TAPs：（00:19:47）局域网通常使用总线型结构，总线型是一种结构，这显然是一个，一个，一个专业术语，（词典查询，检索词：总线型）需要查一下，需要确定是什么用法，这里面没有，（谷歌搜索，检索词：总线型）哦，总线型，哦，是 bus，好像是它有这个，bus，总线型，总线型 bus，是这么查的，总线型，百度百科，（查看搜索结果网页 https://baike.baidu.com/item/总线型拓扑）看一下什么是总线型，总线型就是 bus，英语，（谷歌搜索，检索词：总线型　英语）这个没有英语，（查看搜索网页 www.iciba.com）总线型，technique，the bus type communication network，总线型通信网络，bus，好像就是 bus，查一下 bus，（词典查询，检索词：bus）bus，a circuit that connects the main parts of a computer so that signals can be sent from one part of the computer to another，就是总线型，总线，总线型应该是用 bus type，总线型，用 bus，是 circuit，bus 是总线，总线型就是 bus type，a motor……这是 a small hand truck，bus，a spacecraft，嗯，总线型的结构，local area network，用 it，it is often，it often use，<u>it usually uses Bus type structure</u>，uses bus structure，（再次查看搜索网页 www.iciba.com）总线型的结构，bus network，bus 都是要，b 要大写，这里可以小写，总线型，bus protocol，bus 可以小写，那它不是在这一串的名字里面，所以应该不用首字母大写，那就是可以小写，use bus structure，用 structure，就不用 type 了，~~type~~，usually uses bus structure。（00:23:02）

阅读完原文后，被试 7 感觉“总线型”应该是一个专业术语，首先进行了词典查询，结果显示没有该术语的译名信息，然后使用“总线型”作为检索词进行了谷歌搜索，结果显示该词语的英文对应词为 bus，被试 7 打开“总线型拓扑结构”的百度百科词条，但其中没有该词的英文译名信息，而后又在检索词中加上了“英语”二字继续搜索，打开搜索结果中的第一项进行查看。该网页中提供了一些含有“总线型”一词的英汉双语例句，通过阅读后，被试 7 发现“总线型”一词确实有 bus 这种译法，然后使用词典对 bus 一词进行了查询，发现 bus 一词确实有这样的用法，于是将“总线型结构”的译名初步确定为 bus type structure，但感觉 type 有些冗余，经再次查阅网页双语例句后，被试 7 发现 bus 的首字母不用大写，并删除 type，最终将译名确定为 bus structure。

（17）P10/EC/TAPs：（00:13:33）嗯，看一下原文中括号里的这个名词，（词典查询，检索词：bitmapped file）（查看词典例句）我发现这里只有一个例句，而且在这个例句中 bitmap 应该是“位图、位映像”的意思，那么为了更进一步地确定呢，我在互联网上其他的双语网站中进行查询，因为我平常还有使用海词，（百度搜索，检索词：海词）（打开海词网站）在海词网站中，因为我平常也经常使用这个网站，所以我也在这个网站中不确定的时候来进行一下查询，先进行一下查词业务，（海词搜索，检索词：bitmapped file）我发现没有这一条目的具体的解释，那我们就看一下它在例句中的，我们可以发现这里有一个 bitmap file，但是没有 bitmapped，而 bitmap file 通常都是被翻译为位图文件，那我再来查一下单独的 bitmap，如果是做动词的话是怎样翻译的，（海词搜索，检索词：bitmapped file）啊，这里没有更详细的解释，那么再返回有道，进行一下单独 bitmap 的查询，（词典查询，检索词：bitmap）我发现这还是一个名词，那我们在百度上查一下，看有没有同样采用这种说法的搭配，（百度搜索，检索词：bitmapped file）我发现这里有一个文件，它是来自于博客的，所以我不是很这个信息来源是否是准确的，我们还是来看一下这个文件的可信度有多少，啊，网页有点慢，我们发现在这个文件中位图文件它采用的是 bitmap-file，但是它没有 bitmapped 这一个用法，好，再往下看一下。嗯，我看一下，（查看搜索结果中的有道词典网页）这句话中的解释，我这里可以看出确实是有 bitmapped 这样的用法，然后，我来看一下，它通常被翻译为“位图化”或者“位影像图形”，这里 graphics 应该是“图形”的意思，那么 bitmapped 就是“位影像化”的意思吧，然后，啊，这里有更多例句，我看一下，数元图记显示，然后这里有位图文件，那说明其实就是说位图文件它在英语中有两种的表达方法，一种是 bitmap file，还有一种呢就是采用了原文中这样的方法就是 bitmapped file，所以这里我同样可以确定它可以被译为“位图文件”。（00:18:30）

在翻译术语 bitmapped file 时，被试 10 首先进行了词典查询，双语词典中没有该词的结果，被试从词典所提供的双语例句中发现 bitmap 应译为“位图、位映像”，于是她使用海词网站对该词进行进一步确认，但海词搜索上也没有该词的结果，但是有 bitmap file 的结果，通常被译为“位图文件”。因为 bitmapped 一词为过去分词的形式，于是她先是将 bitmap 的词性判断为动词，但通过词典查询 bitmap 一词，发现该词为名词。在随后的百度搜索结果中，她通过使用百度快照具体查看了结果中的两个网页，第一个来自博客资源，但她对其可信度表示怀疑，从中发现了 bitmap file 这一说法，未能发现 bitmapped file 的说法；第二个为有道词典所提供 bitmap 搜索的网页，显示确实有 bitmapped 这种说法，她通过查看更多例句做出分析：“位图文件”在英语中有 bitmap file 和 bitmapped file 两种表达方式。于是，被试 10 最终将 bitmapped file 的译名确定为“位图文件”。

可见，被试 7 和被试 10 通过将词典和网页资源相结合的方式，能够对术语进行更深入的查询和理解，从而得出的译名也会更可靠。网络资源提供的信息能够让被试了解相关专业知识，有助于被试解决一系列的术语翻译问题。

以下是被试 9 对术语 raster 一词的翻译过程。

（18）P9/EC/TAPs：（00:05:29）查一下这个，（词典查询，检索词：raster）嗯，raster，光栅，a pattern of horizontal scanning lines traced by an electron beam，没有背景知识好像不行啊，to use web-based technology to turn a digital image into a large picture，把一个数字的影像转换成图片，composed of a grid of black and white dots，由黑白点组成的表格组成，光栅，在网上查一下（00:06:38）……（00:08:30）（谷歌搜索，检索词：raster）raster，raster，vector，（打开搜索结果中的维基百科）看看维基百科是怎么解释的，就是光栅，好慢呐（00:09:12）……（00:10:00）（查看 raster 的维基百科网页）in computer graphics，电脑图像中，graphics 是图像的意思吗，查一下，（词典查询，检索词：graphics）制图法，绘图学，（回到维基百科页面）a raster is a data structure，代表，嗯（看图）这个就叫 raster 呵，这个图片叫 raster，representing a generally，矩形的，or points of color，看有没有中文，位图？（打开 raster 的中文维基百科网页）维基百科原来用位图这个词，位图，查一下，用百度（其实用的是谷歌）查一下，（谷歌搜索，检索词：位图）哎，bitmap，位图，（查看搜索结果中的百度百科网页）栅格图，光栅，像素，是由称作像素的点组成，位图图像，位图是 bitmap，那个应该是，（查看维基百科中文网页）嗯，栅格图，raster，啊，栅格图，栅格图，位图，什么是栅格图（00:12:46）……（00:22:06）raster files，栅格图，又叫位图文件，栅格图文件，也称作位图文件。（00:22:35）

因为网速较慢，被试 9 对该词的查询过程分为三次。第一次查询是词典查询，通过阅读词典对 raster 的解释，他表示缺乏相关背景知识；第二次查询时间较短，方式为谷歌搜索，他发现该词译名为“光栅”；第三次查询主要在参考百科资源，通过查看，他发现与 raster 对应的中文维基百科的词条为“位图”。因此，他对“位图”一词进行了搜索，通过参考结果中的百度和维基百科词条，发现“位图”的英文为 bitmap，又称作栅格图，即 raster graphics，于是他最终将 raster 译为“栅格图”。通过此次查询，他得知位图和栅格图其实是相同事物的两个不同的命名方式，于是在下文中遇见 bitmapped file 时，他就直接将其译为“位图文件”，无须做更多的查询。

可见，网络资源有助于弥补译者在相关专业知识上的不足。但有时如果译者不能使用合适的检索词，而网络资源所提供的信息过于广泛，译者就会耗费大量时间，影响翻译速度。

以下是被试 6 对“总线型结构”的翻译过程。

（19）P6/CE/TAPs：（00:13:30）局域网通常使用总线型结构，总线型，通常使用总线型结构，（查看已打开的“局域网络”的维基百科词条）这里面提到了吗，好像，嗯，总线型结构，结构化布线，原文是 this lead to the development of 10 Base-T and structured cabling which is still the basis of most commercial LANs today.结构化布线，structured cabling，总线型，总线型结构，技术方面，总线型，好像暂时这里面没有提到相关的，待定一下（00:14:51）……（00:35:05）总线型还不太明白，总线型，（百度搜索，检索词：总线型）总线型结构，（查看搜索结果中“总线型结构”的百度百科词条）总线型结构，所有设备，总线型中所有设备都直接与采用一条称为公共总线的传输介质相连，一般是同轴电缆，cable modem，modem，总线型的，总线型结构，（百度搜索，检索词：总线型结构 英文）总线型结构的英文翻译是什么，（百度搜索，检索词：总线型拓扑结构）（查看搜索结果中“总线型拓扑结构”的百度百科词条）总线型结构，总线型结构是 modem？（百度搜索，检索词：modem）（查看搜索结果中“modem”的百度百科词条）调制解调器，这有关系吗？调制解调器，调制解调器，就是都连接到这里，那和这个没有关系，总线型结构，总线型结构，（百度搜索，检索词：总线型结构）总线型结构，（百度搜索，检索词：总线型）英文怎么查啊，去谷歌里面看一下，（维基百科搜索，检索词：总线型结构）总线型结构，总线型结构，结构，（查看已打开的“局域网络”的维基百科词条）觉得结构化布线应该是有点类似，总线型结构，and other technology standards have been used in the past，twisted pair cabling，布线，构建局域网，currently used to build LANs，总线型结构，（点击已打开的各个网页）总线型结构，局域网通常使用总线型的结构，one cable，a single cable，局域网可以通过使用网关，（谷歌搜索，检索词：总线型结构）总线型结构，（谷歌搜索，检索词：总线型结构 英文）不会真的是 bus type structure 吧，总线型，（查看搜索结果中“网络拓扑结构”的百度百科词条）网络拓扑结构是 network topology，总线型结构，拓扑结构，（查看搜索结果中“拓扑结构”的百度百科词条）拓扑结构和这个是一个意思吗？总线型拓扑结构，（打开搜索结果中的 CNKI 网页）网络拓扑，network topology，总线型结构，（CNKI 搜索，检索词：总线型结构）bus，真的是 bus，验证一下吧，bus structure，（谷歌搜索，检索词：bus structure）好吧，真的是，图片搜索出来了，computer bus structure，使用总线型结构，LAN usually takes bus type，（再次查看谷歌搜索结果）bus structure。（00:43:10）

在翻译该词时，被试 6 共用时 9 分 26 秒，约占用了其汉英翻译过程所用总时间的 1/7，约占其汉英翻译过程中术语翻译所用总时间的 2/5。该词分为两次查询过程。在第一次查询时，被试 6 想在已经打开的“局域网络”的维基百科词条中找到有关总线型结构的信息，但是通过一番查看之后未发现相关信息，于是决定将该词暂时搁置。在第二次查询时，被试 6 通过百度搜索关键词“总线型”“总线型结构 英文”“总线型拓扑结构”，并查看了相关词条的百度百科内容，初步感觉“总线型结构”的译名应为 modem，但通过搜索确认发现，modem 意为“调制解调器”，与“总线型结构”无关，然后她再次使用百度搜索了关键词“总线型结构”“总线型”，并再次参考了“局域网络”的维基百科词条，仍未能找到该术语的译名。而后她又使用谷歌搜索了关键词“总线型结构”“总线型结构 英文”，这时第一项结果显示该术语的译名为 bus type structure，被试 6 对此结果表示怀疑，进而继续查看了搜索结果所提供的“网络拓扑结构”和“拓扑结构”的百度百科内容，但仍未获结果。搜索结果中显示有该术语的英文说法的网页很少，继续查看后，她又打开了搜索结构中的 CNKI 翻译助手网页，并使用 CNKI 翻译助手对“总线型结构”进行了查询，发现结果中确实含有 bus，于是使用谷歌搜索对 bus structure 这种说法进行了验证，结果显示确实有这种说法，并提供了总线型的相关图片。因此，被试 6 将该术语的译名确定为 bus structure。可见，被试 6 经过了非常烦琐的检索过程后，才最终确定该术语的译名。究其原因，主要在于她不能够编写合适的检索词，以至于虽然搜索引擎所提供的结果数量很多，但质量不高，即含有该术语译名的网页信息较少。此外，她对相同的网页进行了重复查看，可见其不太善于从网页中快速获取相关信息。

综上所述，硕士组被试在其所使用的网络资源类型和检索次数上的表现都要高于本科组，但其网络搜索所用检索词多为术语本身或术语词加“英文”二字，有时这类检索词所获结果的有效性欠佳，导致查询时间较长。另外，在从搜索结果中快速获取相关信息方面，硕士组被试的能力还有待提高。

### （三）职业组的网络资源使用方式

根据上文统计，职业组被试在术语翻译时所使用的网络资源的类型也比较丰富，共涉及 7 种类型，且使用次数要多于硕士组被试。职业组的 5 名被试皆使用到了网络资源进行术语信息的查询，但他们对网络资源的使用表现出来一些自己的习惯特点。下面选取职业组被试典型的网络资源应用案例对各位被试的网络资源使用习惯予以分析。

被试 11 和被试 13 是翻译经验最多的两位译者。被试 11 擅长机械、法律、通识类的翻译。他能够灵活地将词典工具与网络资源相结合，使用更为有效的检索词，并将自己的已有知识与文献检索相结合，从而准确获取术语译名。

以下是被试 11 对术语 bitmapped file 的翻译过程。

>（20）P11/EC/TAPs：（00:03:57）也称位图文件，位图文件这个只是我平时在中文阅读时得到的印象，是不是就是 bitmapped files，这个我也可以查证一下，（词典查询，检索词：bitmapped file）（查看词典例句）从这里来看没有把 bitmapped file 直接说成是“位图文件”的说法，是不是写得有点不太标准呢，我把这个 bitmapped 变成名词，（词典查询，检索词：bitmap file）看一下，确实有这个说法，那么我还是在谷歌上面看看 bitmapped file 是不是也可以翻译成“位图文件”，（谷歌搜索，检索词：“位图文件”“bitmapped file”）（打开搜索结果中的网页）这里 bitmapped file 在中文网页上非常少，我们可以看一看只搜索英文的话在中文网页里是不是也是同样少，（谷歌搜索，检索词：“bitmapped file”）是的，的确不多，只有 848

条，说明这种用法的话，英文作者在使用的时候并不是很标准，（查看搜索结果中的网页 www.bokee.com）（使用词语搜索功能，在页面中搜索“位图文件”和“bitmapped”）这里的话，虽然没有“位图文件”，但是别人的话也是把 bitmap 直接翻译成“位图”，所以的话，可以肯定把 bitmapped file 译成“位图文件”不会有错，啊，在这儿，there are many bitmapped file formats，有很多种位图文件格式，所以的话，这个应该是没什么疑问的，原来和 bitmap file 翻译是一样的，也称位图文件。（00:06:28）

根据自己的已有知识，被试 11 首先将该术语译为“位图文件”，但不能确定该译名的准确性，于是进行了一系列的文献检索。因为该术语的这种表达方式较为少用，一般为 bitmap file，所以被试通过词典查询没有获得该词的译名信息。然后，他将 bitmapped 的词尾去掉，查询 bitmap file，发现词典中确实有这种说法。接着，他使用谷歌搜索确认 bitmapped file 是否可以译为“位图文件”，发现相关结果确实不多，于是他认为 bitmapped file 不是很标准的英文表达。通过查看搜索结果中的双语网页，他发现 bitmap 一词应译为“位图”，网页中也确实包含有 bitmapped file 的说法，于是他最终确定该术语的译名就是“位图文件”。在使用谷歌搜索时，被试 11 将检索词放在了双引号中，双引号的作用在于使搜索结果只显示与双引号中检索词顺序精确匹配的网页，这样有助于提高搜索结果的有效性。在查看搜索结果的网页时，因为该网页包含一篇篇幅较长的英汉对照文章，被试 11 没有时间去细读，于是他使用了页面搜索功能，对相关词语进行查找，这样就能够快速定位到含有相关词语的句子，从而节省了时间。

以下是被试 11 对术语“有线连接”的翻译过程。

（21）P11/CE/TAPs：（00:30:44）reduces the 有线连接，啊，有线连接，我可以看一下是 wire connection 还是 wire access，还是 wired connection，从直觉是 wire connection，（词典查询，检索词：wire connection）有线连接，这里查不到，这些都不是计算机专业的术语，我还可以用，直接用中文查一下，（词典查询，检索词：有线连接）wire connec，wired connection，那么我再反查一下，（词典查询，检索词：wired connection）这里也是没有，所以的话，为了慎重还是要到网络上去查一下，（谷歌搜索，检索词："有线连接" wire）这是 wire connection，线解决方案取代有线连接，这里还有 wire link，但是都不太多，前面看到比较多的仍然是 wire connection，所以我不需要再去多查，这里 wire link，那么我直接用 wire connection 查证一下，（谷歌搜索，检索词："有线连接""wire connection"）120 条，并不是太多，那么 wire link 呢，（谷歌搜索，检索词："有线连接""wire link"）更少了，那么我还是用 wire connection，reduces the wire connections。（00:32:48）

同样，被试 11 首先对"有线连接"的译名进行了猜测，并使用词典对 wire connection 进行了验证，但未获得有关查询结果；词典查询"有线连接"，结果显示为 wired connection，但通过词典查询该词，未获得有关查询结果；于是，他将"有线连接"和 wire 作为检索词进行了谷歌搜索，结果网页显示 wire connection 的说法较多，但也有个别网页使用了 wire link，然后，他分别使用"有线连接"加部分英文对应词作为检索词对这两种说法进行了验证，结果发现前者的搜索结果多于后者，所以他最后决定将该术语译为 wire connection。此次查询过程中，被试 11 使用"有线连接"和 wire 作为网络搜索的检索词，"有线"对应 wire，这种原文加部分对应目标语词的检索方式能够获取更多的有效搜索结果；他还将搜索结果的数量作为选择译名的参考依据，因为结果越多说明该译名的使用次数越多，也就越符合目标语的表达习惯，这就增加了译名的准确性和可靠性。此外，在翻译其他术语时，被试 11 还用到了准译名加已确定的相关译名作为检索词的方法，这样能够保证所得结果与本专业领域的相关性，保证所得译名也是本专业领域所使用的常规说法，从而保证了译名的准确性。

被试 13 则擅长机械、医药、科普类的翻译。他所使用的网络资源的类型和次数最多，能够使用词典软件和网络资源进行复杂的检索过程，以获取更为准确的术语译名，这也是其术语翻译所用时间较多的原因，占翻译过程总时间的一半以上。下面通过两次典型的术语翻译过程来分析被试 13 对网络资源的使用方式。

（22）P13/EC/TAPs：（00:23:42）line art and CAD information，line art，这是，line 线，线条艺术，这个以前没接触过，这到底嘛意思呢？（词典查询，检索词：line art）首先看一下灵格斯，啊，艺术线条，啊，海词词典上是艺术线条，艺术线条是什么意思呢？（查看词典例句）例句当中，黑白线条，好，这儿我得不到什么满意的答案，这个索引词典的科技词典和微软计算机词典当中都是没有结果的，说明这个词可能还没有形成一个固定的译名，那我们来首先谷歌一下吧，line art，它是与图像有关，所以我加上一个"图像"，（谷歌搜索，检索词：line art 图像）line art 图像，啊，line art 它是一种图像的类型，line art，这儿有艺术线条，艺术线条，啊，艺术线条，嗯，矢量素材，line art 还和矢量是有关的，那么 line art 到底什么意思呢？（谷歌搜索，检索词：line art）line art，看有没有维基百科当中，线的艺术，Wikipedia，（百度搜索，检索词：line art）line art，艺术线条，这儿有维基百科的结果，（打开搜索结果中 line art 的维基百科）line art 是什么呢？line art is any image that consists of distinctive，啊，distinct straight and curved lines placed against，without graduations in shade，啊，这个 line art 是一种图像类型，百度来搜一下 line art，图，（百度搜索，检索词：line art 图）图，图，line art 矢量素材，line art，它还是没有一个固定的译名，line art，肯定是线的意思，我加上一个"线"的话，（百度搜索，检索词：line art 线）line art，线条艺术，这有点直译了，线条艺术不是太好，加上一个"计算机"呢，（百度搜索，检索词：line art 计算机）嗯，这个，还是没有满意的答案，看一下 CNKI 当中是怎么翻译的，line art，（CNKI 搜索，检索词：line art）line art 线的艺术，line art 系统，这儿这个 line art 就没有翻译出来，line art，可能这个呢，它是还没有形成一个固定的译名，（词典查询，检索词：line art）看一下艺术线条有没有这种说法呢，（百度搜索，检索词：艺术线条）艺术线条，啊，这倒是有不少艺术线条这种说法，艺术线条画，那我们就把它翻译成艺术线条，后面加注一下这个 line art，因为有些可能这个 line art，艺术线条是它直译过来的，所以这个词还没有

固定下来一个译名，艺术线条，所以我来加注，在括号当中说明一下（line art）。（00:28:29）

首先，被试 13 根据字面意思将 line art 译为“线条艺术”，通过词典查询没有得到满意的答案，然后使用各种检索词进行谷歌和百度搜索，查看相关结果后得知该术语确实有“艺术线条”这一译法，但他对此答案仍不满意。接着，他使用 CNKI 翻译助手对该术语进行了查询，结果中的双语例句显示未对该术语进行翻译。于是，他确定该术语还没有形成固定的汉语译名。而后，他通过词典查询和百度搜索，确认了“艺术线条”这种直译译法，并决定在其后加上括号注明其原文为 line art，以免译文读者对此译法不熟悉，而将其误解为其他概念。通过本次查询过程，可见被试 13 使用了多种类型的网络资源，不仅包括百度和谷歌搜索，还有维基百科和 CNKI 翻译助手。他所使用的检索词不仅有原文加部分对应译文的方式，还有原文加相关目标语专业名词的方式。

（23）P13/CE/TAPs：（00:06:26）计算机通信网络可以分为，计算机通信网络是 computer communication network，同样来确认一下，（词典查询，检索词：计算机通信网络）计算机通信网络，嗯，这个计算机双语词典中是 computer communication network，来用百度再来确认一下，network，（百度搜索，检索词：计算机通信网络 network）计算机通信网络，计算机通信网络，计算机通信网络，这个有一个 communications，通信与网络，是不是需要用复数呢？（谷歌搜索，检索词：计算机通信网络 network）这个 communication 是不是需要用复数？computer communication network，我来看一下这两个搭配的频率分别是多少，一个是 communication network，（谷歌搜索，检索词：communication network）嗯，183 000 000，加 s 呢，（谷歌搜索，检索词：communications network）763 000 000，那显然是 communications network 这种搭配要多很多，telecommunications，the communications network，好，那我用 <u>computer communications network</u>，加 s，因为它可以分为不同的类型，所以前面的 network 是复数。（00:08:22）

可以看到，被试 13 首先根据自己的知识将该术语译为 computer communication network，然后使用词典软件和网络搜索对这一译名进行了确认，结果发现，表示“电信”的结果中有的 communication 使用复数，于是他使用谷歌分别对 communication network 和 communications network 两个词的使用频率进行了确认，结果发现后者的使用频率高于前者，所以最终决定使用 computer communications network。在本次查询中，被试 13 再次使用了原文加部分对应译文作为检索词，并使用搜索结果的数量作为译名取舍的依据。

被试 14 没有特别擅长的翻译领域，其翻译工作多为普通类文体。在此次翻译过程中，他没有使用词典软件，而是根据他平常的翻译工作习惯，使用百度词典和其他网络资源进行术语文献的检索。

以下是被试 14 对“总线型结构”的翻译过程。

> （24）P14/CE/TAPs：（00:06:57）总线型结构，（百度搜索，检索词：总线型结构）（查看搜索结果中“总线型结构”的百度百科）总线型结构，总线，总线的是什么，总线，局域网，LAN，局域网，（百度百科搜索，检索词：局域网）总线型结构看看它里面有没有，总线型的结构，总线型，总线型的，这里面没有英文，最好找个英文的这样里面的介绍，总线型，多个接入点，access point，漫游，roaming，总线，看看总线有没有，（使用搜索功能查找“总线”）总线型和环形，总线型，定义里面总线型，总线型结构，总线，总线，总线型英文，（百度搜索，检索词：总线型 英文）bus type，哦，bus type，bus type，再来词典看看 bus type，是不是，（百度词典，检索词：bus type）总线类型，bus type，总线型结构，总线型结构。（00:09:35）

可见，被试 14 首先通过百度搜索，参考了结果中“总线型结构”的百度百科词条，但未能获取该术语的译名信息，后又参考了“局域网”的百度百科词条，亦未能找到该术语的译名。接着他使用“总线型 英文”作为关键词进行了百度搜索，结果显示其译名为 bus type，然后通过百度词典验证该词确实有这层意思，于是他最后确定使用 bus type 作为“总线型”的译名。在查询百度百科页面内容时，被试 14 也使用到了搜索功能对关键词进行查找，这样有助于快速定位相关信息和节约时间。被试 14 所使用的检索词的特点为原文加“英文”二字，与前两位被试的检索方式相比，这种检索词的有效性较低，但他在通过搜索获得相关译名后，会使用词典对译名进行验证，这有助于提高译名的正确性。此外，被试 14 还使用到了 WebCorp 在线语料库检索对准译名的规范性进行验证。

被试 15 则擅长文学翻译，是职业组中翻译经验最少的译者。以下是她对术语 line art 的翻译过程。

（25）P15/EC/TAPs：（00:10:41）用来存储 line art，（屏幕取词，检索词：line art）line art 是艺术线条，不过在这里可能不是很合适，看一下，line art，还有什么其他的意思呢，（词典查询，检索词：line art）艺术线条，line art，这个也是 line art，都是艺术线条，（查看词典例句）再看一下例句里面有没有更多的可以提供一些信息的，art line，line art，艺术线条，这个也是，line art，来看一下百度里面有没有，用在，line art，line art 计算机术语，（百度搜索，检索词：line art 计算机术语）嗯，计算机常见术语解释，line art，电脑迷杂志社官方网站，这个应该可靠，line art 黑白影像，看一下其他的还有没有，line art，黑白影像，其他的没有，line art，那先把它翻译成这个，黑白影像。（00:13:10）

被试 15 通过屏幕取词和词典查询所获得的译名均为“艺术线条”，她感觉该说法不妥，于是使用“line art 计算机术语”作为检索词进行百度搜索，结果中果然有该词的信息，并且为计算机术语，中文对等词为“黑白影像”，而且该译名出自某杂志社的官方网站，可靠性较高。原文为计算机领域的专业文本，被试使用原文加“计算机术语”作为检索词，有助于提高搜索结果的相关性。此外，被试 15 还用到了原文加部分对应目标语词语，以及原文加“英文”的检索方式。

被试 12 的网络资源检索主要发生在英汉翻译过程中，在汉英翻译过程中她仅使用了 1 次网络资源检索，主要借助词典软件进行术语译名的查询。她是职业组中使用网络检索次数最少的译者。以下是被试 12 对 raster file 和 bitmapped file 两个术语的翻译过程。

（26）P12/EC/TAPs：（00:04:32） raster files also called bitmapped files，raster files，raster files，what are raster files，（屏幕取词，检索词：raster files）栅格文件，also called bitmapped files，那就查一下，raster files，raster files，（谷歌搜索，检索词：raster file 文件）光栅文件格式，raster file format，呀，那就没错，栅格文件，光栅文件，是一样的，那就没错，光栅文件，（屏幕取词，检索词：bitmap）位图文件，位图文件，（谷歌搜索，检索词：bitmapped files 文件）bitmap，位图文件，也叫位图文件，光栅文件，也称位图文件。（00:06:09）

对上述两个术语的翻译，被试 12 采取了相同的查询过程，首先对术语进行屏幕取词，然后进行谷歌搜索，所使用的检索词为原文加部分对应目标语词的形式，然后从结果中寻找相关译名。这样的检索词设置对于短语式术语的翻译非常有效。但从两次翻译过程来看，被试 12 所使用的网络资源类型和次数都较少，因此其翻译过程所用时间也是职业组中最少的。这一表现可能与其所擅长的领域和翻译经验有关，其翻译工作较少涉及科技领域的内容。

综上所述，职业组被试所使用的网络资源类型与硕士组相当，但其使用次数高于硕士组，他们使用了多种类型的检索词，提高了搜索结果的有效性。另外，职业组被试能够运用策略从搜索结果中快速获取相关信息，如使用搜索功能在页面中查找相应关键词。需要指出的是，随着各国术语标准化意识的增强和术语库技术的进步，逐渐出现了一些大型权威多语在线术语库，且术语库中的术语数据可以得到不断更新和维护，这为翻译实践工作中的术语译名查询带来了极大便利，如联合国术语库（The United Nations Terminology Database，UNTERM）、我国全国科学技术名词审定委员会研发的权威的术语知识服务平台“术语在线”、欧盟术语库（EuroTermBank）、加拿大政府术语数据库（TERMIUM）等。

## 第四节　术语翻译认知

译者的认知层面指译者对翻译的概念、方法、程序、工具等相关方面的认识，对译者从事翻译工作具有基础性作用。什里夫（Shreve，2002）指出，在翻译专业技能的发展过程中起关键作用的是译者认知系统的改变，翻译专业技能的发展可被视为识别与表征翻译问题的能力的提升，以及有效解决这些问题的能力的增强过程。苗菊（2007：48）将译者的认知能力视为翻译能力的三大基本范畴之一，并认为“认知能力是翻译能力至关重要的成分，决定了一个人能不能成为真正的译者”。

本节将讨论三组被试在以下四个方面是否存在规律性差异：

1）翻译任务难度的认知；

2）译文的满意度；

3）术语的识别；

4）术语翻译的相关知识。

## 一、翻译任务难度的认知

本小节所要探讨的问题是三组被试对两次翻译任务难度的认知、翻译任务中的难点，以及难度认知与译文质量之间是否存在相关关系。被试对翻译任务难度认知的数据来自后续访谈，被试从非常容易、很容易、容易、一般、困难、很困难、非常困难 7 个选项中选择对应的难度，并说明原因。这 7 个选项依次对应难度值 1—7，1 为非常容易，7 为非常困难，各位被试还需要说出翻译中的难点。

### （一）英汉翻译任务

根据后续访谈中被试的回答情况，三组被试对英汉翻译任务难度的认知情况如表 5.12 所示。

**表 5.12　三组被试对英汉翻译任务难度的认知**

| 被试 | 英译汉难度认知 |
| --- | --- |
| 被试 1 | 4 |
| 被试 2 | 5 |
| 被试 3 | 6 |

续表

| 被试 | 英译汉难度认知 |
| --- | --- |
| 被试 4 | 4 |
| 被试 5 | 4 |
| 平均值 | 4.6 |
| 被试 6 | 4 |
| 被试 7 | 3 |
| 被试 8 | 4 |
| 被试 9 | 5 |
| 被试 10 | 3 |
| 平均值 | 3.8 |
| 被试 11 | 4 |
| 被试 12 | 2 |
| 被试 13 | 4 |
| 被试 14 | 4 |
| 被试 15 | 5 |
| 平均值 | 3.8 |

由表 5.12 可见，本科组被试对英汉翻译任务的难度认知值最高，而硕士组和职业组被试的难度认知平均值相同。

根据访谈内容，本科组在英汉翻译任务中的主要难点为原文中的专业术语、专业知识、句子结构、逻辑关系等。硕士组的主要难点为专业术语、术语译名的选择、专业背景知识、对原文的理解。职业组的主要难点为专业术语的理解与翻译、术语汉语译名的选择、长句的处理。在术语翻译方面，本科组仅指出了专业术语较多，由于缺乏专业知识，所以术语翻译有一定困难，但有的被试则表示可以借助词典查询，所以术语翻译的难度不大；硕士组的难点也包括专业术语较多，虽然可以借助词典，但有时词典会提供几个不同译名，所以在术语译名的选择上有一定困难；职业组则进一步指出了术语理解以及术语译名选择的困难。可见，随着翻译经验的增加，译者会对术语翻译产生更深入的认知。

关于英汉翻译任务的难度认知值和译文质量之间的关系，就小组层次而言，本科组的难度认知平均值最高，其译文质量平均得分也最低，然而硕士组与职业组的难度认知平均值相同，但职业组的译文质量平均得分却高于硕士组。就被试个体层次而言，英译汉译文得分较高的 5 位被试依次为被试 13、被试 11、被试 15、被试 12、被试 7，他们当中只有被试 15 认为本次翻译任务很困难，其他为一般、容易或很容易；英译汉译文得分较低的 5 位被试依次为被试 3、被试 6、被试 9、被试 4、被试 1，他们中有两位认为本次翻译任务困难或很困难，其他被试认为一般。可见，译文得分较高的被试的翻译任务难度认知值倾向于较低，而译文得分较低的被试的翻译任务难度认知值倾向于较高。但这一差异不太明显，且具有个体差异，如被试 15。

### （二）汉英翻译任务

根据后续访谈中被试的回答情况，三组被试对汉英翻译任务难度的认知情况如表 5.13 所示。

**表 5.13　三组被试对汉英翻译任务难度的认知**

| 被试 | 汉译英难度认知 |
|---|---|
| 被试 1 | 4 |
| 被试 2 | 6 |
| 被试 3 | 6 |
| 被试 4 | 5 |
| 被试 5 | 5 |
| 平均值 | 5.2 |
| 被试 6 | 4 |
| 被试 7 | 3 |
| 被试 8 | 4 |
| 被试 9 | 4 |
| 被试 10 | 3 |
| 平均值 | 3.6 |

续表

| 被试 | 汉译英难度认知 |
| --- | --- |
| 被试 11 | 4 |
| 被试 12 | 2 |
| 被试 13 | 4 |
| 被试 14 | 5 |
| 被试 15 | 3 |
| 平均值 | 3.6 |

由表 5.13 可见，本科组被试对汉英翻译任务的难度认知值最高，而硕士组和职业组被试的难度认知值相同。与英汉翻译任务相比，本科组的难度认知值升高了 0.6，但硕士组和职业组的难度认知值降低了 0.2。

根据访谈内容，各组被试在汉英翻译任务中的难点与英汉翻译任务中的难点基本相同。同样可见，随着翻译经验的增加，译者会对术语翻译产生更深入的认知。

关于汉英翻译任务的难度认知值和译文质量之间的关系，就小组层次而言，本科组的难度认知平均值最高，其译文质量平均得分也最低，然而硕士组与职业组的难度认知平均值虽然相同，但职业组的译文质量平均得分却高于硕士组。就被试个体层次而言，汉译英译文得分较高的 5 位被试依次为被试 13、被试 11、被试 14、被试 15、被试 10，他们当中只有被试 14 认为本次翻译任务很困难，被试 11 和被试 13 认为难度一般，被试 15 和被试 10 认为容易；汉译英译文得分较低的 5 位被试依次为被试 3、被试 4、被试 1、被试 6、被试 5，其中被试 3 认为此次翻译任务很困难，被试 4 和被试 5 认为困难，被试 1 和被试 6 认为难度一般。可见，译文得分较高的被试的翻译任务难度认知值倾向于较低，而译文得分较低的被试的翻译任务难度认知值倾向于较高。但这一差异不太明显，且具有个体差异，如被试 14。

综合两次翻译任务的分析结果，可以得出以下初步结论。

1）两次翻译任务中，本科组被试对翻译任务的难度认知值最高，硕士组和职业组基本相同。

2）三组被试皆指出，术语翻译为两次翻译任务的主要难点，但职业组对术语翻译的认识最为深入，硕士组次之。随着翻译经验的增加，译者会对术语翻译产生更深入的认知。

3）译文得分较高的被试的翻译任务难度认知值倾向于较低，而译文得分较低的被试的翻译任务难度认知值倾向于较高，即翻译任务难度认知值和译文质量之间存在反向相关关系。但这一差异不太明显，且具有个体差异。

## 二、译文的满意度

译文的满意度是指各位被试对自己译文的满意程度，即被试从 1—100 分数范围内选择合适的分数为自己的译文评分。对自己译文的满意度也是译者对翻译任务的自信心的表现。本小节所要探讨的问题是三组被试对自己译文的满意度，以及译文满意度与译文质量之间是否存在相关关系。

### （一）英汉翻译任务

在英汉翻译任务中，各组被试对自己译文的满意度如表 5.14 所示。

**表 5.14　三组被试对英译汉译文的满意度**

| 被试 | 英译汉译文满意度 |
|---|---|
| 被试 1 | 85 |
| 被试 2 | 70 |
| 被试 3 | 75 |
| 被试 4 | 70 |
| 被试 5 | 75 |
| 平均值 | 75 |
| 被试 6 | 65 |
| 被试 7 | 85 |
| 被试 8 | 70 |
| 被试 9 | 85 |
| 被试 10 | 80 |
| 平均值 | 77 |

续表

| 被试 | 英译汉译文满意度 |
|---|---|
| 被试 11 | 80 |
| 被试 12 | 80 |
| 被试 13 | 85 |
| 被试 14 | 70 |
| 被试 15 | 80 |
| 平均值 | 79 |

由表 5.14 可知，在英汉翻译任务中，本科组被试对译文的满意度最低，硕士组次之，职业组的译文满意度最高，但各组的满意度平均值相差不大。

各位被试对英译汉译文的满意度与译文质量之间的关系，可以图示为图 5.23。

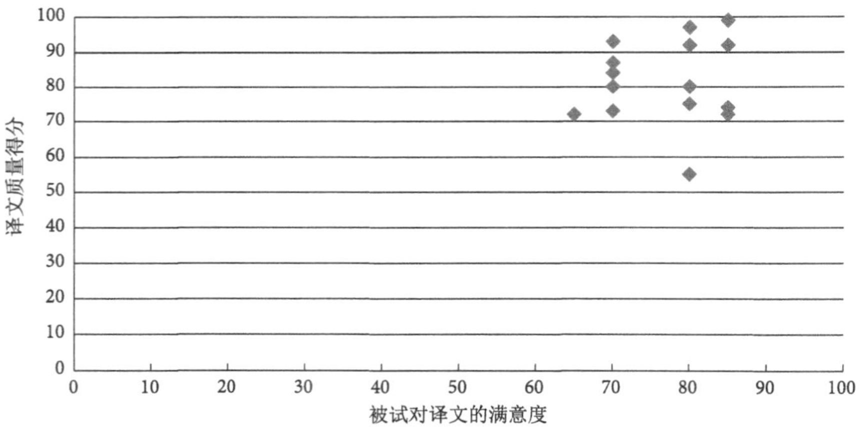


图 5.23　英译汉译文的满意度与译文质量的散点图

由图 5.23 可知，被试对英译汉译文的满意度高并不能保证译文的质量高，也就是说被试对译文的满意度高并不能保证译文的质量高。但从各组被试对译文的满意度的平均值来看，满意度平均值较高的组，其译文得分也较高。

## （二）汉英翻译任务

在汉英翻译任务中，各组被试对自己译文的满意度，如表 5.15 所示。

**表 5.15　三组被试对汉译英译文的满意度**

| 被试 | 汉译英译文满意度 |
|---|---|
| 被试 1 | 85 |
| 被试 2 | 65 |
| 被试 3 | 70 |
| 被试 4 | 60 |
| 被试 5 | 70 |
| 平均值 | 70 |
| 被试 6 | 70 |
| 被试 7 | 87 |
| 被试 8 | 70 |
| 被试 9 | 86 |
| 被试 10 | 70 |
| 平均值 | 76.6 |
| 被试 11 | 75 |
| 被试 12 | 80 |
| 被试 13 | 85 |
| 被试 14 | 70 |
| 被试 15 | 80 |
| 平均值 | 78 |

由表 5.15 可知，在汉英翻译任务中，本科组被试对译文的满意度最低，硕士组次之，职业组的译文满意度最高，硕士组与职业组之间的平均值相差不大。与英汉翻译任务相比，各组被试的满意度的平均值都有所降低，本科组的降低幅度较大，硕士组和职业组的降低幅度较小。

各位被试对汉译英译文的满意度与译文质量之间的关系，可以图示为图 5.24。

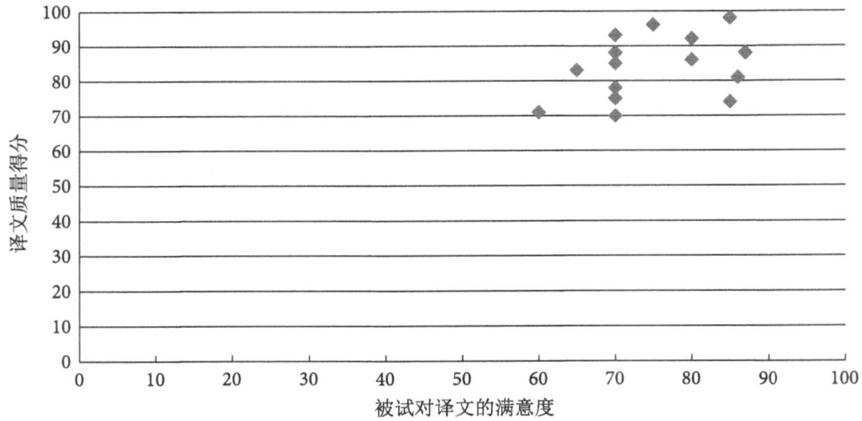


图 5.24　汉译英译文的满意度与译文质量的散点图

由图 5.24 可知，被试对汉译英译文的满意度高并不能保证译文的质量高，也就是说对译文的满意度高并不能保证译文的质量高。但从各组被试对译文的满意度的平均值来看，满意度平均值较高的组，其译文得分也较高。

综合两次翻译任务的分析结果，可以得出以下初步结论。

1）两次翻译任务中，本科组对自己译文的满意度最低，硕士组次之，职业组的满意度最高。这说明被试对自己译文的自信心会随着翻译经验的增加而有所增加。

2）在汉英翻译任务中，各组被试对译文的满意度都有所降低，说明三组被试对汉译英译文的自信心要低于英译汉译文，本科组表现最为明显。

3）从被试个体层面而言，对译文的满意度高并不能保证译文的质量高。

## 三、术语的识别

在完成翻译任务后，被试需要将自己认为是术语的词语标出，并从中选择自己认为较难翻译的术语。表 5.16 为各组被试对英译汉原文的术语识别情况统计。

**表 5.16　三组被试对英译汉原文的术语识别统计**（单位：个）

| 被试 | 识别出的术语数量 | 较难翻译的术语数量 |
| --- | --- | --- |
| 被试 1 | 20 | 2 |
| 被试 2 | 17 | 3 |

续表

| 被试 | 识别出的术语数量 | 较难翻译的术语数量 |
| --- | --- | --- |
| 被试 3 | 11 | 2 |
| 被试 4 | 23 | 8 |
| 被试 5 | 16 | 6 |
| 总计 | 87 | 21 |
| 被试 6 | 19 | 2 |
| 被试 7 | 18 | 2 |
| 被试 8 | 20 | 5 |
| 被试 9 | 13 | 5 |
| 被试 10 | 16 | 3 |
| 总计 | 86 | 17 |
| 被试 11 | 14 | 4 |
| 被试 12 | 19 | 3 |
| 被试 13 | 22 | 2 |
| 被试 14 | 11 | 0 |
| 被试 15 | 19 | 3 |
| 总计 | 85 | 12 |

由表 5.16 可知，对于英译汉原文，三组被试在所识别的术语总数上的差别不大，但就被试个体而言，有的被试所识别的术语数量较多，有的被试所识别的术语数量则较少。这说明被试之间对术语的定义存在个体差异。本科组所标出的较难翻译的术语总数最多，硕士组次之，职业组最少。在小组层次上，这与三组对翻译任务的难度认知相符，但是就被试个体层面而言，仍存在个体差异。

表 5.17 为各组被试对汉译英原文的术语识别情况统计。

**表 5.17　三组被试对汉译英原文的术语识别统计**（单位：个）

| 被试 | 识别出的术语数量 | 较难翻译的术语数量 |
| --- | --- | --- |
| 被试 1 | 17 | 2 |
| 被试 2 | 15 | 6 |

续表

| 被试 | 识别出的术语数量 | 较难翻译的术语数量 |
| --- | --- | --- |
| 被试 3 | 16 | 0 |
| 被试 4 | 20 | 3 |
| 被试 5 | 16 | 7 |
| 总计 | 84 | 18 |
| 被试 6 | 17 | 1 |
| 被试 7 | 16 | 3 |
| 被试 8 | 20 | 3 |
| 被试 9 | 11 | 3 |
| 被试 10 | 15 | 1 |
| 总计 | 79 | 11 |
| 被试 11 | 18 | 3 |
| 被试 12 | 13 | 1 |
| 被试 13 | 21 | 2 |
| 被试 14 | 13 | 0 |
| 被试 15 | 18 | 1 |
| 总计 | 83 | 7 |

由表 5.17 可知，对于汉译英原文，三组被试在所识别的术语总数上的差别不大，但就被试个体而言，有的被试所识别的术语数量较多，有的被试所识别的术语数量则较少。这说明被试之间对术语的定义存在个体差异。本科组所标出的较难翻译的术语总数最多，硕士组次之，职业组最少。在小组层面上，这与三组被试对翻译任务的难度认知相符，但是就被试个体层面而言，仍存在个体差异。

综合两次翻译任务中被试对原文中术语的识别情况可知，在小组层面上，三组被试所识别的术语总数基本没有区别，而在较难翻译的术语数量上，本科组最多，硕士组次之，职业组最少；在个体层面上，难以得出规律性的结论。在两篇原文被选出的 50 个术语中，被识别次数较低的术语多为专业性较低的词语，即这部分词语在日常词汇中的使用频率较高，如英译汉原文中的 perspective、in a sequence、layout、graphics information 等，汉译英原文中的“地理范围、计算机通信网络、外部设备、物理范围、配置”等。其中有些词在计算机专业领域的意义有别于日常用法，如 perspective 和 sequence 在计算机专业领域分别是“透视图”和“序列”的意思。如果将其分别译为日常含义“视角”和“顺序”，虽也能传达原文意义，却有失规范和准确。这两个术语翻译完成正确的被试都将该词识别为了术语。

## 四、术语翻译的相关知识

本小节所探讨的问题是各组被试在所具备的术语翻译相关知识上存在什么样的差异。这部分内容来源于译者对后续访谈问题的回答。以下五个问题旨在调查被试对术语翻译的认知情况，涉及术语翻译的习惯做法、译者应具备的知识和技能，以及术语翻译的注意事项。

1）在日常翻译中遇到术语翻译问题时，您一般会怎么处理？

2）在日常翻译中，您是否有管理术语的习惯？比如积累词汇表、维护术语库等。

3）在翻译术语时，您先搞清楚术语所代表概念的确切含义，然后再进行翻译，还是直接借助词典或网络资源进行翻译？请您说明原因。

4）您认为一名译者需要具备什么样的知识和技能才能做好术语翻译？

5）根据您的翻译经验，您认为在术语翻译时应注意的事项有哪些？

### （一）本科组的术语翻译知识

根据访谈内容，笔者将本科组 5 位被试对术语翻译相关问题回答的要点总结如下。

**被试 1：**

1）在日常翻译工作中，遇到术语时一般会查阅词典或咨询有专业背景的同学。

2）没有术语管理的习惯。

3）需要先搞清术语的含义，才能使译文的语篇连贯。

4）译者需要具备查找信息的能力、快速理解信息的能力、接受新鲜事物的能力。

5）搞清文章大意，对于术语多义的情况，需要根据上下文进行判断再选择，对专业性强的术语，要多查该领域的资料，找到业内权威译法。

**被试 2：**

1）在日常翻译中，遇到术语问题一般会上网查询相关资料。

2）没有管理术语的习惯，但认为这是一个好主意。

3）会先弄清楚术语的确切含义再进行翻译；不选择直接借助词典或网络资源进行翻译的原因一方面在于想锻炼自己的翻译能力，另一方面网络资源不一定特别准确。

4）译者应熟悉相关专业领域；有时网络给出的术语译名不止一种，需要自己从中鉴别；要有耐心，态度要严谨。

5）术语翻译时，应注意检索有效资源，比较鉴别检索结果，切忌自己擅自创造术语。

**被试 3：**

1）在日常翻译中，遇到术语问题一般会查询电子词典，如果仍有疑问，则进一步查看该术语的定义和相关信息。

2）没有术语管理习惯，因为接触的专业翻译不多，最常接触的翻译题材为文学翻译。

3）借助电子词典和网络资源了解术语的确切含义，然后进行翻译。

4）译者需对某些常见领域的基本专业术语有一定的积累，同时能熟练使用专业词典和其他网络资源，加深对专业术语的理解。

5）对术语本身的理解很重要，然后是语篇的逻辑关系，需保证信息传达的准确性。

**被试 4：**

1）在日常翻译中，遇到术语问题一般会自己先查阅词典，如果还是不能确定，再进一步查询相关专业知识或咨询专业人士。

2）会对自己感兴趣的领域做术语管理。

3）术语翻译大多数情况下会借助词典和网络资源，因为很多术语并不一定需要知道确切含义才能翻译；但有些不太确定的术语，比如要在两个词中选择，就需要搞清楚每一个词的准确含义。

4）译者需要对相关领域有一定的了解，并且可以通过网络等工具搜索不懂的知识，或者询问专业人士。

5）首先要注意词语的准确性，要保证专业核心含义传达的准确；其次，语言要清晰；最后，要考虑不同语言中这个领域不同的习惯表述，可能有些与文化有关的行话需要具体对待。

**被试 5：**

1）在日常翻译中，遇到术语问题一般会查询电子词典，常用有道词典。

2）没有术语管理习惯。

3）先搞清楚术语所代表概念的确切含义，理解会使下文翻译更流畅。

4）译者须具备相关专业知识。

5）术语翻译应把握词性、词义的要点。

根据以上各位被试回答的要点，可以将本科组被试所具备的术语翻译相关知识总结如下。

1）在翻译过程中，本科组遇到术语问题时，一般会求助于词典查询，只有被试 2 表示会上网查询相关资料，但在本实验的两次翻译过程中，她主要还是依靠词典查询所提供的答案，网络查询次数较少；有的被试还提到了咨询具有专业背景的同学或专业人士。

2）本科组基本没有术语管理的习惯，只有被试 4 表示会对自己感兴趣的领域做术语管理，这可能与本科组被试的翻译实践较少，以及接触的专业翻译材料较少有关。

3）会先理解术语的确切含义，然后确定译名，这与本科组在翻译过程中的表现不相吻合，因为简单型认知支持是本科组术语翻译决策的主要类型。

4）译者需具备相关专业知识、使用词典和网络资源查找信息的能力、严谨的态度。

5）应注意检索有效资源，鉴别检索结果；理解术语的含义和语篇的逻辑关系，保证术语翻译的准确性；根据语境处理术语多义现象。

### （二）硕士组的术语翻译知识

根据访谈内容，下面将硕士组 5 位被试对术语翻译相关问题回答的要点总结如下。

**被试 6：**

1）在日常翻译中，遇到术语问题通常会先去百度百科或维基百科中查找，如果没有的话，再使用百度或谷歌搜索；查到合适的译名后，需要验证这种译名的权威性，或者直接搜索某个行业的术语，有时会搜到术语表。

2）没有术语管理习惯。

3）翻译术语时，直接借助词典或网络资源，这样比较快，虽然很多时候搞不清楚术语的确切含义，但是并不妨碍翻译。

4）译者须能够搜索信息、筛选信息，具备相关背景知识。

5）术语翻译应尽量准确，符合行业规范，否则该领域的读者会觉得译文不够专业；实在查询不到术语译名时，可以向他人求助。

**被试 7：**

1）在日常翻译中，遇到术语问题时一般会用灵格斯词霸，里面加载了很多词典还有百科全书，在联网状态下可以查到很多东西；用灵格斯词霸得出结果后，再到谷歌中进行验证，看有无这种说法。

2）目前没有术语管理习惯，正在学习使用 Trados 和 Déjà Vu 软件进行术语处理。

3）一般会借助词典和网络资源查询进行翻译，因为某些专业领域学科知识太深奥，理解术语的确切含义需要花费很多时间，而翻译任务多有时间限制，在理解术语确切含义的基础上进行翻译会比较好，这样有助于提高译文的准确性和可读性。

4）译者需具备查询词典和网络资源的技能，最好能够使用具有术语管理功能的翻译软件。

5）应注意术语翻译的准确性，因为术语在一些学科中往往都有特定的含义，那相应的标准译文应该也是固定的。英译汉时，对应译名可能会有几个，译者需要从中选择正确的或者最常用的那个；汉译英时，对应译名一般只有一个，所以相对简单，但应注意英文的首字母大写，还需要在括号中注明术语的缩略形式。

**被试 8：**

1）术语翻译时，一般会使用有道词典、谷歌搜索、百度百科、维基百科。

2）没有术语管理习惯，但以后会加强自己的术语管理技能。

3）如果术语不影响整体翻译，可直接借助词典或网络资源进行翻译；如理解术语含义有助于翻译，则有必要借助词典或网络资源查询该术语的确切含义，然后进行翻译。

4）译者须具备相关行业的基础知识、严谨细心的翻译态度，还有查询和分析的技能。

5）术语的准确性是第一位的，应尽力找到公认的标准翻译版本。

**被试 9：**

1）术语翻译时，一般会查询谷歌，查看维基百科或百度百科中的解释，顺便学习知识。

2）没有术语管理习惯，正在学习术语管理软件的使用。

3）如果时间允许，先搞清楚术语的含义，加强对术语的理解，有利于翻译的进行，同时也可学习到其他专业的知识。

4）译者须了解相关知识背景，并善于使用搜索引擎和百科知识。

5）术语翻译时，应注意比较不同翻译版本，尽量选择权威或通用的翻译版本。

**被试 10：**

1）遇到术语问题时，一般会先查询词典，若词典中没有相应词条，再使用维基百科等百科类网站进行查询。

2）偶尔使用 Trados 以及 MultiTerm 有意识地管理翻译中的术语。

3）先通过网络词典或百科网站查询，了解术语的含义，然后在例句或相关领域的文章中查找相应译名。

4）译者应具备对不同领域知识的快速理解能力，以及基本的计算机辅助软件的操作技能。

5）术语翻译应注意对术语所在语境的理解。

根据以上各位被试回答的要点，可以将硕士组被试所具备术语翻译相关知识总结如下。

1）翻译时遇到术语问题，会使用词典和各种网络资源选择合适的译名。

2）基本没有术语管理习惯，但多数被试表示正在学习术语管理软件的使用，个别被试偶尔会使用翻译软件进行术语管理。

3）对于是否需要理解术语的确切含义，各位被试存在不同看法。

4）译者应具备词典和网络资源的查询技能、翻译软件的操作技能、相关行业的基础知识、严谨的翻译态度。

5）术语翻译应注意术语翻译的准确性和规范性、对术语译名的甄别，以及对术语所在语境的理解。

### （三）职业组的术语翻译知识

根据访谈内容，下面将职业组5位被试对术语翻译相关问题回答的要点总结如下。

**被试11：**

1）先查询词典，最优先采用专业电子词典中的译法；可以参考在线词典，但译名的质量不能保证；应使用谷歌验证在线词典中提供的译法；如果词典中无法查到，则使用谷歌验证按照自己理解想出的译法在目标语中是否比较常用。

2）有术语管理习惯。

3）如果术语对整句理解没有影响，则直接使用专用词典进行查询，不追求过多理解术语含义；如果多部专用词典提供的结果相同，则采用此译名；如果存在几种不同译法，则使用谷歌进行验证，选用出现次数较多的译法；如果术语对整句的理解有影响，会先查明其含义再进行翻译。

4）译者应具备应用电子词典、在线词典、网络搜索确定术语译法的技能，能根据语境判断是否需要理解术语的确切含义；在查不到现成译法时，能根据查询结果和术语的语法结构自行翻译术语。

5）注意理解术语的语境信息；注意不可过于轻信国内的在线词典；对于有疑问的术语，应尽量查询源语专业词典中的释义，再根据释义做合适翻译。

**被试12：**

1）在日常翻译中，遇到术语问题时一般会先使用有道词典进行查询，感觉词典提供的译名不准确时，会使用谷歌或百度搜索。

2）目前没有术语管理习惯，因为多数术语可以通过使用有道词典找到译名。

3）多数时候会借助词典或网络资源进行翻译，确认译名是否准确；多数翻译任务有时间要求，因此如果术语的意思对整句或语篇理解没有妨碍，则没有必要对术语含义进行深入理解；若术语含义影响到整句或语篇内容的理解，会先搞清楚术语的确切含义。

4）译者应具备词典和网络资源的查询技能，最好具备一定的专业知识。

5）术语翻译应注重准确性。

**被试 13：**

1）在日常翻译中，遇到术语问题时，一般会借助词典和各种网络资源；使用词典查询时，应主要参考专业词典提供的译名；对于词典译名存在疑问时，使用谷歌或百度搜索对其进行深入查询，并参考权威网络资源，最终确定译名。

2）一般会积累一些专业领域的词汇表，并使用 MultiTerm 进行术语管理。

3）是否需要理解术语的确切含义视具体情况而定，若术语含义不影响语篇的理解，且时间紧张，则会直接采用权威资源提供的译名；若术语含义会影响整个语篇的理解，甚至妨碍继续翻译，这时就需要通过词典或网络资源对术语含义进行深入理解。

4）译者应能熟练使用词典和各种网络资源进行文献检索，对检索结果的质量进行评价，保证信息来源的权威性，并能对翻译过的术语进行系统管理，有助于碰到相同术语时再次使用，减少重复劳动；译者最好能够具备一定的相关专业知识；此外，具备一些翻译理论和术语学理论知识也是对术语翻译很有帮助的。

5）应注意译名的准确性和规范性；对于有些术语，词典中可能会提供多个译名，这时应根据所属的专业领域和语境信息，选择最合适的译名；注意鉴别各种词典和网络资源的可靠性，比如有时在线词典和博客的信息存在不准确的情况，应尽量选择权威性的资料来源进行参考；对翻译过程中遇到的术语进行系统管理，有利于提高日后翻译工作的效率和保证术语使用的一致性。

**被试 14：**

1）根据交稿时间及译文用途，对术语做不同标准的查询和探究。

2）有术语管理习惯，积累专门的行业词汇和术语库。

3）更多时候是直接借助网络资源进行翻译，因为大多情况下，译者因为没有相关专业知识的长期储备而一时无法弄清楚术语的含义，除非该专业术语反复涉及，否则因翻译任务的紧迫性译者往往无法留出足够的时间弄清术语的含义。

4）对于术语翻译，译者最好具备相关专业背景，而这往往是不太可能的，比较现实的要求则是译者的知识检索能力，即“我无法给出这个问题的答案，但是我知道在哪里可以找到这个问题的答案”。

5）术语翻译时应该注意对术语的甄别与多种查询工具的综合使用，既要防止出现对术语的简易、歪曲处理，又要防止非专业工具的误导。

**被试 15：**

1）遇到术语问题时，会先进行词典软件的查询，并参考专业词典所提供的译名；若通过词典查询不能找到准确译名，则使用搜索引擎、维基百科、百度百科等网络资源确定术语译名。

2）有积累专业领域词汇表的习惯，但术语管理不够系统。

3）如果术语的含义影响对篇章的理解，会先搞清楚术语所代表概念的确切含义，然后进行翻译，这样才能更准确地翻译；如果时间紧张，且术语的含义对篇章理解影响不大，则不会深究术语的含义，直接选用词典或网络查询得出的译法。

4）需要具备一定的相关背景知识，并娴熟地运用各种词典和网络资源的检索技能，找出术语的准确译名。

5）在一个术语有多个译名的时候，应根据专业知识和语境信息，选出最确切的译名；译者应学会使用术语管理软件对翻译过的专业术语进行记录和整理，以便在以后的工作中复用。

根据以上各位被试回答的要点，可以将职业组被试所具备的术语翻译相关知识总结如下。

1）在翻译工作中遇到术语翻译问题时，一般会使用词典和网络资源确定译名；尽量参考专业词典提供的译法，并使用网络资源对不确定的译名进行验证。

2）除被试 12 外，其他被试均有术语管理的习惯。

3）对于是否需要理解术语的确切含义，需要根据术语是否影响语篇理解和对翻译的关键性而定：若关键，则使用文献检索对术语进行深入理解，然后确定译名；若不太关键，且时间有限，则从文献检索的结果中选取确切译名，不做深入的理解。

4）译者应具备使用词典和网络资源进行文献检索以确定术语译名的技能；对文献检索的结果进行甄别，参考权威的信息来源；最好具备一定的相关专业知识；被试 13 还指出了具备一定的翻译理论和术语学理论的必要性。

5）术语翻译应注意译名的准确性和规范性，根据所属专业领域和语境信息，选择最佳译名；甄别信息来源的可靠性和权威性；进行系统的术语管理，有助于保证术语使用的一致性，提高翻译效率。

通过以上对三组被试所具备的术语翻译相关知识的分析与总结，可以得出以下几点结论。

1）遇到术语翻译问题时，本科组被试多依赖词典查询；硕士组被试借助词典和网络资源；职业组被试更好地结合词典和网络资源，并强调信息来源的权威性和可靠性，对词典查询不能确定的译名，使用网络进行验证和确认。

2）本科组被试基本没有术语管理习惯；硕士组被试也基本没有术语管理的习惯，但表示术语管理非常重要，正在学习相关软件的使用；职业组被试多具有术语管理的习惯。

3）对于是否需要理解术语的确切含义，职业组的观点更能反映现实翻译职业的情况，即因为一般实际翻译任务较多且有时间限制，有必要根据术语在篇章中的关键性，采取适宜的翻译策略。

4）三组被试都认为译者应具备词典和网络资源的检索技能、相关专业知识；本科组和硕士组都提到了严谨的翻译态度，职业组虽未明确提出，但从其翻译过程和访谈回答情况中也可以看出其严谨的态度；职业组着重强调了对文献检索结果的甄别的重要性。

5）三组被试都认为应注意术语翻译的准确性、对检索结果和译名的甄别、对语篇语境的理解；职业组还指出了术语管理的重要性。

总体而言，职业组所具备的术语翻译知识更加具体，如从多种译名中选择合适的译名的问题，三组被试都有提到，但只有职业组的访谈内容中涉及具体的选择方法，而本科组和硕士组则没有说明具体方法，这说明职业组的程序性知识更加具体和形象。

# 本章小结

译者术语能力实证研究是本书的主体内容。本章从术语翻译效率、术语翻译决策、工具资源使用、术语翻译认知等四个维度对本次实证研究的结果进行了定量及定性分析，考察了三组被试在翻译过程中的术语翻译表现的共性与个性，进而得出各组被试的术语能力特征。根据本章对实验数据的分析与讨论，三组被试术语能力的主要特征可归结如下。

本科组：被试的术语翻译所用时间最少，术语翻译质量最低；所采取的主要认知支持类型为简单型，即 SES 和 SIS，这也是导致其总体翻译质量较低的主要原因；所使用的工具资源较为单一，主要为词典工具，较少使用网络资源；文献检索类型比较单一，主要涉及词典工具的使用，屏幕取词和双语词典检索为其主要的文献检索类型；倾向于简单地接受词典查询所提供的译名结果，且不擅长使用网络资源进行文献检索；没有术语管理习惯，对术语翻译的认知较为简单和笼统，且有实际表现和其术语翻译知识不相符的现象。这就要求教师翻译教学不仅需要提升学生的术语翻译知识，还应注重学生所学知识向实际技能的转化。

硕士组：被试的术语翻译所用时间最多，术语翻译质量居中；对 DES 类型认知支持的选用次数最多，说明该组被试对外部主导型认知支持的依赖度最高；所使用的工具资源较为丰富，涉及词典和各种网络资源；文献检索既有对词典工具的使用，如屏幕取词、双语词典和词典例句参考等，也有对百度搜索、百度百科、谷歌搜索、维基百科等网络资源的使用；能够使用词典软件提供的多种资源，但没有注重专业词典的使用；所使用的网络资源检索词的有效性较低，查询所用时间较长，不善于使用策略从搜索结果中快速定位相关信息；被试基本没有术语管理习惯，其术语翻译知识比本科组更为丰富、具体，但还需要进一步学习提高。

职业组：被试的术语翻译所用时间较多，多于本科组，但少于硕士组，术语翻译质量最高；对 IS-ES 类型认知支持的选用次数最多，说明该组在术语翻译时能够更好地结合内部知识和文献检索提供的外部知识；所使用的工具资源较为丰富，涉及词典和各种网络资源；在文献检索方面对词典的使用次数少于硕士组，对网络资源的检索次数多于硕士组；较为注重专业词典的使用，将专业词典提供的译名作为术语翻译决策的重要依据；网络资源检索的使用次数多于硕士组，所用的检索词的有效性较高，善于从搜索结果中快速定位相关信息，且对文献检索结果的权威性具有较高的辨别能力；多数被试具有术语管理习惯，其术语翻译知识较为丰富、具体，能够针对具体问题说出具体解决方法和对策。

本书将译者术语能力置于翻译能力的研究框架之下展开研究，实证研究所采用的主要方法和实验设计均借鉴于翻译过程实证研究，因此，本次研究过程中同样遇到了翻译过程实证研究中普遍存在且难以规避的弱点和问题。

其一，所选翻译测试材料和被试的代表性有待加强。由于翻译过程实证研究的性质，本研究所选两段测试材料的篇幅均较短。如果选取篇幅过长的测试材料，翻译过程也会持续很长时间，加之里面含有大量的术语需要处理，被试难免会感到疲惫，这样势必会影响到所引发数据的质量。本实验所选两段测试材料均为计算机领域的文本，计算机仅是科技领域中的一个特殊领域，其术语可能具有不同于其他科技领域的一些特征，要想充分了解译者对科技术语的翻译情况，必须进一步研究其他科技领域的文本的翻译过程。因为翻译过程实证研究的程序较为复杂，实验持续时间较长，所以报名参加实验的被试数量较少，同时由于实证研究的数据处理量非常大，实验只能局限于可控的规模之内。因此，本研究中被试的数量较少，故研究结果的可推广性有待后续研究进一步验证。

其二，有声思维作为一种翻译过程的研究方法有其自身的缺陷。自从有声思维首次被运用于翻译过程研究，学界对该方法的质疑之声就一直存在，至今仍未得到有效解决。有声思维翻译研究的理论框架源于埃里克森和西蒙（Ericcson & Simon，1984，1993）的有关论述，他们认为有声思维不会改变思维过程的结构，仅延长了任务的持续时间。雅斯科莱宁（Jääskeläinen，2011）指出，将埃里克森和西蒙的理论框架完全移植到翻译过程研究中具有一定的风险性，因为有声思维常被用于研究棋类、驾车等偏重技能型的活动，而翻译所涉思维过程要远比这些活动复杂。有声思维对翻译过程的影响及其对翻译思维过程完整性的反映是学界对该方法的两种主要质疑。在本研究中，部分被试确实表示有声思维在一定程度上影响了自己的翻译思维过程。为了保证被试的有声思维报告能够尽可能完整地反映其思维过程，研究者提前对各位被试进行了实验培训，直到其口述报告情况达到满意效果方能正式开始实验。但由于被试在性格、语速等方面的差异，其有声思维报告量存在一定的差异。尽管如此，有声思维报告仍是一种能够间接反映译者思维过程的数据收集方法。同时，由屏幕录制软件生成的屏幕录像在一定程度上可以弥补有声思维数据的不足。

其三，实证翻译研究所涉各种变量难以准确控制。翻译是一种非常复杂的认知思维活动，涉及多种变量，如被试的性别、年龄、翻译工作经验、专题知识、性格、自信度、对待翻译的态度，以及测试材料的长度和难度、文本类型、翻译方向、时限要求、翻译记忆、任务类型等等。为了保证实验数据的有效性，应尽可能地控制会对实验结果产生影响的有关变量。本研究将被试的翻译工作经验作为自变量，将译者在翻译过程中的术语能力表现作为因变量，同时尽可能对其他有关变量进行控制，避免其对实验结果可能产生的影响。尽管如此，有些变量仍难以完全控制，如被试的性别。由于被试资源相对有限，且翻译专业的学生以女生为主，因此，本科组和硕士组的被试也是以女生为主。但鉴于本研究的目的在于考察不同经验的译者的术语能力特征，因此被试的性别被视为无关变量。另外，为了控制被试的专题知识对实验结果的可能影响，所选被试均不是计算机领域的翻译专家，而且均不熟悉该领域的文本翻译，但具体到从两篇材料中所选出的 50 个术语，很难保证各被试对这些术语具有相同的熟悉程度。尽管如此，通过对实验过程的分析，研究者发现各被试对这些术语的熟悉程度不存在过于悬殊的差异。

# 第六章

# 译者术语能力相关模型的构建与应用

基于译者术语能力的实证研究结果分析，本章旨在对理论构建部分所提出的译者术语能力的初步模型进行再思考，发现其中的缺陷与不足，进而对其加以完善与修订，并试图进一步构建出译者术语翻译的工作模型，基于此探讨实证研究的结论与相关模型的应用问题，即如何培养翻译专业学生的译者术语能力。

## 第一节　译者术语能力模型的修订

根据本书的初步理论构建，译者术语能力包括语言能力、理论能力、文献能力、管理能力、专题能力、技术能力、应用能力等七种子能力，各子能力之间相互联系，相互影响，由此，形成了译者术语能力的初步模型。但该模型主要是基于研究者的主观理论思辨，未经过实证研究的验证，可能存在不合理或不足之处。第五章从术语翻译效率、术语翻译决策、工具资源使用、术语翻译认知四个维度，对三组被试在翻译过程中译者术语能力的表现进行了分析，这四个维度分别对应一种或几种子能力。本节将讨论七种子能力在翻译过程中的具体体现，并对译者术语能力的初步模型进行反思，弥补其中潜在的缺陷与不足。

### 一、译者术语能力各子能力的表现

#### （一）语言能力

术语是一种用于表示专业领域知识的概念的特殊词汇，其形成须根植于一种语言当中，具有这种语言的一般词汇的普遍特征。在科学文体中，术语本身无法实现科学知识的有效传播，必须借助语法规则和一般词汇构成有意义的语篇，才能实现其知识传播功能。翻译的本质就是知识的跨语言传播，具体到术语翻译就是将专业词汇所代表的专业概念用另外一种语言中的词语准确表达出来，准确性是术语翻译的首要原则。双语能力是做好术语翻译所需的最基本的能力。双语能力要求译者具备两种语言的听说读写技能，同时还需掌握翻译所涉两种语言的语音、形态、语义，甚至句法和语用等方面的知识。此外，译者还应熟悉两种语言背后的文化，因为文化差异可能会导致两种语言甚至是使用同一种语言的不同地区在专业词汇使用上的差异。

译者能够理解源语术语的字面意义，并使用目标语进行写作，这无疑是其语言能力的体现。术语是一种特殊的词汇，在实际翻译过程中形态和语义层面上语言知识的运用较为突出。有些被试在分析源语术语时用到了构词法知识，例如：

（27）P7/EC/TAPs：（00:41:54）metafile，图元，这两个没什么，（谷歌搜索，检索词：metafile）metafile 图元文件，meta 是什么元的意思，file 就是文件，那就是图元文件，这是计算机领域，有图，图元。（00:42:23）

（28）P13/EC/TAPs：（00:07:11）下面是 metafile，啊，我们可以从它的构词法上可以看到 meta 是元的意思，file 文件，它是不是翻译成元文件呢？我来查一下，（词典查询，检索词：metafile）图元文件，海词在线词典上是图元文件，那么看下科技词典，科技词典上是元文件，计算机，啊，嗯，微软词典呢，那么到底是元文件呢，还是图元文件？（00:07:42）

可见，被试 7 和被试 13 在理解术语 metafile 时，先根据构词法知识，将其分解为 meta 和 file 两部分，再根据两部分的意思，对整个词的词义做出推测。又如，在翻译术语 bitmapped file 时，有些被试也用到了构词法知识，bitmapped file 的查询结果较少，于是他们将 bitmapped 的词尾去掉，查询 bitmap file 的词义，并认为这两种形式是同一术语的变体。

有的术语的查询结果会提供几个不同的译名，译者须对其进行准确的语义分析，才能选定正确的译名。例如 perspective 一词，它既属于日常词汇，又可用作计算机专业词汇，但两种用法的语义则不同，译者需对其语义做出正确判断，才能保证译文的准确性。例如：

（29）P15/EC/TAPs：（00:23:10）in a variety of perspectives，perspective，视角，看一下它有什么别的意思，和计算机有关系的，（屏幕取词，检索词：perspective）透视，远景，透视图，perspectives 有透视图的意思？看一下，（百度搜索，检索词：透视图 perspective）嗯，perspectives，透视图，哦，啊，太好了，真有，啊，perspective，透视图，好多，perspectives，插件，加入透视图，perspectives，我们可以翻译成透视图。（00:24:03）

可见，被试 15 首先根据经验说出了该词的最常用意义“视角”，但感觉不妥，进而继续查询与原文语境相关的意义，然后从词典提供的几个译名中选择了与计算机领域相关的“透视图”，并通过百度搜索对这一说法进行了验证。

### （二）理论能力

根据《现代汉语词典》中的解释，理论是“人们由实践概括出来的关于自然界和社会的知识的有系统的结论”。理论来源于实践，并对实践有指导作用。理论能力在实际翻译过程中主要体现在术语和翻译两个方面。术语理论则是从语音、形态、语义、功能等方面对术语的特点和使用规律做的系统性的总结。翻译理论是译者或翻译研究者从翻译实践或翻译研究实践中概括出来的关于翻译现象和翻译行为的经验性的认识，“旨在深入了解翻译活动的本质，推进翻译领域的发展，直接或间接也有助于实务的译事”（廖柏森，2011：212）。译者关于术语翻译的理论知识多为程序性的，即有关实际操作过程的知识。

在翻译过程中，被试能够根据自己的已有知识识别哪些词语是术语，并对其采取与一般词语不同的翻译策略，即通过文献检索查找准确和规范的译名。这种做法体现了被试的术语意识，虽然被试没有明确提及自己借鉴了什么样的术语理论，但这种术语意识是以一定的术语理论为基础的，比如术语的定义、术语的特性等，例如：

（30）P8/EC/TAPs:（00:46:21）然后最后一个，呃，又对这个进行一个解释了，这个是 multimedia file formats，呃，这样也是一个专业术语。然后我们可以对它进行一个查阅，（词典查询，检索词：multimedia file format）这个其实也很好理解，为了确定，我们在有道里面进行查阅是想找到一个它比较，比较，比较，呃，专业的翻译，我们自己翻译，我们也可以自己直译，这个多媒体文件，多媒体文件的格式或者怎么样，它其实就是这么翻，但是呢，为了，为了这个更加准确，因为计算机里面它的翻译都是有一定的固定模式，如果说我们自己必须识别出术语，然后再对术语，必须自己识别出术语，然后自己对术语有一个认知，然后再去找它的标准的翻译，多媒体文件格式。（00:47:07）

由以上有声思维片段可知，被试 8 首先将 multimedia file format 识别为一个专业术语，虽然他能按照各单词的意思进行直译，但还是通过词典对其译名进行了查询，他认为必须识别文章中出现的术语，术语的翻译有一定的固定模式，并应符合专业和标准的要求，这无疑是他的术语理论的一种体现。

术语翻译的理论知识还体现在有些被试在准备阶段对翻译任务的分析上，如根据有声思维片段（1），被试 13 就对翻译任务的各个方面进行了分析，包括原文的文体、专业领域、译文读者、专业术语的翻译等，认为术语翻译须准确，应参考相关专业词典。在后续访谈中，各位被试对问题的回答更是反映了他们在术语翻译方面所具备的一些理论知识，其中多为程序性知识，如有的被试认为术语翻译应考虑所涉专业领域和语境信息，应根据具体情况判定是否需要理解术语的确切含义，以及如何处理术语多义和多个译名的选择问题等。被试的这些术语理论知识无疑对实际翻译过程中的术语问题处理具有指导作用。

### （三）文献能力

术语翻译中的文献能力是指具备文献检索、文献阅读、文献分析、文献评价、文献管理等技能。在本次实验翻译过程中，文献能力体现为译者的文献检索、文献阅读、文献评价能力。本次翻译任务的规模较小，未涉及文献管理，但在现实翻译工作中，译者往往擅长一个或几个专业领域的翻译，或者是参与持续时间较长的翻译项目，这就要求译者具有文献管理的意识，对相关领域的文献进行有效管理，以备在翻译工作中复用。由此可见，文献能力与管理能力密切相连。

在本次实验翻译过程中，各位被试均不擅长所涉专业领域的翻译，需要对文中的多数术语进行相关文献检索，了解专业知识，才能确定译名。文献检索通过查询词典和网络资源来完成，所以需要技术能力提供支持，百度百科和维基百科是文献的主要来源。检索到相关文献之后，译者还需要对其进行阅读、分析，找到所需的相关信息。文献的阅读和分析速度会影响到被试的翻译速度，例如，在汉英翻译任务中，被试 6 对所查到的文献内容进行了仔细阅读，不善于使用策略定位相关信息，这就使得其翻译过程所用时间较长，而职业组的被试 11 和被试 13 使用了页面检索功能，能够快速查找关键词，定位相关信息。文献评价指能够对文献的质量进行准确判断，从而参考可信度较高的权威资源。根据对实验结果的分析，职业组被试擅长从文献检索的结果中选取可信度较高的权威资源为术语翻译提供参考。

### （四）管理能力

术语翻译中管理的对象主要有双语术语、术语文献和翻译流程。同样是由于本次翻译任务的性质，管理能力在翻译过程中的体现不太明显。然而，在实际翻译工作中，译者会接触到大量相关主题的翻译任务，术语管理就显得尤为重要，既可以减少重复劳动，又可以加强术语使用的准确性和一致性，从而提高翻译工作的质量。术语管理需要借助各种软件系统才能得以实现，所以管理能力需要技术能力的支持。

在本次实验的翻译过程中，虽然被试的术语管理能力的表现不甚明显，但他们的有些表现体现了一定的术语管理意识。有的被试会将原文中的部分术语先识别出来，并通过文献检索将这些术语先翻译出来，然后再开始整篇文章的翻译，如被试 3、被试 6、被试 14。这类似于实际翻译流程中的术语提取。还有的被试会将翻译过程中碰到的术语标注出来，在修订阶段对术语的译名进行再次确认，以保证术语译名的准确性，如被试 7、被试 14。在同一术语再次出现时，参考首次出现时的译法，保证前后文术语使用的一致性，这也是被试术语管理意识的体现。有的被试在翻译同一术语时，前后使用了不同的译名，这样会导致译文质量的降低，并影响译文读者的阅读效果。多数职业组被试表示平时工作中有术语管理的习惯，并强调了术语管理的重要性。

### （五）专题能力

术语是一个学科用于表示其概念体系的语言符号。“与一般语言符号不同的是，科技术语的语义外延是根据所指的关系而不是根据能指的关系来确定的。因此，对科技术语的理解往往要比其他语言符号更费力一些。”（范武邱，2011：2）术语比一般词汇更难以理解的原因在于，术语表示的是某个专业领域中的概念，读者需要具备一定的专业领域知识才能更好地把握术语的含义。专题能力指译者能够应用所涉领域的专业知识解决术语问题。

在译者的已有知识中，可能会包含当前翻译所涉领域的知识，但由于参与本研究的所有被试均未表示计算机领域为其擅长翻译领域，所以他们所具备的专业知识可能不太准确，需要使用文献检索以获取更准确的专业知识。从对被试的术语翻译决策分析结果来看，本科组被试使用的 SIS 认知类型支持的次数较多，而职业组被试则更多地使用了 IS-ES 类型，这说明职业组被试更倾向于使用文献检索获取更多更准确的专业知识,并和已有知识相结合，从而确定术语的译名。因此，专题能力不仅要求译者具备一定的相关领域的专业知识，也需要译者使用各种工具资源，获得相关文献信息，以弥补自己知识结构中的不足。后续访谈更体现了这一点：多数被试均表示要想做好术语翻译工作，译者需要具备一定的相关领域的专业知识；由于专业知识的缺乏，自己不确定或无法理解术语含义的时候，译者需要利用词典和网络查询或咨询有关专业人士，获取相关知识。另外，实际翻译工作中还会涉及对同一专题下的文献资料进行管理，这也是知识管理的重要内容。由此可见，专题能力与文献能力、技术能力、管理能力密切相关。

### （六）技术能力

技术能力则是指译者能够利用各种工具资源，进行术语文献检索或相关管理工作，辅助术语翻译决策。技术能力为文献能力、管理能力、专题能力的实现提供了必不可少的支持。因为本次实验的翻译任务完全在电脑上操作完成，所以没有涉及传统工具的使用，如纸质词典。使用电脑进行翻译，已是现代翻译工作的常态。各位被试皆掌握了电脑的各种基本操作，这是译者最基本的技术能力的体现。工具资源的使用主要体现了技术能力。

由第五章中对工具资源的使用的分析结果可知，为了术语翻译，各位被试所使用的工具资源分为词典和网络资源两种类型。词典包括灵格斯词霸、有道词典、百度词典；网络资源包括搜索引擎、在线百科全书、在线翻译、语料库检索、CNKI 翻译助手等。本科组被试主要依赖词典完成术语的翻译，而硕士组和职业组的多数被试则能利用词典和网络资源，定位更加准确的术语译名。与硕士组相比，职业组对词典的依赖度较小，并且对网络资源使用的次数更多。

在后续访谈中，各组被试均表示在术语翻译时译者应能够使用词典和网络资源，查找相关信息，进行阅读、分析，选择准确规范的译名。本科组被试的访谈内容与其实际表现存在差异，这说明教师在翻译教学中应注重学生知识的技能化，即培养学生的动手实践能力。与本科组和硕士组相比，职业组多数被试能够说出比较具体的工具使用方式，这说明职业组被试拥有较为丰富的程序性知识。

### （七）应用能力

应用能力是译者术语能力构成模型中的核心能力，指译者在理论能力的带动下，能够利用文献能力与管理能力所提供的相关信息，借助专题能力和技术能力，采取适当策略，解决实际翻译工作中出现的术语问题。应用能力与其他六种子能力均有关联，策略的使用是应用能力的重要体现。应用能力表现为译者术语翻译的效率、术语翻译所采取的认知支持类型。

术语翻译的效率指术语翻译所用时间与术语翻译质量之间的关系，在一定程度上反映了译者的应用能力。根据实验结果分析，本科组被试的术语翻译所用时间最少，其术语翻译质量也最低；职业组所用时间比硕士组略少，但术语翻译质量高于硕士组。这说明为保证术语翻译的准确性，译者必须耗费一定的时间，而职业组能更好地协调术语翻译所用时间和翻译质量的关系。

术语翻译所采取的认知支持类型反映了译者如何结合内部知识和外部知识解决术语问题，即如何应用自己的已有知识和文献检索提供的外部知识。总体上来看，本科组被试倾向于简单应用内部知识或外部知识，解决术语翻译问题；硕士组和职业组则能更好地将两种知识相结合，职业组的表现最好。实验结果还发现，简单应用内部知识或外部知识解决术语翻译问题，是导致术语翻译错误的主要原因。

## 二、译者术语能力的修订模型

通过分析上述译者术语能力初步模型中各个子能力在翻译过程中的体现，我们可以发现该模型具有一定的合理性，但也存在不足之处。首先，通过上述分析，我们可以发现文献能力、管理能力、技术能力、专题能力之间的联系非常密切，部分内容相互重叠。其次，在访谈中有些被试提到了术语翻译时译者应该具备严谨的工作态度，但这在初步模型中没有得到体现。本小节就在实证研究的基础上，对该初步模型进行完善与修订。

近些年来，随着全球信息化的进程，信息素养已成为人们所必须具备的一项基本素质，因此，信息素养研究也逐渐受到了学界的关注。信息素养（information literacy）这一概念最早是 1974 年由美国信息产业协会主席保罗·泽考斯基（Paul Zurkowski）提出的，他将信息素养定义为利用信息工具和信息源使问题得到解决的技能，这一概念是从图书馆检索技能演变而来（张厚生、袁曦临，2007：9）。目前，得到普遍认可的是美国图书馆协会（American Library Association，ALA）的定义，即“一个具备信息素养的人须能够识别信息需求，并具备定位、评价并有效使用所需信息的能力”（ALA，1989）。

信息素养的重要表现是搜索能力，而搜索能力是现代译者能力体系的重要组成部分（王华树、张成智，2018），对于术语翻译而言尤其如此。译者应善于使用网络检索策略，从海量的网络资源中获取术语翻译所需的信息（卢植、胡健，2019）。根据秦美娟和何广铿（2009）对信息素养内涵的阐释，信息素养包括信息意识和信息能力两个方面，信息意识包括人对信息的认识、观念、需求；信息能力涉及获取、评价、处理、管理、整合、交流和研究等技能。就信息意识而言，译者应认识到信息技术在术语翻译中的重要性，应充分认识如何利用信息技术准确地翻译术语。信息技术带来了翻译工作方式的变革，这需要译者升级翻译工作观念，与时俱进，以适应信息化时代对翻译提出的挑战。译者还应针对具体情况，清楚术语翻译对信息的需求，这有助于提高翻译工作的效率。就信息能力而言，获取技能指运用信息技术获取术语文献资源的技能，最常用的工具就是互联网上的搜索引擎。能够快速准确地找到所需信息，是高水平译者的表现。获取技能相当于上述文献能力中的文献检索。评价技能则指能够对搜索所得信息进行质量评价，从而参考可靠性较强的权威资源，如利用检索结果的数量来确定译名是否符合目标语表达习惯。这相当于文献能力中的文献评价。处理技能指应用信息技术对术语翻译的相关文献进行分析和加工，从中找出所需信息，相当于文献能力中的文献分析。管理技能指运用信息技术对术语翻译的相关信息资源进行收集、组织、整理以及储存，如建立术语库、语料库、翻译记忆库等，相当于以上提到的管理能力。整合技能则指综合利用各种信息技术的工具和资源，辅助术语的准确译名的确定，这相当于文献能力中文献检索技能。交流技能指能够使用信息技术工具，如电子邮件、即时通信软件等，针对自己不确定的信息与专业人士进行交流，咨询和获得术语翻译所需的相关知识，与以上提及的专题能力相关。研究技能则指能够利用信息技术对术语的概念进行研究，如术语库工具、语料库工具、文献管理工具等，涉及文献能力和管理能力。可见，上述七种技能中，每种都会用到信息技术，从而表明技术能力是信息能力实现的基础。这样一来，信息素养能够涵盖译者术语能力初步模型中的文献能力、管理能力、技术能力，以及专题能力中的技能要素，于是可以将此四种能力整合为信息素养和专题知识。这就解决了四种能力的部分内容相互重叠的问题。

此外，在后续访谈中，多位被试提到了译者在翻译术语时须具备严谨的工作态度。因为术语翻译是一种人类认知活动，所以难免会受到非智力因素的影响。术语翻译过程中可能影响译者的非智力因素包括态度、动机、情感、性格、翻译信念、抗压能力等。因此，译者术语能力的初步模型中还需补充非智力因素，进而可以得出译者术语能力的修订模型，如图 6.1 所示。

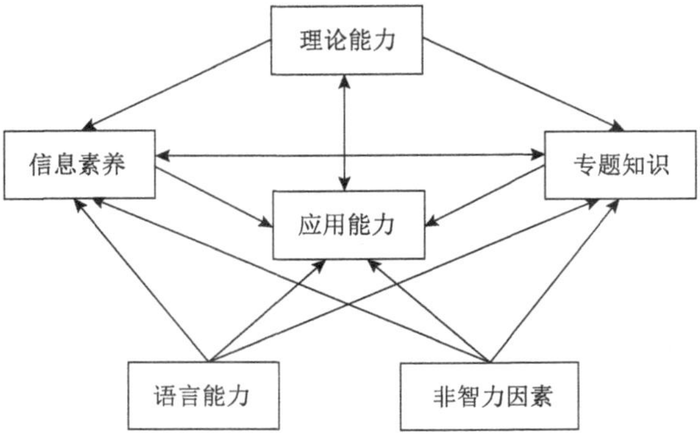


图 6.1　译者术语能力的修订模型

根据这一模型，译者术语能力由理论能力、信息素养、专题知识、语言能力、应用能力、非智力因素等六种要素构成。理论能力为术语翻译过程提供术语和翻译两方面的理论指导；语言能力是术语翻译的基础；非智力因素为译者提供心理支持；根据自己已有的专题知识，译者决定应该查询的信息类型，并结合已有知识和信息素养所提供的外在知识，服务于应用能力，应用能力是该模型的核心，体现了其他五种要素对术语翻译最终结果的影响。

## 第二节　术语翻译工作模型的构建

根据本次实验过程中各位被试翻译术语时的具体表现，并借鉴前人的有关成果，尤其是从认知心理学视角对翻译过程的研究，本节将构建术语翻译过程的工作模型，试图直观地再现文献检索在术语翻译过程中的作用，以及术语翻译时译者的内部知识和外部知识的交互作用。根据认知心理学理论，人类的思维过程被认为是信息加工的过程。翻译是一种复杂的人类认知活动，因此也是一种信息加工过程（Bell，1991；刘绍龙，2007b）。术语翻译是一个特殊词汇的双语转换过程，因此，也可被视为一种信息加工过程。译者从接收到源语输入，并将输入的词语确定为术语，一直到最后确定满意的译名，并将其输出为目标语的形式，经历了一系列的复杂过程。

基于此，图 6.2 呈现了术语翻译过程的工作模型。

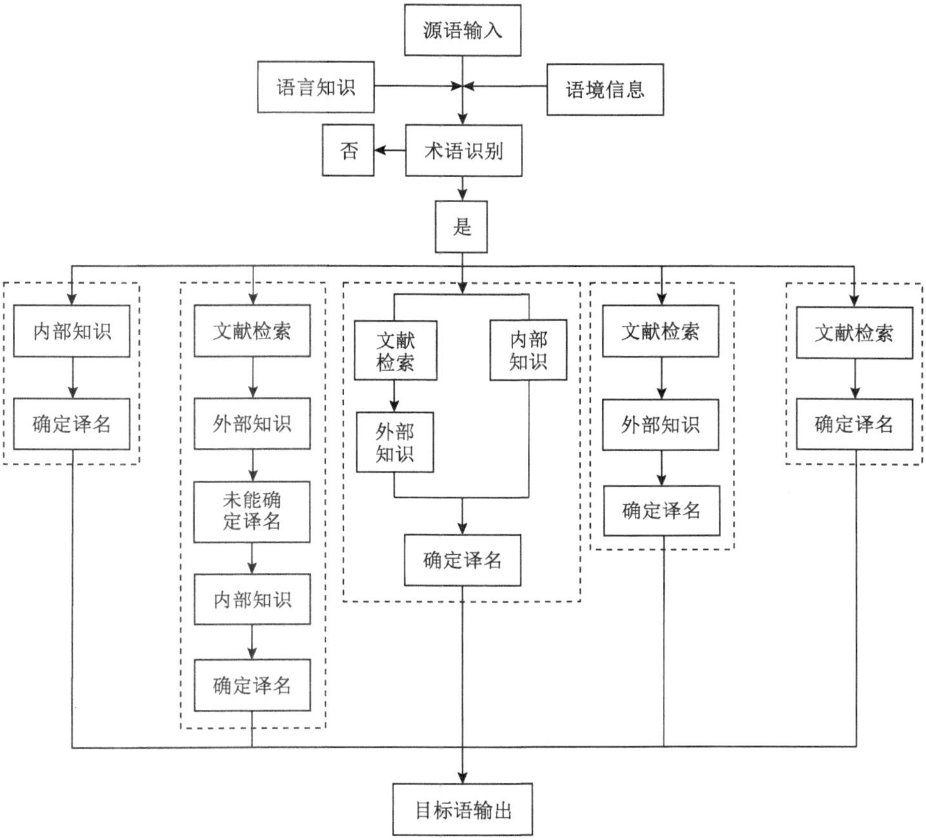


图 6.2　术语翻译过程的工作模型

由图 6.2 可见，译者从根据自己的语言知识和当前的语境信息将一个词语识别为术语到将该词转换为目标语输出，会经历五条不同的路径。图中的虚线方框表示当前的语篇语境，因为译者的术语翻译行为是在语篇语境信息的背景下进行的。按照从左至右的顺序，我们将这五条路径分别用阿拉伯数字1—5 进行编号，它们分别对应于 SIS、DIS、IS-ES、DES、SES 五种认知支持类型。

路径 1：译者识别出术语后，通过检索自己的内部知识，确定了该术语的译名。译者对当前所涉专业领域非常熟悉，并对该术语的译名的准确性非常有把握，这样得到的译名多数是准确的；如果译者对当前所涉专业领域不是太熟悉，只是凭自己的感觉确定了术语的译名，这样得到的译名往往是错误的或不够准确的。因为参与本次翻译任务的被试均表示对所涉领域不擅长，所以由该路径所获得的译名的错误率较高。与该路径相对应的 SIS 类型是导致术语翻译错误的主要认知支持类型之一，这也正验证了这一点。

路径 2：译者识别出术语后，发现自己不熟悉该术语，于是求助于文献检索，并获取了一些外部知识，但未能从中确定该术语的译名，然后根据自己的内部知识，确定了该术语的译名。这条路径所得到的译名往往是错误的或不够准确的，因为求助于文献检索的前提是译者对当前术语不够熟悉，而通过文献检索未能获取有效信息，导致未能确定正确译名，这与译者信息素养的高低有关。在本次翻译任务中，与该路径相对应的 DIS 认知支持类型的使用次数很少，共有 8 次，其中 6 次的翻译结果是错误的或不够准确的。

路径 3：译者识别出术语后，发现自己不熟悉该术语，而且对该术语的译名没有把握，于是求助于文献检索，并获取到了相关外部知识，同时结合自己的内部知识，共同确定术语的译名。这种情况下，译者在进行文献检索前，往往能说出当前术语的译名，但不能够完全确定，于是通过文献检索获取相关外部知识，以此对自己的拟定译名进行验证。这条路径所得到的译名往往是比较准确的。与该路径相对应的认知支持类型是 IS-ES。在三组被试中，职业组对该类型的使用次数最多。

路径 4：译者识别出术语后，发现自己对该术语很陌生，自己不具备相关知识，于是求助于文献检索，获取到了相关外部知识，并从中确定了术语的译名。因为译者缺乏相关知识，所以这条路径需要译者充分结合自身的信息素养，查询有效的文献资源，从中获取相关外部知识，最后确定当前术语的译名。因为所产生的译名是基于多次文献检索所提供的资源，所以由该路径所获得的翻译结果错误率较低。与该路径相对应的 DES 认知支持类型为硕士组和职业组被试所应用的主要认知支持类型之一。

路径 5：译者识别出术语后，发现自己对该术语很陌生，自己不具备相关知识，于是求助于文献检索。该路径所用到的文献检索类型主要为词典查询，译者不会对查询结果做过多的思考，而是简单地将查询所提供的结果选定为术语的最终译名。在这种情况下，如果当前术语的查询结果有多个选项，译者的选择一般也比较随意，这往往会导致错误的术语翻译结果。与该路径相对应的 SES 认知支持类型是导致术语翻译错误的主要认知支持类型之一，这也正验证了这一点。

在上述五条路径中，除了路径 1 之外，其他四条路径都涉及文献检索，其中路径 3 和路径 4 对译者的信息素养具有较高的要求，而这两条路径也是硕士组和职业组被试选用频率较高的路径；本科组被试所选用的路径以路径 1 和路径 5 为主。由此可见，在对所涉专业领域不熟悉的情况下，译者的信息素养是术语翻译成功与否的关键所在。

## 第三节　关于译者术语能力培养的教学建议

至此，通过对实证研究结果的分析，本书从术语翻译效率、术语翻译决策、工具资源使用、术语翻译认知四个维度对三组被试的译者术语能力进行了实证考察，总结出了各组被试的术语能力特征；然后，讨论了译者术语能力初步模型中各要素在实证研究中的体现，并对该模型进行了修订与完善；最后，又根据实证研究结果构建出了术语翻译过程的工作模型。这是本实证研究的理论意义所在，而其实践意义则在于为翻译教学中译者术语能力的培养提供教学建议。据此，本书将依据实证研究的结果分析、译者术语能力的构成模型，以及术语翻译过程的工作模型，先陈述在翻译教学中培养译者术语能力的必要性和紧迫性，再从教学目标、教学内容、教学方法、教学资源建设四个方面提出教学建议。

### 一、译者术语能力培养的必要性和紧迫性

当前，在翻译教学中培养译者术语能力的必要性和紧迫性，主要体现在如下两个方面。

第一，在全球化进程与信息技术时代背景的推动下，应用翻译的业务量随之不断增长。应用翻译涵盖医药、化工、机械、法律、金融、商贸等多个领域和学科，而术语在这些学科知识中扮演着重要角色，每个学科都有自己一套独特的术语体系，是该学科知识的核心载体和体现。尤其是现在科技的发展速度惊人，新学科、新技术、新设备、新材料等都在不断地产生，这就

使得新术语也大量涌现。因此，术语翻译是应用翻译的关键内容，术语翻译的质量关乎整个应用翻译行业的发展。近年来，应用翻译和术语翻译问题都引起了学术界的重视。自 2003 年首届“全国应用翻译研讨会”在上海召开以来，至 2023 年已召开了十届，研讨会涉及了应用翻译的理论与实践研究、应用翻译教学研究、应用翻译人才培养等议题。“面向翻译的术语研究”全国学术研讨会也先后于 2010 年、2011 年、2017 年、2023 年举行了四届，会议的宗旨在于研究术语翻译理论，推进术语翻译实践，繁荣术语翻译事业。产业界和学术界的共同关注更加凸显了术语翻译在应用翻译中的重要地位。由于社会经济发展的需要，翻译行业急需大量能够胜任应用翻译工作的优秀译员，而具备术语翻译所需的知识与技能则是对这些译员的必备能力要求。

第二，正是为了应对社会对翻译人才尤其是应用翻译人才的巨大需求，教育部先后于 2006 年和 2007 年分别批准开设本科翻译专业和翻译硕士专业学位。“翻译专业是一个实践性很强的专业，其设置的目标是培养具有专业能力和职业素养、能够创造性地从事实际工作的应用型翻译人才。”（张文，2011：26）传统的翻译教学所注重的是对学生的双语转换技能的培养，教学方法以课堂传授为主，形式较为单一，教学内容较少涉及实际翻译工作。翻译专业的设置是我国社会发展的必然趋势，具有明确的职业指向性，尤其是硕士翻译专业学位教育，就是要针对社会的翻译业务量快速增长的需求，培养翻译职业所急需的应用型、实践型、职业化翻译人才。因此，翻译教育应紧密联系社会实践活动与翻译产业的实际发展状况，从而建立相关课程体系与教学原则，突出培养学生的实践能力和职业技能，注重实用性课程的设置与建设，应用多样化的教学模式，以具体实施翻译教育的思想理念，实现应用型、实践型、职业化翻译人才的培养目标（苗菊、王少爽，2010：63）。翻译教学应致力于培养学生发展翻译职业所需的各种知识与技能，使学生在毕业时就能成为一位可以胜任翻译工作的译者，以应对社会对翻译人才的迫切需求。术语能力正是译者胜任实际翻译工作所必需的一项职业能力。由文献综述部分的分析可知，我国传统翻译教学虽然也关注对学生术语能力的培养，但更为侧重其语言能力与专业能力，这种培养模式并不完整，缺乏系统性。根据我国社会经济发展和翻译职业化的要求制定相应的教学目标，设置具有针对性的教学内容，实施行之有效的教学方法，从而构建符合职业实际需求的译者术语能力的培养模式，已成为当前高校翻译专业教学改革的重点之一。

## 二、译者术语能力培养的教学目标

翻译专业的培养目标就是为社会培养应用型、实践型、职业化翻译人才。面向译者术语能力发展的教学目标则是翻译专业培养目标的具体化和可操作化。根据对译者术语能力的实证调查结果，可将教学目标分为以下六个具体方面。

第一，培养学生的理论能力，使其具备相关的术语翻译的理论知识。理论知识是译者翻译实践的工作指南。为了能够更好地应对术语翻译问题，译者应该具备以实践为导向的翻译理论知识，如功能主义翻译理论、文本分析理论等，以便准确把握翻译任务的各个方面。因为术语不同于普通词汇，译者还应具备基本的术语学知识，如术语的定义、术语体系与概念体系的关系、术语标准化、术语编纂、术语管理等，从而更好地把握术语翻译的本质。

第二，培养学生的语言能力，使其不仅具备两种语言的语音、形态、句法、语义、语用等层面的知识，还需掌握两种语言中的术语在这些层面上的具体特征。其中形态和语义为两个主要方面：形态知识体现为术语的构成方式，不同语言的术语的构成方式可能不同，译者须保证译名符合目标语术语的构成规范；在语义方面，不同语言的术语可能存在概念上的不对等现象，如有必要，须采取相应的补偿措施。语言能力对于译者的术语翻译工作具有基础性意义。

第三，培养学生的专题知识，使其具备一些翻译工作常涉领域的基本知识。一个学科领域的术语与其概念体系存在对应关系，各个概念间存在各种逻辑或语义关系，所以各术语之间的关系取决于其所代表的概念间的关系。具备当前领域的基本知识，有利于译者厘清概念，把握好术语间的关系，进而在目标语中找到代表这种概念关系的相应词汇。有时，同一语言形式会被用于表示多个领域的不同概念，而这些不同概念在目标语中可能用不同的语言形式表示。这种情况下，如果译者能够掌握当前领域的基本知识，则有利于理解术语的当前含义，确定对应译名。

第四，培养学生的信息素养，使其能够利用信息技术获取相关信息，服务于术语翻译。虽然译者都有自己所擅长的翻译领域，但在实际翻译工作中，译者不可能只翻译自己所擅长的领域的文本，而是会遇到多种学科领域的术语翻译问题。即使是自己擅长的翻译领域，译者也不能保证准确翻译该领域的所有术语。术语翻译仅靠译者的内部知识是不易做到的，译者必须借助文献资料提供的外部知识，而信息技术就为译者快速获取外部知识提供了可能。译者必须清楚当前的信息需求，并能够找出最适合的检索词进行信息查询。

第五，培养学生的非智力因素，使其能够正确对待术语翻译工作。准确性是对术语翻译质量的基本要求，此处的“准确”不是一般意义上的准确，而是指术语的译名应遵循行业规定、符合行业习惯（方梦之，2011b：284）。这就需要译者在术语翻译时具有严谨的工作态度，如果以敷衍的态度对待译名的选择，势必会影响译文的准确性。由于缺乏相关知识，译者在查找相关信息时即使花费大量的时间和精力，也不能确定术语的译名，这可能会导致学生产生挫折感，从而放弃翻译任务。因此，很有必要培养学生的翻译信心和对工作的承压能力，增强学生在翻译工作中的心理素质。

第六，培养学生的应用能力，使其能够采取适宜的策略，整合各种资源提供的相关信息，为术语确定准确的译名。应用能力是译者术语能力中关键的一环，其作用在于使译者根据当前的语篇和语境信息，对术语翻译路径的选择做出判断，选取适宜的路径将文献检索提供的外部知识和自己已有的内部知识相结合，进而确定术语的译名。

综上所述，译者术语能力是一种由多种要素组成的实践性较强的综合能力，以上六个培养目标分别对应译者术语能力修订模型中的六种构成要素，其总目标就是使学生能够具备在实际翻译工作中处理术语问题的知识和技能，成为应用型、实践型、职业化的优秀翻译人才。

## 三、基于译者术语能力模型的教学内容

教学内容是在教学目标的指导下教师应向学生传授的知识与技能等相关内容。为实现译者术语能力的教学目标，根据译者术语能力的构成模型，本书对译者术语能力的相关教学内容提出构想，提出阶段式模块化术语课程

设置。在译者术语能力的构成模型的六种要素中，语言能力是在本科低年级阶段的主要任务，术语课程主要针对学生与术语相关的语言能力进行深入培养；专业知识可通过学生选修具体的应用翻译课程，如科技翻译、法律翻译、医学翻译，或者选修其他专业的有关课程而获得。

就翻译学习者的层次而言，本科和硕士研究生两个阶段可分别开设相应等级和难度的术语课程。翻译专业本科阶段的培养目标主要是培养具有扎实的两种语言基础、熟悉中西方文化、掌握多种文本的翻译技能的初级通用职业翻译人才（仲伟和、穆雷，2008：7）；而翻译硕士学位教育的培养目标则是培养适应国家经济、文化、社会建设需要的高层次、应用型、专业性翻译人才。因此，本科生的术语课程作为入门课程，旨在介绍术语学的基本理论知识和工作方法，使其对术语学有大致了解，从而具备基本的译者术语能力，并能从事简单的术语工作，如术语查询、术语词典使用、双语词汇表制备、基本的文献管理知识和技能等。针对硕士研究生的术语课程为高级阶段，旨在系统传授术语学理论、术语管理、术语标准化、文献管理、词汇学、词典学、计算机辅助术语工具的应用、语料库和数据库的应用等知识和技能，从而使其具备较高的译者术语能力。课程内容可采用模块化的设计，使得教学活动具有较强的针对性。具体的课程设置情况，可参照表 6.1。

**表 6.1　翻译专业的阶段式模块化术语课程设置**

| 序号 | 模块名称 | 学生层次 | 具体教学内容 |
|---|---|---|---|
| 1 | 术语学的基本知识 | 本科 | 什么是术语、什么是概念、术语学的内涵、术语学的基本理论与原理、语言学的相关理论等 |
| 2 | 术语学的基本工作方法 | 本科 | 术语单位的辨认、遴选、划分，术语的结构分析，上下文分析，语义分析，术语卡片的制作，不同语言间术语的对比，术语翻译等 |
| 3 | 文献管理入门 | 本科 | 文献的概念、文献的类型、文献的载体、文献的传播、文献信息资源的描述、文献检索点的选取、文献学的发展史、文献管理的基本工具等 |
| 4 | 术语实习 | 本科 | 利用术语学的基本理论知识解决实际问题，如术语查询、术语词典使用、双语词汇表制备等 |
| 5 | 术语学理论 | 硕士 | 现代术语学的发展史、术语学的四大流派及其理论主张、术语研究的历时和共时方法、交际术语学、认知术语学、社会术语学、框架术语学等 |
| 6 | 术语学高级方法论 | 硕士 | 术语编纂的基本方法、术语管理的方法、术语标准化的方法、语料库的编制、术语定义的编写、概念网络的建立、术语学方法与词典学方法的相同与差异等 |

续表

| 序号 | 模块名称 | 学生层次 | 具体教学内容 |
|---|---|---|---|
| 7 | 文献管理 | 硕士 | 文献查询、文献采集、文献加工与处理、文献开发与利用、文献管理与评价、各种计算机工具的应用，如语料库、翻译记忆等 |
| 8 | 计算机辅助术语工具 | 硕士 | 术语数据库、术语库、互联网资源的查询与利用、语料库的利用、术语管理工具、术语提取工具等 |
| 9 | 术语学与翻译 | 硕士 | 术语与翻译的关系、翻译工作中的常见术语问题、机器翻译、翻译记忆系统的应用、术语管理工具（如 MultiTerm）的应用、翻译项目中的术语管理方法与流程、使用互联网资源解决术语问题 |
| 10 | 术语实习 | 硕士 | 在教师或术语工作人员的指导下，学生到翻译企业中观摩或参与实际翻译项目，将所学翻译与术语学知识应用于实际翻译工作中，并提交一份书面实习报告 |
| 11 | 术语翻译论文写作 | 硕士 | 在导师的指导下，学生根据自己的学习和实习经历，撰写一篇术语翻译方面的学期论文；根据自己的兴趣，学生可将术语学作为毕业论文的题目，针对术语学的某个方面进行深入研究 |

根据表 6.1，本科阶段设置有四个模块。模块 1 主要培养学生的理论能力，使学生初步掌握术语与概念的关系、术语学的基本理论与原理、语言学的相关理论等入门知识，其主要内容为陈述性知识。模块 2 则在于培养学生的理论能力的程序性知识及应用能力，使学生掌握术语学工作的基本方法。模块 3 则对应培养学生的信息素养，使其掌握文献管理的基本概念和工具。模块 4 为术语实习，旨在让学生将自己所学的知识运用于具体的术语工作实践，培养学生的术语应用能力。本科阶段术语能力的培养目标就是让学生能够具备处理一般难度的专业文本翻译中出现的术语翻译问题。

硕士阶段共设置有七个模块。模块 5 旨在本科阶段的基础上继续深入培养学生的术语学理论能力。模块 6 旨在培养学生理论能力的程序性知识，以及应用能力，使学生掌握术语学工作的高级方法。模块 7 和模块 8 则旨在培养学生的信息素养，使其能够借助信息技术工具进行文献检索、文献管理、文献评价、术语管理等。模块 9 则旨在培养学生术语翻译的应用能力，使其理解术语在翻译中的重要地位、常见的术语翻译问题，以及能够利用信息技术辅助解决术语翻译问题。模块 10 为术语实习，目的在于让学生将自己所学到的知识和技能应用于具体的翻译实践，体会实际翻译项目中的术语翻译情况，提高学生术语翻译的应用能力，并让其更了解实际翻译工作，培养翻译信念，增强心理素质。模块 11 要求学生根据自己的学习和实践经历，撰写一篇有关术语翻译的学期论文，学生对术语翻译进行深入反思，总结经验，有利于他们更为深刻地认识术语能力。

## 四、基于译者术语能力实证研究的教学方法

从实证研究中可以看出，译者术语能力具有很强的应用性和实践性，翻译专业的术语教学须注重学习过程中学生的主体性，培养学生的实际动手能力，实施重实践的多样化教学方式方法，具体有如下做法。

第一，课堂讲授是学生获取知识的传统方式，也是教学活动的重要环节，适用于向学生集中传授术语学和翻译学的基本理论，其优点在于有利于学生系统掌握理论知识，其缺点在于缺乏直观性，不能使学生直接体验知识和技能，并且因其采用统一的教学方法和材料进行授课，因此难以贯彻因材施教的教学原则。课堂讲授较为适合培养学生的理论能力。

第二，翻译工作坊教学将学生作为翻译教学的中心，将培养学生对翻译问题的分析和解决能力作为教学的终极目标。教师给学生布置翻译任务，组织学生进行小组讨论，学生作为认知主体共同分析和解决翻译过程中遇到的难题，协作完成翻译任务，在此过程中教师可以给予提示，帮助和引导学生顺利解决种种翻译难题，从而使学生的翻译能力得到充分锻炼。在传统翻译教学中，教师向学生传授各种翻译技巧，学生只是被动的知识接受者，缺乏主动性，而翻译工作坊教学“把学生的参与度看作是决定教学效果的重要因素”（李明、仲伟合，2010：33），充分发挥了学生在学习过程中的主体性。针对术语能力的培养，教师为学生设计的翻译任务中应包含各种术语翻译问题，可以将学生分成 3—5 人的讨论小组，让他们共同完成翻译任务。首先，让学生对原文中的术语进行分析，讨论术语翻译问题的解决方法。其次，以小组为单位，学生通过小组讨论，并使用各种信息技术工具，完成翻译任务。在翻译过程中，学生之间所掌握的信息技术工具的种类和使用方式可能不同，这样彼此之间可以相互学习，有助于提高学生的信息素养。最后，在翻译任务完成后，各组对其翻译过程中的术语翻译问题的处理进行总结，对术语翻译所用方法和工具进行组间对比，讨论和总结有效的翻译方法，在以后的学

习中加以借鉴。

第三，翻译案例教学指教师将实际工作中的翻译任务或项目编写成为教学案例，以案例作为教学材料，组织学生参与讨论，师生之间积极互动，引发学生思考，旨在培养学生在实践中解决和分析问题的能力，案例编写须遵循问题性、典型性、真实性、针对性、系统性等原则（冯全功、苗菊，2009：29）。案例教学重在得出结论的思考过程和学生解决问题的思维方式，其实施过程不是以追求正确答案为终极目的，也不是简单地向学生再现事件的发生过程，而是通过提供与教学目标相关的具体问题情境，让学生通过讨论，加深对案例的理解，从而加快理论知识与实践知识之间的转化（金萍，2012：210）。可以将职业译者的成功翻译案例过程用屏幕软件录下来，教师在向学生讲解的同时，可以截取其中典型的术语翻译过程，供学生分析、讨论，从中发现成功案例中术语问题的解决方法。另外，翻译案例不仅仅限于成功案例，也可以采用翻译质量不高的案例，让学生对比成功案例与失败案例之间的区别，总结成功案例的经验，汲取失败案例的教训。

第四，翻译项目教学可分为模拟项目教学和真实项目教学，旨在让学生亲身参与术语翻译项目，获得直接翻译体验。实训平台是近年来由翻译技术公司研发的基于网络的计算机辅助教学系统，采用“情景模拟”和“角色扮演”的方式，让学生以项目经理、术语师、译员、审校等身份参与到由翻译公司提供的模拟翻译项目中，从而快速掌握相关职业技能。有条件的翻译院系可组建校办翻译公司，将公司所承担的实际翻译项目适当地引入翻译教学中，使学生获得直接术语工作体验，锻炼实战能力。

第五，企业实习为学生提供直接体验实际工作的机会，学生可先在翻译公司观摩职业译员或术语工作人员的工作方法、工作流程和注意事项，将在学校中学得的知识与实际经验相结合，体会理论知识的应用过程。学生在翻译公司观摩一段时间后，可在相关教师或术语师的指导下，参与实际术语项目，提高术语学理论知识的实际应用能力。教师还可以要求学生总结实习经验，撰写实习报告，巩固学习效果。

第六，论文写作是指在导师的指导下学生进行术语学相关方面的选题，撰写学期论文或学位论文。“论文写作是获得学位学习过程的一部分，它可以对学生的学习动机、学习目标、学习方式和学习投入等产生一定的导向作用，必须引起高度重视。”（穆雷，2011：82）论文写作过程是学生进行经验总结和深入思考的过程，既有助于学生加深掌握已学术语学理论知识，又可以培养学生的推理思辨能力和术语学知识的应用能力。论文的选题围绕翻译工作中的术语问题进行深入探讨，可采用四种方式：①重点岗位的实习报告；②翻译实践报告；③翻译实验报告；④翻译调研报告（穆雷，2011：81）。重点岗位的实习报告指学生就实习中所担任的角色如项目经理、审校人员的视角对术语翻译进行研究，总结自己的实习经验。翻译实践报告则是学生对自己的翻译实践任务进行描述和分析，总结自己的实践经验。翻译实验报告则是学生针对术语翻译相关问题进行研究，如对比职业译者和翻译初学者在翻译过程中进行术语问题处理的差异，从而丰富自己对术语翻译的认识。翻译调研报告则是学生针对翻译行业对译者术语能力的要求，或职业译者和翻译专业学生对术语翻译的认知进行调研，从中发现规律性的结论，使自己更清楚翻译职业中术语翻译的真实情况。

## 五、翻译专业的信息化术语教学资源建设

关于术语教学的教师资源，由于翻译专业中的术语课程具有较强的职业指向性，这就要求任课教师须具备两个方面的素质和能力，即“双师型”教师，即教师既要精通翻译学和术语学的专业理论知识，有较强的教学和科研素质及能力，又要具备丰富的翻译和术语工作经验，掌握广泛的行业基础知识，熟练掌握实际翻译和术语工作技能，以便能够更好地指导学生进行实习实践。翻译专业的“双师型”师资建设可以通过两种途径予以实现。一方面，翻译院系可以聘请翻译企业中的资深人士作为兼职或客座教师，为学生开设术语相关课程，他们具有丰富的行业经验，能够高效地指导学生的实习实践环节；另一方面，翻译院系还可以鼓励高校专职教师到实际翻译行业中去实践体验，增加自己的工作阅历，提升职业技能，以便更有效地从事教学活动。这两种类型的师资，各有优点，前者具有丰富的行业经验和较强的职业技能，后者的科研理论水平则较高，能够从理论高度指导学生的学习和实践。

由实证研究可以发现，信息素养是译者获取外部知识的重要渠道，用以弥补自己对所涉领域知识储备的不足，为术语应用能力的实现提供了外部知

识支持。译者信息素养的高低直接影响术语翻译的最终质量。因此，翻译院系有必要开展信息化教学资源体系的建设，突出对学生信息素养的培养。信息化教学资源建设可以包括术语库、平行语料库、翻译记忆库、软件库、教学课件库、精品课程库、教学案例库、术语与翻译知识库等多种形式的资源库的建设。

术语库中收集了大量的电子化术语记录，其中包含术语及其所代表的概念的相关信息，如定义、语境、外语对等词、语法和用法信息、概念关系等（Bowker，2009：288）。一方面，翻译院系应汇总常用术语库的信息，尤其是英汉术语库，向学生提供这些术语库的介绍和使用方法；另一方面，教师可以通过资料检索和积累自行建立小型术语库，供学生在学习中使用和参考。教师可以收集由其他单位或个人开发的双语平行语料库，也可以自己搭建双语平行语料库，以供学生在遇到术语翻译问题时，使用平行语料库中提供的译名作为参考。将原文与译文语段以“翻译单位”的形式存储的语言数据库经常与计算机辅助翻译软件、术语管理系统、机器翻译系统配合使用。翻译院系可以通过校企合作的途径共享翻译公司所积累的翻译记忆库，供学生学习和体验翻译记忆库在术语翻译中所发挥的作用。软件库则包括术语管理与翻译所用到的各种软件，如翻译记忆软件、计算机辅助翻译软件、语料库制作与检索软件、各种词典软件等。学生可根据需要下载自己所需的软件，安装到自己的个人电脑上。

教学课件库则是教师对术语教学中所用到的各类课件的汇集，供学生回顾和复习教学内容之用，以便进一步研读与探究。翻译院系可以组织优秀的教师制作术语类的精品课程，并将精品课程的各种支持材料和课堂录像储存于网络服务器上，供学生访问观看。教学案例库所收集的是术语及术语翻译的实际案例，为教师备课提供丰富资源，供教师在教学中组织学生对案例进行分析、讨论，引发学生对相关问题进行积极思考。术语与翻译知识库则包含术语与翻译工作的各种知识，如术语学的各种概念、术语学的理论知识、各种术语工具的介绍及其使用方法、翻译工作常识、翻译理论、翻译方法、术语翻译的方法与原则等。学生可根据自己的需要从知识库中提取所需了解的相关知识，进行自主学习。

教师可以通过信息化教学平台整合上述各种资源库，将各种资源库存放在教学平台的服务器上，学生凭自己的学号和密码登录，访问和使用各种资源。这样可以提高资源库的利用率，服务于翻译专业的术语教学。信息化教学平台为术语能力教学提供了新型的师生互动模式。教师可以通过教学平台向学生分配翻译任务，并回收学生的译文，对译文中出现的术语问题再通过平台反馈给学生。教师也可以通过自己的个人主页发布学生在学习过程中出现的典型问题，供学生查看与学习。学生则可以通过教学平台接受翻译任务，提交最终译文，查看教师对自己翻译任务的质量评价和问题反馈，查看教师个人主页上所发布的信息，并就相关问题给教师留言提问。学生也可以在自己的个人网页上发表学习心得,其他学生可以通过跟帖的形式进行互动交流，教师可以通过学生的学习心得掌握其学习进展，适当调整术语课程教学的难度与进度。

## 本章小结

本书的理论构建部分所提出的译者术语能力的初步模型，是基于研究者主观的翻译经验总结和理论思辨，需要通过实证研究对其进行检验和修订。本书所设计的译者术语能力实证研究，从四个维度对译者术语能力进行了剖析。虽然该实证研究在实验样本的选择上具有一定的局限性，但译者术语能力的初步模型中所含的七种子能力，即理论能力、应用能力、文献能力、管理能力、专题能力、技术能力、语言能力，在实证研究中均有所体现。然而实证研究暴露出了该模型的不足之处，模型中的文献能力、管理能力、技术能力、专题能力之间的联系非常密切，有相互重叠的内容。此外，该模型也没有涵盖译者的非智力因素，如翻译工作态度、翻译信念、工作压力承受能力等。信息素养是全球信息化时代人们必备的一项基本素质，其核心定义就是使用信息技术工具对信息进行检索，来解决问题的能力。根据信息素养的内涵，译者术语能力初步模型中的文献能力、管理能力、技术能力，以及专题能力中的技能要素都可归结为信息素养。这样一来，原来的文献能力、管理能力、技术能力、专题能力可以整合为信息素养和专题知识，再加上译者的非智力因素，就构成了译者术语能力的修订模型。

根据本次实证研究过程中译者术语翻译时的表现，以及认知心理学的有关理论，本章构建出了术语翻译的工作模型，该模型包含五条不同路径。在进行术语翻译时，译者会根据具体情况选择适宜的路径以获取术语的译名，其中路径 3 和路径 4 是硕士组和职业组被试选用频率较高的路径，而本科组被试所选用的路径以路径 1 和路径 5 为主。路径 3 和路径 4 对译者的信息素养具有较高要求。可见，在对所涉专业领域不熟悉的情况下，译者的信息素养是术语翻译成功与否的关键所在。

根据实证研究的结果和构建的相关模型，本章分析了在翻译教学中培养译者术语能力的必要性和紧迫性，从教学目标、教学内容、教学方法、教学资源建设四个方面探讨实证研究对教学的启示，并提出了有关教学建议。针对译者术语能力的修订模型，在翻译教学中培养学生术语能力的教学目标可分为理论能力、语言能力、专题知识、信息素养、非智力因素、应用能力六个方面。根据译者术语能力的发展阶段，教学内容的设置可分为本科和硕士研究生两个阶段，前者为基础阶段，后者为高级阶段。教学内容的设置应针对译者术语能力的各种要素设置相关模块，由此，形成了阶段式模块化的术语课程设置。鉴于译者术语能力是一种应用性很强的综合能力，教师教学中可以实施课堂讲授、翻译工作坊、翻译案例教学、翻译项目教学、企业实习、论文写作等多种方法和形式，注重学生在学习过程中的主体性，突出培养学生的实际应用能力。关于教学资源建设，鉴于术语课程的职业指向性，翻译院校可以通过校企联合办学模式培养“双师型”教师，解决译者术语能力培养的师资问题，还应建设各种术语教学资源库，并通过信息化教学平台对各种资源库加以整合，实施基于网络的线上和线下混合教学模式。

# 结　　语

在全球化信息技术时代，翻译活动的深刻变化对翻译人才的职业能力提出了新的挑战和要求。“各种题材的英汉翻译，文科的文史哲，理科的数理化，以及政治、经济、文教、卫生、新闻、出版、文物、旅游等，再加上今日各种新学科的层出不穷，必然会涉及种类繁多的专业术语……在一定程度上，译文的质量首先取决于专有名称和基本范畴的正确无误。”（王宏印，2007：251）译者术语能力是译者处理翻译工作中遇到的术语问题时所需具备的知识与技能系统。具备术语能力的译者可以成功地为源语术语在目标语中找到恰当规范的对应表达，从而能够有效保证翻译工作的质量要求。

本书旨在探索译者术语能力的构成、特征与培养。译者术语能力的实证研究是本书的重点内容。本书的主要发现和结论可归纳如下。

## 一、译者术语能力的性质与构成

本书通过审视全球化信息技术时代下翻译行业中发生的深刻变化，探讨了新形势下译者所应具备的职业能力。在当今全球化和信息化的社会中，应用翻译是翻译行业的主要翻译领域，社会对应用翻译人才的需求巨大。术语是各个学科领域中知识的基本单元，是知识的主要载体。随着新知识的不断产生，新的术语也在以惊人的速度不断增加。术语翻译是应用翻译的重要工作内容。正是在这样的社会背景下，本书重点对译者术语能力进行了探索。翻译行业的社会调查为译者术语能力研究提供了现实支持。

本书将译者术语能力研究视为翻译能力研究的延伸和深化，并借鉴前人对翻译能力的相关研究，以及对术语能力的相关理论论述，认为译者术语能力是一种由多种要素构成的实践性较强的综合能力。本书将译者术语能力分解为理论能力、语言能力、应用能力、文献能力、管理能力、专题能力、技术能力七种子能力。理论能力对其他六种能力具有指导作用；语言能力是译者术语能力实现的基础；文献能力、管理能力、专题能力、技术能力则为译者提供术语翻译所需的文献信息，服务于应用能力；应用能力则是译者术语能力的核心，综合其他六种能力所提供的信息，采取适当策略，促使译者成功地将术语由一种语言转换为另一种语言。七种子能力之间相互牵连，形成了译者术语能力构成初步模型，但还需要通过实证研究进一步修订与完善。

经过对实证研究中三组被试的术语能力表现的分析，研究者发现译者术语能力构成初步模型中的七种子能力在翻译过程中均有所体现。但实证研究暴露出了该模型的不足之处，即模型中的文献能力、管理能力、技术能力、专题能力之间联系非常密切，甚至有相互重叠的内容。此外，该模型也没有涉及译者的非智力因素，如翻译工作态度、翻译信念、工作压力承受能力等。初步模型中的文献能力、管理能力、技术能力、专题能力可以整合为信息素养和专题知识，再加上译者的非智力因素，就构成了译者术语能力的修订模型。根据修订模型，译者术语能力由理论能力、信息素养、专题知识、语言能力、应用能力、非智力因素六种要素构成。

借鉴信息加工理论，本书将术语翻译过程看作一种信息处理过程。参照实证研究中被试的术语翻译表现，本书构建出了术语翻译的工作模型，目的在于直观地再现文献检索在术语翻译过程中的作用，以及术语翻译时译者的内部知识和外部知识的交互作用。根据该工作模型，术语翻译通常有五条不同路径，其中四条路径都涉及文献检索，路径 3 和路径 4 对译者的信息素养具有较高要求，而这两条路径也是硕士组和职业组被试选用频率较高的路径，本科组被试所选用的路径以路径 1 和路径 5 为主。可见，在对所涉领域知识不熟悉的情况下，译者的信息素养对于术语翻译成功与否具有重要意义。

## 二、不同级别译者的术语能力差异

本书通过对译者术语能力实证研究的结果分析，讨论了三组被试在术语翻译效率、术语翻译决策、工具资源使用、术语翻译认知四个维度上存在的差异，总结出了具有不同翻译经验的译者的术语能力特征。

术语翻译效率：从总体上来看，译者的翻译过程所用时间随着翻译经验的增加而减少的假设不成立，而是随着翻译经验的增加，翻译所用时间呈先升后降的趋势，译文的质量会随着翻译经验的增加而提高。实验未能发现三组被试的时间分配具有明显的规律性差异。这一结果可能是由于翻译过程中的时间分配更多地取决于译者的个人翻译习惯。但相对来说，本科组在准备阶段和修订阶段的所用时间均少于硕士组和职业组。本科组被试的术语翻译所用时间最少，术语翻译质量最低；硕士组被试的术语翻译所用时间最多，术语翻译质量居中；职业组被试的术语翻译所用时间较多，多于本科组，但少于硕士组，术语翻译质量最高。术语翻译所用时间与术语翻译质量之间存在弱性的相关关系。从总体上来看，术语翻译时间会随着译者翻译经验的增加而呈现出先大幅增加而后略减的趋势，术语翻译的质量会随着翻译经验的增加而逐渐提高。在译者对所涉领域不熟悉的情况下，术语翻译需要花费一定的时间，但并不能得出“译者花费时间越多，术语翻译质量就越高”的结论。

术语翻译决策：本科组所采取的主要认知支持类型为简单型，即 SES 型和 SIS 型。职业组和硕士组对 IS-ES 型认知支持的选用次数要远远多于本科组，说明职业组和硕士组在进行术语翻译时能够更好地将自己的已有知识和文献检索提供的外部知识相结合，职业组在这方面表现最好。硕士组对 DES 认知支持类型的选用次数最多，职业组次之，本科组最少。这说明本科组对外部主导型支持的依赖度最低，但其 SES 型的选用次数较多，说明本科组更倾向于进行简单的文献检索。硕士组的 DES 型的选用次数和复杂度都高于职业组，说明硕士组对外部主导型支持的依赖度要高于职业组。术语翻译错误所对应的主要认知支持类型为简单型，即 SES 型和 SIS 型，换言之，简单型认知支持是术语翻译错误的主要原因之一。

工具资源使用：本科组所使用的工具资源较为单一，主要为词典工具，较少使用网络资源；文献检索类型也比较单一，主要涉及词典工具的使用，屏幕取词和双语词典检索为其主要的文献检索类型；倾向于简单地接受词典查询所提供的译名结果，且不擅长使用网络资源进行文献检索。硕士组所使用的工具资源较为丰富，涉及词典和各种网络资源；在文献检索方面既有对词典工具的使用，如屏幕取词、双语词典和词典例句参考等，也有对百度搜索、百度百科、谷歌搜索、维基百科等网络资源的使用；能够使用词典软件提供的多种资源，但没有注重专业词典的使用；所使用的网络资源检索词的有效性较低，查询所用时间较长，不善于使用策略从搜索结果中快速定位相关信息。职业组所使用的工具资源较为丰富，涉及词典和各种网络资源；在文献检索方面对词典的使用次数少于硕士组，对网络资源的文献检索次数多于硕士组；较为注重专业词典的使用，将专业词典提供的译名作为术语翻译决策的重要依据；对网络资源检索的使用次数多于硕士组，所用检索词的有效性较高，善于从搜索结果中快速定位相关信息，且对文献检索结果的权威性具有较高的辨别能力。

术语翻译认知：本科组被试对翻译任务的难度认知值最高，硕士组和职业组基本相同。三组被试皆指出，术语翻译为两次翻译任务的主要难点，但职业组对术语翻译的认识最为深入，硕士组次之。随着翻译经验的增加，译者会对术语翻译产生更深入的认知。翻译任务难度认知值和译文质量之间存在反向相关关系，但这一趋势不太显著，且具有局限性，个别被试的表现不符合这一趋势。本科组对自己译文的满意度最低，硕士组次之，职业组的满意度最高。这说明对自己译文的自信心会随着翻译经验的增加而有所增加。从被试个体层面而言，对译文的满意度与译文的实际质量之间不存在相关关系。本科组被试没有术语管理习惯，对术语翻译的认知较为简单和笼统，且有实际表现和术语翻译知识不相吻合的现象，这就要求在翻译教学中不仅需要增长学生的术语翻译知识,还应注重指导学生将所学知识向实际技能转化。硕士组被试基本没有术语管理习惯，其术语翻译知识比本科组更为丰富、具体，但还需要进一步学习提高。多数职业组被试具有术语管理习惯，其术语翻译知识较为丰富、具体，能够针对具体问题找到具体解决方法和对策。

## 三、翻译专业学生的术语能力培养

我国翻译专业的设置是为了满足社会发展对翻译人才的需要，必须根据翻译行业的实际需求，摆脱传统翻译教学的束缚，开拓新的教学模式，培养社会真正需要的优秀翻译人才。术语能力是当前翻译行业对翻译人才的重要能力要求。因此，对于翻译专业来说，培养学生的术语能力成为一项紧迫性的教学任务。

根据译者术语能力实证研究的发现，翻译专业的术语能力培养需要实现六个具体教学目标：①培养学生的理论能力，使其具备相关的术语翻译理论知识；②培养学生的语言能力，使其不仅具备两种语言的语音、形态、句法、语义、语用等层面的知识，还需掌握两种语言中的术语在这些层面上的具体特征；③培养学生的专题知识，使其具备翻译工作常涉领域的一些基本知识；④培养学生的信息素养，使其能够利用信息技术获取相关信息，服务于术语翻译；⑤培养学生的非智力因素，使其能够正确对待术语翻译工作；⑥培养学生的应用能力，使其能够采取适宜的策略，整合各种资源提供的相关信息，为术语确定准确的译名。

根据实证研究所得出的各阶段译者的术语能力特征，建议翻译专业实施阶段式模块化术语课程设置，逐步培养译者术语能力的修订模型中所涉的六种素质，侧重信息素养和应用能力的培养。通过实证研究可以发现，术语能力具有很强的应用性和实践性，翻译专业的术语课程教学应发挥学生在学习过程中的主体性，注重学生实践能力的提高，因此建议实施多样化的教学方法，包括课堂讲授、翻译工作坊、翻译案例教学、翻译项目教学、企业实习、论文写作等形式。此外，鉴于信息素养对于译者术语能力的重要作用，建议开展信息化术语教学资源建设，其中涉及各种教学资源库与信息化教学平台的建设。

本书是针对译者术语能力的一次探索性研究尝试，采用翻译过程实证研究方法和路径探讨了不同级别译者的术语能力在翻译过程中的表现特征，并构建出了相关理论模型，进而对我国高校的翻译教育提出了术语能力培养的教学建议。本书的研究结果和理论构建虽然有待进一步研究加以检验，但对于加深我们对翻译能力的认识，以及推动翻译能力研究向纵深发展具有促进意义；由此所提出的教学建议，也有助于我国的翻译教育紧密结合翻译行业的实际需求，切实培养符合行业实际能力需求的应用型、实践型、职业化翻译人才。

# 参 考 文 献

薄振杰. 2011. 中国高校英语专业本科翻译教学研究. 济南：山东大学出版社.
陈宏. 2006. 论现代心理学研究方法. 长春：吉林大学博士学位论文.
陈宏薇，李亚丹. 2004. 新编汉英翻译教程. 上海：上海外语教育出版社.
戴文进. 2003. 科技英语翻译理论与技巧. 上海：上海外语教育出版社.
迪毕克 · R. 1990. 应用术语学. 张一德译. 北京：科学出版社.
樊晋宁，李莉. 2005. 计算机专业英语教程. 北京：北京大学出版社.
范敏. 2008. 篇章语言学视角下的译学词典研究. 济南：山东大学博士学位论文.
范敏. 2011. 社会认知视角下的译学术语研究. 中国科技术语，(2)：32-37.
范武邱. 2001. 实用科技英语翻译讲评. 北京：外文出版社.
范武邱. 2011. 科技翻译能力拓展研究. 北京：国防工业出版社.
范仲英. 1994. 实用翻译教程. 北京：外语教学与研究出版社.
方梦之. 2002. 术语建设与译学发展//杨自俭主编. 译学新探. 青岛：青岛出版社：115-123.
方梦之. 2011a. 中国译学大辞典. 上海：上海外语教育出版社.
方梦之. 2011b. 英语科技文体：范式与翻译. 北京：国防工业出版社.
方梦之. 2019. 翻译学辞典. 北京：商务印书馆.
冯佳. 2018. 中英双向互译中翻译认知过程研究：基于眼动追踪和键盘记录的实证分析. 北京：外语教学与研究出版社.
冯佳，王克非. 2016. 探悉翻译过程的新视窗：键盘记录和眼动追踪. 中国翻译，(1)：12-18.
冯全功，苗菊. 2009. 实施案例教学，培养职业译者——MTI 笔译教学模式探索. 山东外语教学，(6)：28-32.
冯全功，张慧玉. 2011. 以职业翻译能力为导向的 MTI 笔译教学规划研究. 当代外语研究，(1)：33-38.
冯志伟. 1997. 现代术语学引论. 北京：语文出版社.
冯志伟. 2001. 现代术语学的主要流派. 科技术语研究，(1)：33-36.
冯志伟. 2005. 汉语术语描述中的三种结构. 科技术语研究，(3)：47-50.

冯志伟. 2019. 中国术语学研究的八大特点. 中国科技术语，(2)：8-10.
葛岱克·D. 2011. 职业翻译与翻译职业. 刘和平，文韫译. 北京：外语教学与研究出版社.
龚益. 2009. 社科术语工作的原则与方法. 北京：商务印书馆.
侯国金. 2009. 语言学术语翻译的系统—可辨性原则——兼评姜望琪（2005）. 上海翻译，（2）：69-73.
黄河清. 2016. “术语”词源试探. 中国科技术语，(2)：52-54.
黄希玲. 2005. 论译学词典的研编. 济南：山东大学博士学位论文.
黄昭厚. 1993. 科技术语的翻译与定名. 中国科技翻译，(3)：47-50.
黄忠廉. 2009. 苏联术语研究的发展及其启示. 国外社会科学，(6)：23-28.
黄忠廉. 2010. 术语教育的语言学基础. 中国科技术语，(2)：23-26.
黄忠廉，李亚舒. 2004. 科学翻译学. 北京：中国对外翻译出版公司.
黄子东. 1997. 翻译能力与翻译教学. 上海科技翻译，(3)：26-31.
贾文波. 2007. 功能翻译理论对应用翻译的启示. 上海翻译，(2)：9-14.
姜秋霞，杨平. 2005. 翻译研究实证方法评析——翻译学方法论之二. 中国翻译，(1)：23-28.
姜望琪. 2005. 论术语翻译的标准. 上海翻译，(S1)：80-84.
蒋素华. 1998. 关于翻译过程的研究. 外语教学与研究，(3)：55-58.
金萍. 2012. 多维视域下翻译转换能力发展与翻译教学对策研究. 北京：中国人民大学出版社.
李长林. 1993. 中国武术术语汉译英浅谈. 中国翻译，(5)：23-26.
李长栓. 2009. 非文学翻译. 北京：外语教学与研究出版社.
李德超. 2004. TAPs 翻译研究的前景与局限. 外语教学与研究，(5)：385-391.
李德超. 2005. TAPs 翻译过程研究二十年：回顾与展望. 中国翻译，(1)：29-34.
李健民. 1997. 德汉科技翻译基础教程. 上海：同济大学出版社.
李健民. 2010. 面向翻译的术语教育. 中国科技术语，(4)：24-31.
李健民. 2011. 术语翻译与术语标准化的相互助益之策. 中国科技术语，(2)：27-31，40.
李明，仲伟合. 2010. 翻译工作坊教学探微. 中国翻译，(4)：32-36.
李特夫. 2006. 武术术语英译论析. 体育学刊，(6)：63-66.
李永安. 2005. 词素层译法在中医名词术语翻译中的应用. 中国科技翻译，(2)：50-52.
李照国. 1996. 论中医名词术语的翻译原则. 上海科技翻译，(3)：31-33.
栗长江. 2003. 译学术语规范初探. 术语标准化与信息技术，(1)：38-40.
梁爱林. 2006a. 关于我国翻译教学中术语学培训体系的建设问题. 科技术语研究，(3)：25-27.
梁爱林. 2006b. 关于我国翻译教学中术语学培训体系的建设问题（续）. 科技术语研究，

（4）：11-14.
梁爱林. 2010. 从术语的属性看中国的术语学教育. 中国科技术语，（4）：32-36.
梁爱林，邓愉联. 2007. 谈国外大学的术语学教学. 中国科技术语，（6）：5-10.
梁际翔，黄昭厚. 1988. 谈谈外来科技术语的翻译和订名问题. 中国翻译，（2）：35-39.
廖柏森. 2011. 翻译理论与实务的关系. 编译论丛，（1）：205-214.
林煌天. 1997. 中国翻译词典. 武汉：湖北教育出版社.
刘青. 2008. 在大学开设术语学课程的探讨. 中国科技术语，（6）：5-7.
刘绍龙. 2007a. 翻译心理学. 武汉：武汉大学出版社.
刘绍龙. 2007b. 论双语翻译的认知心理研究——对“翻译过程模式”的反思和修正. 中国翻译，（1）：11-16.
隆多·G. 1985. 术语学概论. 刘钢，刘健译. 北京：科学出版社.
卢植，胡健. 2019. 术语翻译的网络检索策略研究.上海翻译，（2）：72-77.
马清海. 1997. 试论科技翻译的标准和科技术语的翻译原则. 中国翻译，（1）：27-28.
玛丽安·勒代雷. 2010. 论翻译学研究方法. 刘和平译. 中国翻译，（2）：11-18.
孟令霞. 2011. 从术语学角度看术语翻译. 中国科技翻译，（2）：28-30，44.
苗菊. 2005. 有声思维——翻译内在过程探索. 外语与外语教学，（6）：43-46.
苗菊. 2006. 西方翻译实证研究二十年（1986—2006）. 外语与外语教学，（5）：45-48.
苗菊. 2007. 翻译能力研究——构建翻译教学模式的基础. 外语与外语教学，（4）：47-50.
苗菊，高乾. 2008. 构建翻译专业教学模式——术语学的借鉴意义. 外语与外语教学，（10）：57-60.
苗菊，刘艳春. 2010. 翻译实证研究——理论，方法与发展. 中国外语，（6）：92-97.
苗菊，王少爽. 2010. 翻译行业的职业趋向对翻译硕士专业（MTI）教育的启示. 外语与外语教学，（3）：63-67.
莫里·索夫. 2009. 翻译者手册（第六版）. 马萧，熊霄译. 武汉：武汉大学出版社.
穆雷. 2008. 建设完整的翻译教学体系. 中国翻译，（1）：41-45.
穆雷. 2011. 翻译研究方法概论. 北京：外语教学与研究出版社.
穆雷，沈慧芝，邹兵. 2017. 面向国际语言服务业的翻译人才能力特征研究——基于全球语言服务供应商 100 强的调研分析. 上海翻译，（1）：8-16.
穆雷，朱晓燕. 2006. 导读//安德曼·罗杰斯. 今日翻译：趋向与视角. 北京：外语教学与研究出版社：VII-XI.
潘书祥. 2005. 关于加强我国术语学建设的几点思考. 科技术语研究，（1）：4-9.
钱春花. 2010. 交互性教学对学习者翻译能力的驱动. 外语界，（2）：19-24.
钱春花. 2011. 基于心流理论的体验式翻译教学对翻译能力的作用分析. 外语界，（3）：23-30.

秦美娟，何广铿. 2009. 大学英语教师信息素养内涵探讨. 外语界，(5)：18-25，41.
司显柱，曾剑平. 2006. 英译汉教程. 北京：北京大学出版社.
孙吉娟. 2019. 译学词典编纂的主体性.上海翻译，(1)：38-43.
孙艺风. 2001. 翻译学术语及相关理论意义. 外国语言文学研究，(1)：42-47.
孙迎春. 1999. 译学大词典. 北京：中国世界语出版社.
孙迎春. 2001a. 汉英双向翻译学语林. 济南：山东大学出版社.
孙迎春. 2001b. 论综合性译学词典的编纂. 山东外语教学，(1)：39-42.
孙迎春. 2002a. 论译学词典编纂对翻译学学科建设的重要性. 山东外语教学，(3)：1-5.
孙迎春. 2002b. 论译学词典的描写性. 外语与外语教学，(9)：51-55.
孙迎春. 2003. 译学词典类型初议. 中国翻译，(5)：67-70.
孙迎春. 2007. 译学词典：编者主体性. 外国语言文学，(1)：47-52.
谭载喜. 2004. 西方翻译简史（增订版）. 北京：商务印书馆.
汤思敏. 2010. 关于中医术语翻译原则的探讨. 中医学报，(3)：555-557.
陶咏. 1995. 浅谈译者的“翻译能力”. 上海科技翻译，(4)：28-29.
陶友兰. 2010. 翻译专业笔译教学的功能主义模式探讨. 上海翻译，(2)：43-47.
田飞龙. 1984. 科技术语的翻译. 外语教学，(1)：56-63.
仝亚辉. 2010. PACTE 翻译能力模式研究. 解放军外国语学院学报，(5)：88-93.
王海萍. 2019. 论法律翻译能力的构成要素. 外语界，(2)：50-57.
王宏印. 2002. 英汉翻译综合教程. 大连：辽宁师范大学出版社.
王宏印. 2007. 英汉翻译综合教程（修订版）. 大连：辽宁师范大学出版社.
王华树. 2018. 中国语言服务企业术语管理调研：问题与对策. 中国翻译，(4)：67-72.
王华树，王少爽. 2019. 翻译场景下的术语管理：流程、工具与趋势. 中国科技术语，(3)：9-14.
王华树，张成智. 2018. 大数据时代译者的搜索能力探究. 中国科技翻译，(4)：26-29.
王均松，钱家骏，郭亚玲. 2022. 翻译过程研究中的眼动实验效度：问题与对策. 外国语（上海外国语大学学报），(2)：93-101.
王克非，杨志红. 2010. 翻译测试中的理论与实践问题. 外国语（上海外国语大学学报），(6)：54-60.
王柳棋，刘绍龙. 2009. 翻译信息转换模型的认知心理学研究——基于符号加工范式的思考与构建. 中国翻译，(6)：20-24.
王树槐. 2009. 西方翻译教学研究：特点、范式与启示. 上海翻译，(3)：43-49.
王树槐，王若维. 2008. 翻译能力的构成因素和发展层次研究. 外语研究，(5)：80-88.
王湘玲，王立阳. 2022. 国际翻译过程研究前沿动态的可视化分析（2001—2020）. 上海翻译，(4)：17-22.

王一多. 2010. 当代译学术语研究概述. 上海翻译,(2):16-21.
文军. 2004a. 论翻译能力及其培养. 上海科技翻译,(3):1-5.
文军. 2004b. 论以发展翻译能力为中心的课程模式. 外语与外语教学,(8):49-52.
文军. 2005. 翻译课程模式研究——以发展翻译能力为中心的方法. 北京:中国文史出版社.
文军, 孙三军. 2006. 论使用出声思维研究翻译过程. 外语学刊,(3):93-97.
温雪梅, 邱飞燕. 2010. 科技术语翻译之“约定俗称”与创新. 中国科技翻译,(3):13-15, 19.
吴丽坤. 2005. 术语的理据性与术语模式. 解放军外国语学院学报,(2):27-32.
吴丽坤. 2007. 试论术语同义现象——术语学系列研究之一. 外语学刊,(4):140-142.
吴丽坤. 2009. 俄罗斯术语学探究. 北京:商务印书馆.
吴仲贤. 1981. 科技术语译名初探. 中国翻译,(2):26-29.
信娜. 2011. 术语翻译标准体系刍议. 中国科技翻译,(2):24-27, 16.
信娜. 2021. 术语翻译方法论. 北京:科学出版社.
许钧, 袁筱一. 2001. 当代法国翻译理论. 武汉:湖北教育出版社.
颜林海. 2006. 西方翻译认知过程研究概述. 四川师范大学学报(社会科学版),(3):116-119.
颜林海. 2008. 翻译认知心理学. 北京:科学出版社.
杨晓华. 2021. 专业文类翻译专长模型建构与发展研究. 西安外国语大学学报,(2):103-108.
杨自俭. 2004. 加强译学术语研究势在必行. 外语学刊,(3):110-111.
叶其松. 2009. lexicography 与 terminography 辨析. 外语学刊,(3):127-130.
殷健, 刘润泽, 冯志伟. 2018. 面向翻译的术语研究:“中国学派”的实践特征和理论探索——冯志伟教授访谈录. 中国翻译,(3):74-79.
张厚生, 袁曦临. 2007. 信息素养. 南京:东南大学出版社.
张晶晶, 戴琪. 2006. 中医名词术语翻译“五性”原则. 北京中医药大学学报,(11):740-742.
张美芳. 2001. 中国英汉翻译教材研究(1949—1998). 上海:上海外语教育出版社.
张森, 季蕊. 2016. 中国传统武术术语英译的问题与对策探究. 当代外语研究,(4):67-70, 87.
张文. 2011. 应用型翻译人才实践能力培养的探索. 东方翻译,(4):26-29.
张旭. 2004. 关于翻译研究术语汉译的讨论. 中国翻译,(4):81-84.
张彦. 2008. 科学术语翻译概论. 杭州:浙江大学出版社.
张政, 王赟. 2020. MTI 项目化翻译教学与翻译能力培养:理论与实践. 外语界,(2):65-72.
赵护林, 刘月华. 2011. 目的论关照下的中医术语汉英翻译方法. 中国科技术语,(2):38-40.

赵华. 1983. 科技术语的翻译与概念体系. 外语学刊,（4）: 62-67.
赵巍. 2005. 国内译学词典的发展研究. 上海翻译,（S1）: 12-15.
赵巍. 2006. 译学辞典的原型及评价系统. 济南：山东大学博士学位论文.
郑冰寒. 2006. 洞悉翻译过程的辅助工具——Translog 程序介评. 中国科技翻译,（4）: 20-24.
郑冰寒. 2008. 翻译过程的三元数据分析模式. 上海翻译,（3）: 36-41.
郑述谱. 2003a. 科学与语言并行发展的历史轨迹——术语学读书笔记. 术语标准化与信息技术,（3）: 19-24, 42.
郑述谱. 2003b. 术语学是一门独立的综合学科. 国外社会科学,（5）: 53-58.
郑述谱. 2003c. 发展我国的术语学研究——应在高等学校开设术语学课程. 科技术语研究,（2）: 25-27.
郑述谱. 2005a. 俄罗斯当代术语学. 北京：商务印书馆.
郑述谱. 2005b. 关于中国术语学建设的构想. 科技术语研究,（1）: 10-13.
郑述谱. 2006. 俄国的术语教育. 科技术语研究,（2）: 10-13.
郑述谱. 2009. 对开展术语教育的几点思考. 中国科技术语,（6）: 25-29.
中国翻译协会. 2022. 2022 中国翻译及语言服务行业发展报告.
仲伟和，穆雷. 2008. 翻译专业人才培养模式探索与实践. 中国外语,（6）: 4-8, 14.
周恩, 丁年青. 2017. 西方翻译能力模式研究及对我国 MTI 翻译能力培养的启示. 外语界,（4）: 51-60.
周有光. 1992. 文化传播和术语翻译. 外语教学,（3）: 62-71.
祝朝伟. 2015. 基于翻译能力培养的 MTI 课程设置研究. 外语界,（5）: 61-69.
朱玉彬. 2008. 以教学为取向的翻译能力探讨. 外语研究,（3）: 71-76.
邹树明，吴克礼. 1988. 现代术语学与辞书编纂. 北京：科学出版社.
ALA. 1989. Presidential Committee on Information Literacy: Final Report. Washington, D.C.
Alves, F. (Ed.). 2003. *Triangulating Translation: Perspectives in Process Oriented Research*. Amsterdam and Philadelphia: John Benjamins Publishing Company.
Alvstad, C., Hild, A. & Tiselius, E. (Eds.). 2011. *Methods and Strategies of Process Research: Integrative Approaches in Translation Studies*. Amsterdam and Philadelphia: John Benjamins Publishing Company.
Austermühl, F. 2001. *Electronic Tools for Translators*. Manchester: St. Jerome Publishing.
Baker, M. (Ed.). 1998. *Routledge Encyclopedia of Translation Studies*. London and New York: Routledge.
Beeby, A. 2000. Evaluating the development of translation competence. In C. Schäffner & B. Adab (Eds.), *Developing Translation Competence* (pp. 185-198). Amsterdam and

Philadelphia: John Benjamins Publishing Company.

Beeby, A., Ensinger, D. & Presas, M. (Eds.). 2000. *Investigating Translation: Selected Papers from the 4th International Congress on Translation, Barcelona, 1998*. Amsterdam and Philadelphia: John Benjamins Publishing Company.

Bell, R.T. 1991. *Translation and Translating: Theory and Practice*. London: Longman Group UK Ltd.

Bernardini, S. 2001. Think-aloud protocols in translation research: Achievements, limits, future prospects. *Target*, 13(2): 241-263.

Bowker, L. 2003. Terminology tools for translators. In H. Somers (Ed.), *Computers and Translation* (pp. 49-65). Amsterdam and Philadelphia: John Benjamins Publishing Company.

Bowker, L. 2009. Terminology. In M. Baker & G. Saldanha (Eds.), *Routledge Encyclopedia of Translation Studies* (2nd edn.) (pp. 286-289). London and New York: Routledge.

Buchweitz, A. & Alves, F. 2006. Cognitive adaptation in translation: An interface between language direction, time, and recursiveness in target text production. *Letras de Hoje*, 41(2): 241-272.

Bussmann, H. 1996. *Routledge Dictionary of Language and Linguistics*. London and New York: Routledge.

Cabré, M. T. 1999. *Terminology: Theory, Methods and Applications*. Amsterdam and Philadelphia: John Benjamins Publishing Company.

Campbell, S. 1998. *Translation into the Second Language*. London and New York: Longman.

Campbell, S. & Wakim, B. 2007. Methodological questions about translation research: A model to underpin research into the mental processes of translation. *Target*, 19(1): 1-19.

Carroll, J. B. 1978. Linguistic abilities in translators and interpreters. In D. Gerver & H. W. Sinaiko (Eds.), *Language Interpretation and Communication* (pp. 119-129). New York: Plenum.

Charters, E. 2003. The use of think-aloud methods in qualitative research: An introduction to think-aloud methods. *Brock Education*, 12(2): 68-82.

Chesterman, A. 1997. *Memes of Translation: The Spread of Ideas in Translation Theory*. Amsterdam and Philadelphia: John Benjamins Publishing Company.

Chi, M. T. H. 2006. Two approaches to the study of experts' characteristics. In K. A. Ericsson et al. (Eds.), *The Cambridge Handbook of Expertise and Expert Performance* (pp. 21-30). New York: Cambridge University Press.

Clark, R. C. 2008. *Building Expertise: Cognitive Methods for Training and Performance*

*Improvement* (3rd edn.). San Francisco: Pfeiffer.

Collins, H. & Evans, R. 2007. *Rethinking Expertise*. Chicago: University of Chicago Press.

De Groot, A. M. B. 1997. The cognitive study of translation and interpretation: Three approaches. In J. H. Danks et al. (Eds.), *Cognitive Processes in Translation and Interpreting* (pp. 25-56). Thousand Oaks: Sage Publications, Inc.

Ehrensberger-Dow, M. & Massey, G. 2009. Information literacy in translation: Investigating a growing priority of the knowledge age. Toronto: Translation World.

Englund Dimitrova, B. 2005. *Expertise and Explicitation in the Translation Process*. Amsterdam and Philadelphia: John Benjamins Publishing Company.

Enríquez Raído, V. 2011. *Investigating the Web Search Behaviors of Translation Students: An Exploratory and Multiple-case Study* (Unpublished doctoral dissertation). Barcelona: Universitat Ramon Llull.

Ericsson, K. A. 2006a. An introduction to *The Cambridge Handbook of Expertise and Expert Performance*: Its development, organization, and content. In K. A. Ericsson et al. (Eds.), *The Cambridge Handbook of Expertise and Expert Performance* (pp. 3-19). New York: Cambridge University Press.

Ericsson, K. A. 2006b. The influence of experience and deliberate practice on the development of superior expert performance. In K. A. Ericsson et al. (Eds.), *The Cambridge Handbook of Expertise and Expert Performance* (pp. 685-705). New York: Cambridge University Press.

Ericsson, K. A. & Simon, H. A. 1980. Verbal reports as data. *Psychological Review*, 87(3): 215-250.

Ericsson, K. A. & Simon, H. A. 1984. *Protocol Analysis: Verbal Reports as Data*. Cambridge: The MIT Press.

Ericsson, K. A. & Simon, H. A. 1993. *Protocol Analysis: Verbal Reports as Data* (Revised edn). Cambridge: The MIT Press.

Ericsson, K. A., Krampe, R. T. & Tesch-Roemer, C. 1993. The role of deliberate in the acquisition of expert performance. *Psychological Review*, 100(3): 363-406.

Fraser, J. 2000. What do real translators do? Developing the use of TAPs from professional translators. In S. Tirkkonen-Condit & R. Jääskeläinen (Eds.), *Tapping and Mapping the Processes of Translation and Interpreting: Outlooks on Empirical Research* (pp. 111-120). Amsterdam and Philadelphia: John Benjamins Publishing Company.

Gerloff, P. 1986. Second language learners' reports on the interpretive process: Talk-aloud protocols of translation. In J. House & S. Blum-Kulka (Eds.), *Interlingual and*

*Intercultural Communication: Discourse and Cognition in Translation and Second Language Acquisition Studies* (pp. 243-262). Tübingen: Gunter Narr.

Gile, D. 2009. *Basic Concepts and Models for Interpreter and Translator Training* (Revised edn.). Amsterdam and Philadelphia: John Benjamins Publishing Company.

Göpferich, S. 2009. Towards a model of translation competence and its acquisition: The longitudinal study TransComp. In S. Göpferich, A. L. Jakobsen & I. M. Mees (Eds.), *Behind the Mind: Methods, Models and Results in Translation Process Research* (pp. 11-37). Copenhagen: Samfundslitteratur.

Göpferich, S. 2010. The translation of instructive texts from a cognitive perspective: Novices and professionals compared. In S. Göpferich, F. Alves & I. M. Mees (Eds.), *New Approaches in Translation Process Research* (pp. 5-55). Copenhagen: Samfundslitteratur.

Göpferich, S., Alves, F. & Mees, I. M. (Eds.). 2010. *New Approaches in Translation Process Research*. Copenhagen: Samfundslitteratur.

Göpferich, S., Jakobsen, A. L. & Mees, I. M. (Eds.). 2008. *Looking at Eyes: Eye-Tracking Studies of Reading and Translation Processing*. Copenhagen: Samfundslitteratur.

Göpferich, S., Jakobsen, A. L. & Mees, I. M. (Eds.). 2009. *Behind the Mind: Methods, Models and Results in Translation Process Research*. Copenhagen: Samfundslitteratur.

Hansen, G. 2003. Controlling the process: Theoretical and methodological reflections on research into translation processes. In F. Alves (Ed.), *Triangulating Translation: Perspectives in Process Oriented Research* (pp. 25-42). Amsterdam and Philadelphia: John Benjamins Publishing Company.

Hansen, G. 2005. Experience and emotion in empirical translation research with think-aloud and retrospection. *Meta*, 50(2): 511-521.

Harris, B. & Sherwood, B. 1978. Translating as an innate skill. In D. Gerver & W. H. Sinaiko (Eds.), *Language Interpretation and Communication* (pp. 155-170). New York and London: Plenum.

Hatim, B. 2001. *Teaching and Researching Translation*. Harlow: Pearson Education.

Holmes, J. S. 1988. The name and nature of translation studies. In J. S. Holmes (Ed.), *Translated! Papers on Literary Translation and Translation Studies* (pp. 67-80). Amsterdam and Philadelphia: Rodopi.

Hönig, H. G. 1991. Holmes' 'mapping theory' and the landscape of mental translation processes. In K. M. Leuven-Zwart & T. Naaijkens (Eds.), *Translation Studies: The State of the Art* (pp. 77-89). Amsterdam and Philadelphia: Rodopi.

House, J. 2000. Consciousness and the strategic use of aids in translation. In S.

Tirkkonen-Condit & R. Jääskeläinen (Eds.), *Tapping and Mapping the Processes of Translation and Interpreting: Outlooks on Empirical Research* (pp. 149-162). Amsterdam and Philadelphia: John Benjamins Publishing Company.

Hurtado Albir, A. (Ed.). 2017. *Researching Translation Competence by PACTE Group*. Amsterdam and Philadelphia: John Benjamins Publishing Company.

Jääskeläinen, R. 1998. Think-aloud protocols. In M. Baker (Ed.), *Routledge Encyclopedia of Translation Studies* (pp. 265-269). London and New York: Routledge.

Jääskeläinen, R. 2000. Focus on methodology in think-aloud studies on translating. In S. Tirkkonen-Condit & R. Jääskeläinen (Eds.), *Tapping and Mapping the Processes of Translation and Interpreting: Outlooks on Empirical Research* (pp. 71-82). Amsterdam and Philadelphia: John Benjamins Publishing Company.

Jääskeläinen, R. 2002. Think-aloud protocol studies into translation: An annotated bibliography. *Target*, 14(1): 107-136.

Jääskeläinen, R. 2010. Are all professionals experts? Definitions of expertise and reinterpretation of research evidence in process studies. In G. M. Shreve & E. Angelone (Eds.), *Translation and Cognition* (pp. 213-227). Amsterdam and Philadelphia: John Benjamins Publishing Company.

Jääskeläinen, R. 2011. Back to basics: Designing a study to determine the validity and reliability of verbal report data on translation process. In S. O'Brien (Ed.), *Cognitive Explorations of Translation* (pp. 15-29). London and New York: Continuum International Publishing Group.

Jääskeläinen, R. & Tirkkonen-Condit, A. 1991. Automatised processes in professional vs. non-professional translation: A think-aloud study. In S. Tirkkonen-Condit (Ed.), *Empirical Research in Translation and Intercultural Studies* (pp. 89-109). Tübingen: Gunter Narr.

Jakobsen, A. L. 2002. Translation drafting by professional translators and by translation students. In G. Hansen (Ed.), *Empirical Translation Studies: Process and Product* (pp. 191-204). Copenhagen: Samfundslitteratur.

Jakobsen, A. L. 2003. Effects of think aloud on translation speed, revision, and segmentation. In F. Alves (Ed.), *Triangulating Translation: Perspectives in Process Oriented Research* (pp. 69-95). Amsterdam and Philadelphia: John Benjamins Publishing Company.

Jensen, A. 1999. Time pressure in translation. In G. Hansen (Ed.), *Probing the Process in Translation: Methods and Results* (pp. 103-119). Copenhagen: Samfundslitteratur.

Ji, M. & Oakes, M. (Eds.). 2019. *Advances in Empirical Translation Studies: Developing*

*Translation Resources and Technologies*. Cambridge: Cambridge University Press.

Johnson, K. 2005. The "general" study of expertise. In K. Johnson (Ed.), *Expertise in Second Language Learning and Teaching* (pp. 11-33). New York: Palgrave Macmillan.

Kiraly, D. C. 1990. *Toward a Systematic Approach to Translation Skills Instruction* (Unpublished doctoral dissertation). Urbana: University of Illinois.

Kiraly, D. C. 1995. *Pathways to Translation: Pedagogy and Process*. Kent: Kent State University Press.

Kiraly, D. C. 1997. Think-aloud protocols and self-concept. In J. H. Danks et al. (Eds.), *Cognitive Processes in Translation and Interpreting* (pp. 137-160). Thousand Oaks: Sage Publications, Inc.

Kiraly, D. C. 2000. *A Social Constructivist Approach to Translator Education: Empowerment from Theory to Practice*. Manchester: St. Jerome Publishing.

Krings, H. P. 1986a. *Was in den Köpfen von Übersetzern vorgeht: Eine empirische Untersuchung zur Struktur des Übersetzungsprozesses an fortgeschrittenen Französischlernern*. Tübingen: Gunter Narr.

Krings, H. P. 1986b. Translation problems and translation strategies of advanced German learners of French (L2). In J. House & S. Blum-Kulka (Eds.), *Interlingual and Intercultural Communication: Discourse and Cognition in Translation and Second Language Acquisition Studies* (pp. 263-276). Tübingen: Gunter Narr.

Kussmaul, P. 1991. Creativity in the translation process: Empirical approaches. In K. M. Leuven-Zwart & T. Naaijkens (Eds.), *Translation Studies: The State of the Art. Proceedings of the First James S. Holmes Symposium on Translation Studies* (pp. 91-101). Amsterdam and Philadelphia: Rodopi.

Kussmaul, P. & Tirkkonen-Condit, S. 1995. Think-aloud protocol analysis in translation studies. *TTR: Traduction, Terminologie, Rédaction*, 8(1): 177-199.

Lacruz, I. & Jääskeläinen, R. (Eds.). 2018. *Innovation and Expansion in Translation Process Research*. Amsterdam and Philadelphia: John Benjamins Publishing Company.

Lehtonen, M. H., Laine, M., Niemi, J., et al. 2005. Brain correlates of sentence translation in Finnish-Norwegian bilinguals. *NeuroReport*, 16(6): 607-610.

Levý, J. 2000. Translation as a decision process. In L. Venuti (Ed.), *The Translation Studies Reader* (pp. 148-159). London and New York: Routledge.

Lörscher, W. 1991. *Translation Performance, Translation Process, and Translation Strategies*. Tübingen: Gunter Narr.

Lörscher, W. 1992. Investigating the translation process. *Meta*, 37(3): 426-439.

Lörscher, W. 1993. Translation process analysis. In Y. Gambier & J. Tommola (Eds.), *Translation and Knowledge* (pp. 195-212). Turku: University of Turku, Center for Translation and Interpreting.

Lörscher, W. 1996. A psycholinguistic analysis of translation process. *Meta*, 41(1): 26-32.

Lörscher, W. 2005. The translation process: Methods and problems of its investigation. *Meta*, 50(2): 597-608.

Mondahl, M. & Jensen, K. A. 1996. Lexical search strategies in translation. *Meta*, 41(1): 97-113.

Montero Martínez, S. & Faber Benítez, P. 2009. Terminological competence in translation. *Terminology*, (1): 88-104.

Muñoz Martín, R. 2009. Expertise and environment in translation. *Mutatis Mutandis*, 2(1): 24-37.

Muñoz Martín, R. (Ed.). 2016. *Reembedding Translation Process Research*. Amsterdam and Philadelphia: John Benjamins Publishing Company.

Neubert, A. 2000. Competence in language, in languages, and in translation. In C. Schäffner & B. Adab (Eds.), *Developing Translation Competence* (pp. 3-18). Amsterdam and Philadelphia: John Benjamins Publishing Company.

Nida, E. A. 2001. *Language and Culture: Contexts in Translating*. Shanghai: Shanghai Foreign Language Education Press.

O'Brien, S. (Ed.). 2011. *Cognitive Explorations of Translation*. London and New York: Continuum International Publishing Group.

PACTE. 2000. Acquiring translation competence: Hypothesis and methodological problems of a research project. In A. Beeby, D. Ensinger & M. Presas (Eds.), *Investigating Translation: Selected Papers from the 4th International Congress on Translation, Barcelona, 1998* (pp. 99-106). Amsterdam and Philadelphia: John Benjamins Publishing Company.

PACTE. 2002. Exploratory tests in a study of translation competence. *Conference Interpretation and Translation*, 4(2): 41-69.

PACTE. 2003. Building a translation competence model. In F. Alves (Ed.), *Triangulating Translation: Perspectives in Process Oriented Research* (pp. 43-66). Amsterdam and Philadelphia: John Benjamins Publishing Company.

PACTE. 2005. Investigating translation competence: Conceptual and methodological issues. *Meta*, (2): 609-619.

PACTE. 2008. First results of a translation competence experiment: "Knowledge of translation" and "efficacy of the translation process". In J. Kearns (Ed.), *Translator and*

*Interpreter Training: Issues, Methods and Debates* (pp. 104-126). London and New York: Continuum International Publishing Group.

PACTE. 2009. Results of the validation of the PACTE translation competence model: Acceptability and decision making. *Across Languages and Cultures*, 10(2): 207-230.

PACTE. 2011a. Results of the validation of the PACTE translation competence model: Translation project and dynamic translation index. In S. O'Brien (Ed.), *Cognitive Explorations of Translation* (pp. 30-56). London and New York: Continuum International Publishing Group.

PACTE. 2011b. Results of the validation of the PACTE translation competence model: Translation problems and translation competence. In C. Alvstad, A. Hild & E. Tiselius (Eds.), *Methods and Strategies of Process Research: Integrative Approaches in Translation Studies* (pp. 317-343). Amsterdam and Philadelphia: John Benjamins Publishing Company.

Pavlović, N. 2007. *Directionality in Collaborative Translation Processes* (Unpublished doctoral dissertation). Tarragona: Universitat Rovira I Virgili.

Pavlović, N. 2009. More ways to explore the translating mind: Collaborative translation protocols. In S. Göpferich, A. L. Jakobsen & I. M. Mees (Eds.), *Behind the Mind: Methods, Models and Results in Translation Process Research* (pp. 81-105). Copenhagen: Samfundslitteratur.

Pinto, M. & Sales., D. 2008. INFOLITRANS: A model for the development of information competence for translators. *Journal of Documentation*, 64(3): 413-437.

Pinto, M. & Sales, D. 2010. Insights into translation students' information literacy using the IL-HUMASS survey. *Journal of Information Science*, 36(5): 618-630.

Presas, M. 2000. Bilingual competence and translation competence. In C. Schäffner & B. Adab (Eds.), *Developing Translation Competence* (pp. 19-31). Amsterdam and Philadelphia: John Benjamins Publishing Company.

Pym, A. 2003. Redefining translation competence in an electronic age: In defence of a minimalist approach. *Meta*, 48(4): 481-497.

Quah, C. K. 2006. *Translation and Technology*. New York: Palgrave Macmillan.

Risku, H. & Schlager, D. 2021. Epistemologies of translation expertise: Notions in research and praxis. In S. L. Halverson & Á. M. García (Eds.), *Contesting Epistemologies in Cognitive Translation and Interpreting Studies* (pp. 11-31). London and New York: Routledge.

Samuelsson-Brown, G. 2010. *A Practical Guide for Translators* (5th edn.). Bristol: Multilingual

Matters.

Sandrock, U. 1982. *"Think-aloud Protocols" (TAPs) — Ein Instrument zur Dekomposition des kompelxen Prozesses "Übersetzen"* (Unpublished diplomarbeit). Kassel: University of Kassel.

Schäffner, C. & Adab, B. (Eds.). 2000. *Developing Translation Competence*. Amsterdam and Philadelphia: John Benjamins Publishing Company.

SDL. 2010. Terminology Survey 2010. SDL International.

Séguinot, C. 1996. Some thoughts about think-aloud protocols. *Target*, 8(1): 75-95.

Séguinot, C. 2000. Management issues in the translation process. In S. Tirkkonen-Condit & R. Jääskeläinen (Eds.), *Tapping and Mapping the Processes of Translation and Interpreting: Outlooks on Empirical Research* (pp. 143-148). Amsterdam and Philadelphia: John Benjamins Publishing Company.

Sirén, S. & Hakkarainen, K. 2002. Expertise in translation. *Across Languages and Cultures*, 3(1): 71-82.

Shreve, G. M. 1997. Cognition and the evolution of translation competence. In J. H. Danks et al. (Eds.), *Cognitive Processes in Translation and Interpreting* (pp. 120-136). Thousand Oaks: Sage Publications, Inc.

Shreve, G. M. 2002. Knowing translation: Cognitive and experiential aspects of translation expertise from the perspective of expertise studies. In A. Riccardi (Ed.), *Translation Studies: Perspectives on an Emerging Discipline* (pp. 150-171). Cambridge: Cambridge University Press.

Shreve, G. M. 2006. The deliberate practice: Translation and expertise. *Journal of Translation Studies*, 9(1): 27-42.

Shreve, G. M. & Angelone, E. (Eds.). 2010. *Translation and Cognition*. Amsterdam and Philadelphia: John Benjamins Publishing Company.

Shuttleworth, M. & Cowie, M. 1997. *Dictionary of Translation Studies*. Manchester: St. Jerome Publishing.

Snell-Hornby, M. 2006. *The Turns of Translation Studies: New Paradigms or Shifting Viewpoints?*. Amsterdam and Philadelphia: John Benjamins Publishing Company.

Solso, R. L., MacLin, M. K. & MacLin, O. H. 2005. *Cognitive Psychology* (7th edn.). Harlow: Pearson.

Tirkkonen-Condit, S. 1992. The interaction of world knowledge and linguistic knowledge in the processes of translation: A think-aloud protocol study. In M. Thelen & B. Lewandowsk-Tomaszczyk (Eds.), *Translation and Meaning* (Part 2) (pp. 433-440).

Maastricht: Rijkshogeschool Maastricht.

Tirkkonen-Condit, S. & Jääskeläinen, R. (Eds.). 2000. *Tapping and Mapping the Processes of Translation and Interpreting: Outlooks on Empirical Research*. Amsterdam and Philadelphia: John Benjamins Publishing Company.

Toury, G. 1995. *Descriptive Translation Studies and Beyond*. Amsterdam and Philadelphia: John Benjamins Publishing Company.

Walker, C. 2021. *An Eye-Tracking Study of Equivalent Effect in Translation: The Reader Experience of Literary Style*. Cham: Palgrave Macmillan.

Williams, J. & Chesterman, A. 2002. *The Map: A Beginner's Guide to Doing Research in Translation Studies*. Manchester: St. Jerome Publishing.

Wilss, W. 1976. Perspective and limitations of a didactic framework for the teaching of translation. In R. W. Brislin (Ed.), *Translation* (pp. 117-137). New York: Gardner.

Wilss, W. 1982. *The Science of Translation: Problems and Methods*. Tübingen: Gunter Narr.

Wright, S. E. 1997. Term selection: The initial phase of terminology management. In S. E. Wright & G. Budin (Eds.), *Handbook of Terminology Management Vol. I.: Basic Aspects of Terminology Management* (pp. 13-23). Amsterdam and Philadelphia: John Benjamins Publishing Company.

Wright, S. E. & Budin, G. (Eds.). 1997. *Handbook of Terminology Management Vol. I.: Basic Aspects of Terminology Management*. Amsterdam and Philadelphia: John Benjamins Publishing Company.

# 附　　录

## 附录 1　翻译测试材料

**英译汉测试材料（177 词）:**

（翻译说明：以下是关于图像格式的一段说明性文字，译文受众为计算机专业的学生，供其学习之用，要求译文能够正确传达原文信息、用词得当、句子通顺。）

What is raster, vector, metafile, PDL, VRML, and so forth?

These terms are used to classify the type of data a graphics file contains.

Raster files (also called bitmapped files) contain graphics information described as pixels, such as photographic images. Vector files contain data described as mathematical equations and are typically used to store line art and CAD information. Metafiles are formats that may contain either raster or vector graphics data. Page Description Languages (PDL) are used to describe the layout of a printed page of graphics and text.

Animation formats are usually collections of raster data that is displayed in a sequence. Multi-dimensional object formats store graphics data as a collection of objects (data and the code that manipulates it) that may be rendered (displayed) in a variety of perspectives. Virtual Reality Modeling Language (VRML) is a 3D, object-oriented language used for describing "virtual worlds" networked via the Internet and hyperlinked within the World Wide Web. Multimedia file formats are capable of storing any of the previously mentioned types of data, including sound and video information.

**汉译英测试材料（337 字）：**

（翻译说明：以下是关于计算机网络的一段说明性文字，译文受众为计算机专业的学生，供其学习之用，要求译文能够正确传达原文信息、用词得当、句子通顺。）

按照地理范围，计算机通信网络可以分为局域网、城域网、广域网三种重要类型。

计算机和外部设备在很近的物理范围内的网络被称为局域网，如在一座建筑物内，由电缆（电话线、同轴电缆或光缆）连接而成的网络。局域网通常使用总线型结构，可以通过使用网关连接到另外一个局域网或者更大的网络。使用网关，一个局域网不仅可以被连接到另一个办公团体的局域网，它也可以被连接到世界范围的其他局域网上，即使它们的配置不同。另外一种方法是用网桥来连接具有相同配置的网络。

无线局域网则是一种灵活的数据传输系统，实现了建筑物或校园内有线局域网的延伸或替换。无线局域网使用电磁波通过空气传送和接收数据，最大限度地减少了有线连接。这样，无线局域网把数据连接和用户移动性结合起来，通过简化的配置，形成了可移动的局域网。

# 附录 2　合作译员招募启事

## 合作译员招募启事

我对翻译拥有与您同样的兴趣与热情，从硕士阶段开始就选择翻译学作为自己的研究方向，并进行了大量的翻译实践，以提高自己的翻译能力。目前，我就读于南开大学外国语学院，攻读翻译学方向的博士学位，正在从事一项题为“译者术语能力探索”的研究，旨在针对译者术语能力进行探索性的实验尝试，以拓展深化翻译能力研究，衷心希望能够获得您的帮助。

**研究简介：**

翻译是一种复杂的认知思维活动，翻译过程中译者的大脑中到底发生了什么？需要具备什么样的能力才能够胜任翻译工作？近年来，出于对此类问题的兴趣，翻译过程实证研究和翻译能力研究成为翻译学界的研究热点。术语已成为现代职业译者的常态工作对象，术语翻译的好坏直接影响着译文的质量和客户满意度。既然术语在翻译工作中具有如此重要的地位，那么译者需要具备什么样的知识和技能才能胜任现代翻译工作？术语翻译过程中译者大脑中发生了什么样的认知思维活动？学生译者和职业译者在处理术语问题时的表现是否存在区别？职业译者术语能力具有哪些特征？基于对上述问题的思考，借鉴翻译能力研究的成果和翻译过程的实证研究方法，本研究试图对译者术语能力展开初步探索。

**有声思维法：**

当您在做数学题或英语语法题，或是在为自己的电脑出现的问题而烦恼，并寻求解决方法时，是否觉察到自己会有一边解决问题一边自言自语的情况？如果有，那么您这时正在进行有声思维（think-aloud）。埃里克森和西蒙（Ericsson & Simon，1984，1993）将这种有声思维作为研究人们解决问题时内心思维活动的丰富数据。按照他们的观点，有声思维就是“被试者（接受测试的人）在完成某项任务的过程中，随时随地讲出头脑中的各种信息”。有声思维法被广泛应用于认知科学、心理学、教育学、人机交互研究等领域。近年来，有声思维亦被运用于翻译过程研究，并取得了可观的研究成果，揭示了译者思维中一些不为人所知的秘密。虽然有声思维法存在自身的缺点，如对正常思维过程的干扰、无法捕捉到思维中自动化过程的信息，但仍能为研究译者思维过程的“黑匣子”提供宝贵信息，开拓一条间接的途径。

**合作译员的资格要求：**

需要您具备下列三种资格条件之一：

1）职业译者，具有三年以上翻译工作经验，50 万字以上的英汉互译翻译工作量；

2）翻译硕士，就读于翻译硕士研究生阶段；

3）翻译本科，就读于翻译专业本科阶段三年级。

另外，还希望您做事仔细，具有高度责任心，能够按照要求认真参与并完成该研究所设计的任务。

**需要您提供的帮助：**

如果您符合上述条件并同意参与本项研究，您首先需要签署一份同意书，该同意书向您保证您的姓名及其他个人信息将被高度保密，研究报告中将使用代号代替您的姓名，您所提供的数据仅作为本研究之用，不会用作其他任何研究或用途，同时，表示您同意参与本研究所设计的活动。

本研究需要您翻译英语和汉语短文各一篇（英语原文 177 词，汉语原文 337 字），您需要使用计算机进行翻译，并可以使用电子词典和互联网资源解决翻译过程中遇到的难题。本次翻译能够反映您日常的工作状态即可。翻译前，您需要填写一份有关您的个人信息和翻译工作相关情况的问卷。翻译时，您需要使用有声思维将您心中所思所想口述出来，我将会对您的口述进行录音，使用屏幕录制软件和键盘记录软件记录您在计算机上的翻译过程。译完一篇短文后，您需要通过回放屏幕录像对翻译过程进行回顾，形成简要的口头报告，并回答我有关本次翻译过程的几个问题，同时我会对您的报告和回答进行录音。

**酬谢：**

为了答谢您的积极参与，研究者会向每位参与者支付一定的劳务费作为酬谢。如果您感兴趣，我可以向您提供数据分析结果；同时，当然也希望您通过参与本研究能够有所收获。衷心感谢您对本研究的支持。

**如果您自愿参加本研究，请留下您的联系方式，以便我与您取得联系：**

姓　　名：
联系电话：
电子邮箱：
QQ：

希望我们的精诚合作能够促进译者术语能力和翻译能力研究，并为我国高校翻译专业人才培养提供参考建议。

# 附录 3　合作译员背景信息问卷

**合作译员背景信息问卷**

（请您如实提供下列信息）

1. 您的姓名：
2. 年　　龄：
3. 联系电话：
4. 电子邮箱：
5. 您所擅长的翻译领域：
6. 您的翻译工作经验为_____年，估计翻译工作量为_______万字。
7. 您对计算机领域文本的翻译_______。
   1）非常熟悉　2）很熟悉　3）熟悉　4）一般
   5）陌生　6）很陌生　7）非常陌生
8. 您在翻译时________使用机辅翻译软件（如 Trados）。
   1）总是　2）经常　3）偶尔　4）很少　5）从不

# 附录 4　合作译员同意书

## 同意书

本人已被告知所参与研究将会涉及译者的认知思维过程，所得数据仅作为本研究之用，不会用作其他任何研究或用途，参与者的姓名及其他个人信息将被高度保密。本人自愿参加该项研究。本人愿意参与并认真完成研究所设计的以下任务：

- 本人愿意真实填写有关个人信息、翻译工作相关情况；
- 本人愿意使用计算机翻译该研究所涉两篇短文，愿意用有声思维将翻译时所思所想口述出来，同意研究者对翻译过程的屏幕操作和键盘操作进行记录，同意研究者对有声思维报告进行录音；
- 本人愿意接受研究者的后续提问和访谈，并同意研究者进行录音。

姓　　名：
联系电话：
电子邮箱：
通信地址：

参与者（签名）：　　　　　　　　　　　　日期：

# 附录 5　后续访谈问题提纲

**英汉翻译任务相关问题：**

1. 您认为有声思维对本次翻译过程有什么样的影响？影响有多大？您的有声思维时间在整个翻译过程中占多大比例？录屏软件对此次翻译过程是

否有影响？若有，影响有多大？

2. 您认为本次翻译任务的难度怎么样？（非常困难、很困难、困难、一般、容易、很容易、非常容易）难点在什么地方？

3. 您对您的译文的满意度有多高？如果从 1—100 分范围中对您的译文进行打分，您给自己的分数是多少？

4. 请您陈述在本次翻译过程中您认为最难处理的五个问题。

**汉英翻译任务相关问题：**

1. 您认为有声思维对本次翻译过程有什么样的影响？影响有多大？您的有声思维时间在整个翻译过程中占多大比例？录屏软件对此次翻译过程是否有影响？若有，多大？

2. 您认为本次翻译任务的难度怎么样？（非常困难、很困难、困难、一般、容易、很容易、非常容易）难点在什么地方？

3. 您对您的译文的满意度有多高？如果从 1—100 分范围中对您的译文进行打分，您给自己的分数是多少？

4. 请您陈述在本次翻译过程中您认为最难处理的五个问题。

**术语翻译相关问题：**

1. 本项目所涉两次翻译任务，您认为哪次更有难度？英译汉，还是汉译英？请您说明原因。

2. 在日常翻译中遇到术语翻译问题时，您一般会怎么处理？

3. 在日常翻译中，您是否有管理术语的习惯？比如积累词汇表、维护术语库等。

4. 在翻译术语时，您是先搞清楚术语所代表概念的确切含义，然后进行翻译，还是直接借助词典或网络资源进行翻译？请您说明原因。

5. 您认为一名译者需要具备什么样的知识和技能才能做好术语翻译？

6. 根据您的翻译经验，您认为在术语翻译时应注意的事项有哪些？

# 附录 6　国内外常用权威术语库

术语在线

https://www.termonline.cn/

中国特色话语对外翻译标准化术语库

http://210.72.20.108/index/index.jsp

中国重要政治词汇对外翻译标准化专题库

http://210.72.20.108/special/class3/search.jsp

中华思想文化术语传播网

https://www.chinesethought.cn/TermBase.aspx

中国核心语汇

https://www.cnkeywords.net/

中国大百科全书

https://www.zgbk.com/

中国社会科学词条库

https://www.skctk.cn/

联合国多语言术语库

https://unterm.un.org/

欧盟互动术语数据库 IATE

https://termcoord.eu/

欧盟术语库 EuroTermBank

https://www.eurotermbank.com/

北约官方术语数据库

https://nso.nato.int/natoterm/Web.mvc

加拿大政府术语数据库 TERMIUM

https://www.btb.termiumplus.gc.ca/

世界贸易组织术语库

https://wtoterm.wto.org/

世界知识产权组织术语库

https://www.wipo.int/reference/en/wipopearl/

世界在线电工词汇

https://www.electropedia.org/

国际通信联盟多语言术语库

https://www.itu.int/bitexts/termino.php